本教材在编写和出版过程中得到重庆市人文社会科学重点研究基地网络社会发展问题研究中心和国家社科基金重大课题"建立健全网络综合治理体系研究"（项目编号：20ZDA062）课题组的支持。

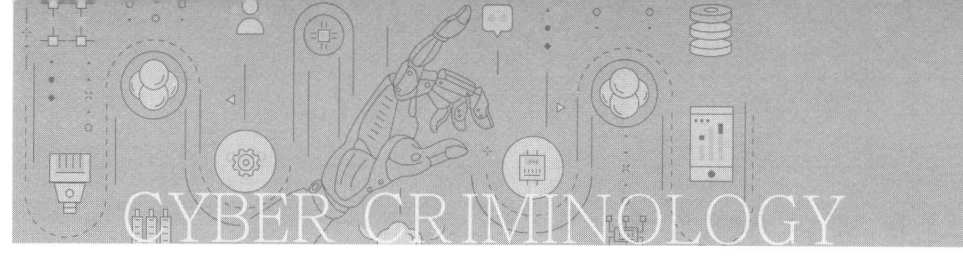

# 网络犯罪学

王志刚　程　乐 ◆ 主编

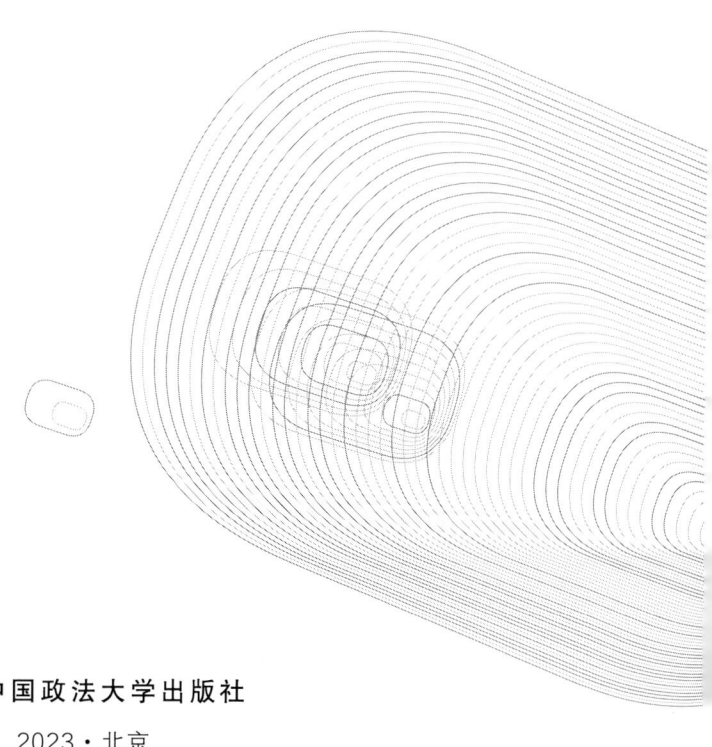

中国政法大学出版社

2023·北京

声　明　1. 版权所有，侵权必究。
　　　　2. 如有缺页、倒装问题，由出版社负责退换。

**图书在版编目（ＣＩＰ）数据**

网络犯罪学/王志刚，程乐主编. —北京：中国政法大学出版社，2023.6
ISBN 978-7-5764-0806-5

Ⅰ.①网⋯ Ⅱ.①王⋯ ②程⋯ Ⅲ.①互联网络－计算机犯罪－研究－中国 Ⅳ.①D924.364

中国国家版本馆CIP数据核字(2023)第021674号

---

| | |
|---|---|
| 书　名 | 网络犯罪学 |
| | WANGLUO FANZUIXUE |
| 出版者 | 中国政法大学出版社 |
| 地　址 | 北京市海淀区西土城路 25 号 |
| 邮　箱 | fadapress@163.com |
| 网　址 | http://www.cuplpress.com (网络实名：中国政法大学出版社) |
| 电　话 | 010-58908466(第七编辑部) 010-58908334(邮购部) |
| 承　印 | 保定市中画美凯印刷有限公司 |
| 开　本 | 720mm×960mm　1/16 |
| 印　张 | 17.25 |
| 字　数 | 300 千字 |
| 版　次 | 2023 年 6 月第 1 版 |
| 印　次 | 2023 年 6 月第 1 次印刷 |
| 定　价 | 68.00 元 |

# PREFACE 前言

## 一

党的二十大报告中指出,"推进国家安全体系和能力现代化,坚决维护国家安全和社会稳定"。网络安全作为网络强国、数字中国的"底座",在发展中承担托底的重担,正如习近平总书记所强调,"没有网络安全就没有国家安全,没有信息化就没有现代化"。网络安全是一个宏大的体系,既包括信息基础设施安全、网络设备安全,也包括网络信息内容安全和网络空间秩序的稳定有序。对此,我们必须以总体发展观为指引,统筹发展和安全,体系性推进网络安全的维护工作。既要重视技术的发展和提升,更要夯实法治的保障和护航。

在影响网络安全的传统因素和非传统因素中,网络犯罪无疑是其中最具威胁性的因素,因此,加大网络犯罪治理的力度和精度是维护网络安全的核心内容。当前,在百年变局叠加数字革命高速发展等时代背景下,全球网络犯罪处于高发态势,网络安全和科技发展面临严峻挑战,国家安全、经济发展和社会稳定受到严重威胁。尤其是伴随 WEB3.0 技术体系支撑下的新场景、新产业和新生态的发展,网络犯罪市场的规模越发扩大化和成熟化,已经形成了庞大的网络犯罪生态系统。不但传统犯罪普遍借由新兴网络技术与空间转型为网络犯罪,同时数据威胁型犯罪等新类型网络犯罪开始滋生、变异并快速更迭,这些情况均对网络犯罪治理提出新的更大挑战。

从我国近年来办理网络犯罪案件的情况来看,网络犯罪呈现以下特征:一是犯罪案件数量不断攀升。根据相关报告显示，2017年至2021年，全国各级法院一审审结的涉信息网络犯罪案件共计28.20万余件，案件量呈逐年上升趋势。仅在2021年，在我国刑事案件总量下降的背景下，人民法院一审审结的涉信息网络犯罪案件升幅高达104.56%。二是网络黑灰产形成生态圈。黑灰产上游为犯罪集团提供技术工具、收集个人信息，或为流量劫持、广告推广；中游实施诈骗或开设赌场等犯罪；下游利用支付通道"洗白"资金，构建起完整黑灰产生态圈。规模庞大的地下黑灰产间密切配合，为网络犯罪持续"输血供粮"。这种"生态圈化"发展、"链条化"依存的犯罪模式，使得网络犯罪成为人类历史上涉及面最广、危害后果最为严重的犯罪形态。三是犯罪手段花样更新。"科学技术已经成为病态犯罪者手中的一把利斧"，信息科学技术的快速发展在造福人类的同时，也使得网络犯罪的手段更加多元。网上网下、境内境外、虚拟现实相互结合，网络犯罪手段方式交织升级。据不完全统计，当前网络诈骗手法多达6大类300多种，而且不断"推陈出新"。四是犯罪危害后果巨大。网络犯罪危害在政治、经济、社会、文化等层面相互交织传导，网络犯罪的毒素沿着信息网络的毛细血管渗透于社会的方方面面，危害后果不断叠加升级，次生危害不断显现。

网络犯罪的特殊性已引起各方的高度关注，我国近年来不断修订立法、出台系列司法解释，持续加大对网络犯罪的打击和治理力度。作为高校工作者，我们有义务编写一部反映我国全面推进依法治国伟大实践的网络犯罪治理的专门教材。教材能够兼顾专业教育和通识教育：通过专业教育为新时代中国特色社会主义法治建设工作输送专门人才，通过通识教育提升非法律专业人士对网络犯罪的认知和了解，构建起网络犯罪认知和防范的综合体系。

## 二

重庆邮电大学法学专业自设立之初即依托学校优势，坚持"信息技术+法律"的发展路径，密切关注信息技术发展所带来的法律新问题，除有针对性开展科学研究外，还开设了许多新型特色课程，着力于培养既有扎实法学功底，又掌握信息技术的专门法治人才，"网络犯罪"课程的开设即为一例。2013年始，我们在法学专业本科生和研究生中开设"网络犯罪"课程；2014年起，开始面向全校各专业本科生、研究生开放"网络犯罪"系列课程的选课。我们发现，在每学期的选课中，许多非法学专业的理工科本科生和研究生都选修了"网络犯罪"系列课程,在人数占比上甚至远超法学专业的学生。非法学专业学生对"网络犯罪"这门课程表现出的浓厚兴趣给了我们鼓舞和信心,但另一方面也给了我们莫大的压力,促使我们逐渐调整这门课程的定位:从"专业教育"走向"专业教育+通识教育"。但非常遗憾的是,我们一直没有选取到一本能够在该领域兼顾专业教育和通识教育的教材,近几年的授课一直以讲义形式替代,这也是我们在授课过程中最为惭愧与不安之处。

重庆邮电大学"网络犯罪"课程教学团队联合浙江大学"建立健全网络综合治理体系研究"课题团队几年前开始着手编写这本教材,即为了更好地开展教学工作。我们坚持以习近平法治思想为统领,统筹设计教材内容体系,组织起政治过硬、专业扎实的教材编写团队。在编写过程,我们一方面结合团队成员个人研究特长在相关领域加快研究,另一方面在每学期课程结束后利用"学评教"机会及时收集整理学生反馈,边教边写、边写边教,逐步推进教材的编写工作。但由于网络犯罪治理领域所涉内容极为广泛,加之我国在网络犯罪治理领域的立法不断增加、变化,教材内容必须动态更新,我们先后易稿10余次。本书付梓之际,中共中央办公厅、国务院办公厅印发了《关于加强新时代法学教育和法学理论研究的意见》,其中明确要求要加强国家安全、科技创新等重点领域法治实践研究,加强新技术新业态新应用领域法律制度供给研究。这给了我们出版本教材的信心,也为本教材的修订完善提供了更为明确的指引。

## 三

考虑到网络犯罪防范和治理体系的综合性以及通识性教育的需求,本教材进行了一次体例上的突破。我们采用了刑事一体化的思路,既模糊犯罪学和刑罚学的分界,又在讨论实体问题的同时纳入程序问题,希望能够尽可能系统全面地对这一领域中有代表性的知识点进行介绍。这种体例无论是否妥当,都是一次艰辛的探索与尝试。

在体例安排上,本教材分为总论、各论和程序论三个部分,由18章组成:

总论部分对网络犯罪中的基础性、宏观性问题进行了解析,由4章组成。第一章为网络犯罪的理论概述;第二章为网络犯罪的典型形态;第三章为网络犯罪的法律规制;第四章为网络犯罪的国际治理。需要说明的是,对于网络诈骗、网络盗窃、网络赌博、网络色情等利用信息网络实施的高发犯罪,由于其行为性质属于传统犯罪手段的"升级",并没有独立适用罪名,实质上是一种犯罪形态的变化,仍适用于传统罪名,因此经过讨论后我们将其作为一种"非纯正型网络犯罪"在本部分进行介绍,而未纳入各论部分。

各论部分针对信息网络系统的犯罪以及与信息网络技术密切相关且具有独立适用罪名的"纯正型网络犯罪"进行了系统介绍,由8章组成。第五章为非法侵入计算机信息系统罪;第六章为非法获取计算机信息系统数据罪;第七章为非法控制计算机信息系统罪;第八章为提供侵入、非法控制计算机信息系统程序、工具罪;第九章为破坏计算机信息系统罪;第十章为拒不履行信息网络安全管理义务罪;第十一章为非法利用信息网络罪;第十二章为帮助信息网络犯罪活动罪。

程序论部分以我国立法和司法解释为线索,对我国刑事诉讼程序法律体系中的网络犯罪案件的特殊程序问题进行了介绍分析,本部分由6章组成:第十三章为网络犯罪案件的管辖;第十四章为网络犯罪案件的初查;第十五章为网络犯罪案件的跨地域取证;第十六章为网络犯罪的技术侦查;第十七章为网络犯罪案件中电子数据的收集与审查;第十八章为网络犯罪案件的证明。由于我国在本领域的立法呈现一种动态变化的趋势,本部分也对当前立法中存在的不足之处以及未来完善的思路进行了一定程度的学理探讨,以求拓宽学生的视野。

本教材编写分工如下:徐伟负责第一章至第三章;程乐负责第四章;李晓磊负责第五章至第十二章;王志刚负责第十三章至第十八章。全书统稿由王志刚、程乐负责。

编写过程中,由于考虑到本教材具有"专业教育+通识教育"的属性,我们除了侧重介绍分析我国相关立法,也重点介绍了当前国内外理论界和实务界在网络犯罪研究领域具有代表性、通论性的观点,因此本教材借鉴吸收了许多权威媒体和专家学者的观点。由于受教材编写特点和结构体例所限,未能逐一注明观点来源和形成背景,在此深表歉意和谢意,敬请海涵!

你们的帮助和关怀,是我们坚持前行的动力。

编者

2023年4月于重庆南山

## 上 编 总 论

### 第一章 网络犯罪的理论概述 　　003
　　第一节　网络犯罪的现状　　003
　　第二节　网络犯罪的概念　　007
　　第三节　网络犯罪的类型　　011
　　第四节　网络犯罪的特征　　015

### 第二章 网络犯罪的典型形态 　　019
　　第一节　电信网络诈骗　　019
　　第二节　网络盗窃犯罪　　022
　　第三节　网络赌博犯罪　　026
　　第四节　网络色情犯罪　　031
　　第五节　网络侮辱犯罪　　038
　　第六节　网络诽谤犯罪　　043

### 第三章 网络犯罪的法律规制 　　050
　　第一节　网络犯罪的法律规范　　050
　　第二节　网络犯罪刑事立法演变　　058

## 第四章　网络犯罪的国际治理　　063
第一节　网络犯罪跨国性　　063
第二节　网络犯罪国际立法的当前态势　　070
第三节　网络犯罪治理的国际合作　　080

# 中编　各　论

## 第五章　非法侵入计算机信息系统罪　　091
第一节　非法侵入计算机信息系统罪的罪名释义　　092
第二节　非法侵入计算机信息系统罪的司法适用　　095
第三节　非法侵入计算机信息系统罪的疑案分析　　097

## 第六章　非法获取计算机信息系统数据罪　　100
第一节　非法获取计算机信息系统数据罪的罪名释义　　101
第二节　非法获取计算机信息系统数据罪的司法适用　　103
第三节　非法获取计算机信息系统数据罪的疑案分析　　105

## 第七章　非法控制计算机信息系统罪　　109
第一节　非法控制计算机信息系统罪的罪名释义　　110
第二节　非法控制计算机信息系统罪的司法适用　　113
第三节　非法控制计算机信息系统罪的疑案分析　　114

## 第八章　提供侵入、非法控制计算机信息系统程序、工具罪　　118
第一节　提供侵入、非法控制计算机信息系统程序、工具罪的罪名释义　　119
第二节　提供侵入、非法控制计算机信息系统程序、工具罪的司法适用　　122
第三节　提供侵入、非法控制计算机信息系统程序、工具罪的疑案分析　　124

## 第九章　破坏计算机信息系统罪　　127
   第一节　破坏计算机信息系统罪的罪名释义　　128
   第二节　破坏计算机信息系统罪的司法适用　　130
   第三节　破坏计算机信息系统罪的疑案分析　　134

## 第十章　拒不履行信息网络安全管理义务罪　　138
   第一节　拒不履行信息网络安全管理义务罪的罪名释义　　139
   第二节　拒不履行信息网络安全管理义务罪的司法适用　　142
   第三节　拒不履行信息网络安全管理义务罪的疑案分析　　145

## 第十一章　非法利用信息网络罪　　148
   第一节　非法利用信息网络罪的罪名释义　　148
   第二节　非法利用信息网络罪的司法适用　　151
   第三节　非法利用信息网络罪的疑案分析　　154

## 第十二章　帮助信息网络犯罪活动罪　　157
   第一节　帮助信息网络犯罪活动罪的罪名释义　　158
   第二节　帮助信息网络犯罪活动罪的司法适用　　159
   第三节　帮助信息网络犯罪活动罪的疑案分析　　161

# 下编　程序论

## 第十三章　网络犯罪案件的管辖　　165
   第一节　刑事案件管辖的一般规定　　165
   第二节　网络犯罪案件的一般地域管辖　　166
   第三节　网络犯罪案件中特殊情况的处理原则　　171
   第四节　网络犯罪管辖的改进方向　　178

## 第十四章　网络犯罪案件的初查　184

第一节　刑事诉讼中的初查　184

第二节　网络犯罪案件初查的启动　186

第三节　网络犯罪初查的常用方法　189

第四节　网络犯罪案件初查的限度及意义　193

## 第十五章　网络犯罪案件的跨地域取证　196

第一节　网络犯罪案件的特点　196

第二节　我国网络犯罪案件跨地域取证的相关法律规定　198

第三节　网络犯罪案件跨地域取证的实践困境　200

第四节　网络犯罪跨地域取证困境的解决思路　207

## 第十六章　网络犯罪的技术侦查　216

第一节　网络犯罪案件常见技术侦查措施　216

第二节　网络技术侦查在实践中的应用　225

## 第十七章　网络犯罪案件中电子数据的收集与审查　231

第一节　电子数据概念的界定　231

第二节　电子数据的收集　235

第三节　电子数据的审查和认定　241

## 第十八章　网络犯罪案件的证明　248

第一节　网络犯罪案件证据规则的学理解读　248

第二节　网络犯罪案件的证明标准和证明对象　255

第三节　网络犯罪证明中的特殊规则　258

## 主要参考书目　264

上 编

总 论

# 第一章
# 网络犯罪的理论概述

## 第一节 网络犯罪的现状

1994年4月20日,伴随中国64K国际专线联通世界,中国正式开启了互联网时代。至2022年,由网络、数字设备、自动化控制系统等构成的网络世界已全面改变了中国人的生产生活方式,深刻影响了全世界的发展进程。网络已然成为我们信息传播的新渠道,生产生活的新空间,经济发展的新引擎,文化繁荣的新载体,社会治理的新平台,交流合作的新纽带,国家主权的新疆域。但是,任何科学技术都是一把"双刃剑",用之不当则国家和个人两受其害,网络亦不例外。网络在便利日常生活、提高生产效率的同时,也给犯罪分子提供了可乘之机,网络安全形势日益严峻。诸如,网络渗透危害政治安全,网络攻击威胁经济安全,网络有害信息侵蚀文化安全,网络恐怖和违法犯罪破坏社会安全等。英国网络犯罪专家尼尔·巴雷特博士曾言,计算机与互联网在支持合法行为的同时,也在日益助力非法行为,这早已是不争的事实。[1]鉴于此,有必要全面了解我国网络犯罪的现状。

### 一、公安机关侦办网络犯罪的情况

网络犯罪数量已占据大多数国家犯罪类型首位。2017年,官方公开数据显示:我国网络犯罪成为第一大犯罪类型,数量已占犯罪总数的1/3,且每年以30%左右的幅度增加,网络安全形势不容乐观。《中国犯罪治理蓝皮书——犯罪态势与研究报告(2018)》显示,2017年我国公安机关共立案刑事案件

---

[1] 李振跃:"构建和谐网络族群文化的规则意识与可能路径",载《学术研究》2015年第6期。

5 482 570起。[1]根据上述数据，可以合理估算出我国2017年发生的网络犯罪案件不下182万起。

2018年公安部开展"净网2018"专项行动：重点打击侵犯公民个人信息、黑客攻击、网络黑产等违法犯罪，以及网上"黄赌毒""枪爆刀"等问题的整治。在此次专项行动中，全国各级公安机关共侦破网络犯罪案件57 519起，抓获犯罪嫌疑人83 668名。针对当前公民个人信息被窃取、买卖的突出问题，网安部门强化侦查打击，侦破暗网买卖公民信息案件5000余起，抓获犯罪嫌疑人1.3万余名；针对黑客攻击破坏活动猖獗、花样不断翻新的情况，网安部门加大攻坚力度，侦破网络数据窃取案件2000余起，抓获犯罪嫌疑人2000余名；针对非法利用互联网实施有偿发帖、删帖，甚至敲诈勒索的"网络水军"犯罪团伙，网安部门坚持"露头"就打，共侦破网络水军案件50余起，抓获犯罪嫌疑人200余名。

2019年公安部开展"净网2019"专项行动：严厉打击侵犯公民个人信息、黑客攻击破坏等网络违法犯罪活动。根据公安部数据，"净网2019"专项行动中，全年共侦破网络犯罪案件5.9万余起，抓获犯罪嫌疑人8.8万余名，行政处罚互联网站及联网单位7.8万余家。其中，破获侵犯公民个人信息类案件5000余起，抓获各行业"内鬼"900余名；破获网络赌博类案件8300余起；破获网络淫秽色情类案件3300余起；破获"助考"类案件380余起；破获网约绑架、抢劫等严重暴力刑事案件290余起，抓获犯罪嫌疑人600余名。针对活动猖獗、手段隐蔽、追踪困难的暗网违法犯罪，网安部门迎难而上，侦破利用暗网实施违法犯罪案件72起，打掉暗网网站5个，抓获犯罪嫌疑人268名。

2020年公安部开展"净网2020"专项行动：全国公安机关共侦办网络犯罪案件5.6万起，抓获犯罪嫌疑人8万余名。公安部指挥"净网2020"打击网络黑产犯罪集群战役，重拳打击为电信网络诈骗、网络赌博、网络水军等突出违法犯罪提供网号恶意注册、技术支撑、支付结算、推广引流等服务的违法犯罪活动。2020年，网安部门共侦办刑事案件4453起，抓获违法犯罪嫌疑人14 311名（含电信运营商内部工作人员152名），关停网络接码平台38个，捣毁"猫池"窝点60个，查获、关停涉案网络账号2.2亿余个。

2021年公安部开展"净网2021"专项行动：聚焦人民群众关切的突出网

---

[1] 中国犯罪学学会组织编纂：《中国犯罪治理蓝皮书——犯罪态势与研究报告（2018）》，法律出版社2019年版，第48页。

络违法犯罪和网络乱象，共侦办案件 6.2 万起，抓获犯罪嫌疑人 10.3 万名，行政处罚违法互联网企业、单位 2.7 万余家，专项行动取得显著成效。公安机关侦办侵犯公民个人信息、黑客等重点案件 1.8 万余起，打掉为赌博、诈骗等犯罪提供资金结算、技术支撑、推广引流等服务的团伙 6000 余个，查处非法侵入计算机信息系统、非法获取系统数据人员 3000 余名，抓获行业内部人员 680 余名。抓获"卡商""号商"等犯罪嫌疑人 3 万余名，扣押手机黑卡 300 余万张，查获网络黑号 1000 余万个，缴获"猫池"、GOIP 等黑产设备 1 万余台。

## 二、人民检察院起诉网络犯罪的情况

2019 年最高人民检察院工作报告指出：依法维护网络秩序，起诉电信网络诈骗犯罪 43 929 人，同比上升 29.3%，会同公安部加强境外执法司法合作，郭世冈、席欢等跨国电信网络诈骗犯罪嫌疑人被绳之以法；起诉利用网络赌博、传播淫秽物品、泄露个人信息等犯罪 15 003 人，同比上升 41.3%。

2020 年最高人民检察院工作报告指出：加大惩治电信网络诈骗以及利用网络赌博、泄露个人信息等犯罪力度，起诉 71 765 人，同比上升 33.3%，网络空间不容犯罪藏身。

2021 年最高人民检察院工作报告指出：2017 年起诉网络犯罪 62 133 人，2018 年起诉网络犯罪 74 366 人，2019 年起诉网络犯罪 95 951 人，2020 年起诉网络犯罪 141 870 人。2017—2020 年起诉的十大涉网络犯罪分为：诈骗罪 209 595 人，占比 56.0%；开设赌场罪 39 015 人，占比 10.4%；帮助信息网络犯罪活动罪 14 375 人，占比 3.8%；掩饰、隐瞒犯罪所得、犯罪所得收益罪 13 626 人，占比 3.6%；侵犯公民个人信息罪 9775 人，占比 2.6%；盗窃罪 7557 人，占比 2.0%；非法经营罪 6488 人，占比 1.7%；组织、领导传销活动罪 5216 人，占比 1.4%；非法吸收公众存款罪 3951 人，占比 1.1%；制作、复制、出版、贩卖、传播淫秽物品牟利罪 3931 人，占比 1.1%。

2022 年最高人民检察院工作报告指出：2021 年起诉利用网络实施诈骗、赌博、传播淫秽物品等犯罪 28.2 万人，同比上升 98.5%。协同推进"断卡"行动，起诉非法买卖电话卡和银行卡、帮助提款转账等犯罪 12.9 万人，是 2020 年的 9.5 倍；针对一些在校学生涉案，会同教育部发布典型案例，开展校园反诈，既防学生受害，也防受骗参与害人。继取快递女子被造谣出轨案自诉转公诉，接续发布公民人格权保护指导性案例，从严追诉网络诽谤、侮辱、侵犯公民个人信息等严重危害社会秩序、侵犯公民权利等犯罪，起诉 3436 人，同比上升 51.3%。

### 三、人民法院审理网络犯罪的情况

2019 年最高人民法院工作报告指出：依法惩治涉网络犯罪。严厉打击电信网络诈骗、侵犯个人信息、利用网络窃取商业秘密、网络传销等犯罪，审结相关案件 8907 件，依法审理张某闵等 85 人特大跨境电信诈骗案。严惩破坏计算机信息系统、利用网络开设赌场等新型犯罪，促进营造健康清朗的网络空间。

2020 年最高人民法院工作报告指出：针对民族资产解冻类电信网络诈骗高发态势，会同公安部等出台意见，加大惩处力度。

2021 年最高人民法院工作报告指出：严惩网络犯罪。审结电信网络诈骗、网络传销、网络赌博、网络黑客、网络谣言、网络暴力等犯罪案件 3.3 万件。依法审理陈某雄特大跨境电信诈骗、王某买卖他人社交平台账号等案件，严惩侵犯公民财产和公民个人信息的犯罪。对拒不履行信息网络安全管理义务、为信息网络犯罪提供帮助的，一律依法惩治。严惩一批网络黑灰产业链犯罪，决不让网络空间成为法外之地。

2022 年最高人民法院工作报告指出：审结网络传销、网络赌博、非法利用信息网络等犯罪案件 9.2 万件，维护互联网安全。认真贯彻个人信息保护法，严惩窃取倒卖身份证、通讯录、快递单、微信账号、患者信息等各类侵犯公民个人信息犯罪，审结相关案件 4098 件，同比上升 60.2%。依法从严惩治行业"内鬼"泄露个人信息。严惩利用恶意程序、钓鱼欺诈等形式非法获取个人信息，审理"颜值检测"软件窃取个人信息案，惩治网络黑灰产业链犯罪。严惩通过非法侵入监控系统贩卖幼儿园、养老院实时监控数据的犯罪分子。对侵犯个人信息、煽动网络暴力侮辱诽谤的，依法追究刑事责任。出台人脸识别司法解释，制止滥用人脸识别技术行为，让公众不再为自己的"脸面"担忧。审理人脸识别第一案，明确人脸识别技术应用范围，守护公众重要生物识别信息安全。严惩电信网络诈骗犯罪，审结相关案件 7.9 万件 14.9 万人，对"5·09"特大跨境电信网络诈骗案 590 名被告人判处刑罚。严惩"以房养老""投资养老"、保健品坑老、兼职刷单、套路贷、校园贷、美容贷等花样翻新的诈骗犯罪，助力打好"反诈"人民战争，维护群众财产安全。

## 第二节 网络犯罪的概念

网络犯罪是基于计算机与信息网络技术而产生的一种新型犯罪现象，我国《刑法》[1]中并没有罪名直接与之对应，由此视之，网络犯罪并非法律规定的概念。就严格意义而言，"网络犯罪"属于学理罪名的范畴，与财产犯罪、暴力犯罪、未成年人犯罪等概念一样，是依据犯罪学理论而划分的犯罪类型。因此，网络犯罪的概念内涵非常宽泛，既包括传统犯罪在网络空间中的异化，如借助互联网进行的网络盗窃、网络诈骗、网络赌博、网络淫秽色情、网络诽谤、网络非法经营等，也包括因互联网衍生的新型网络犯罪，如非法利用信息网络犯罪、帮助信息网络犯罪活动罪、网络黑灰产业链犯罪、暗网犯罪等。

鉴于网络犯罪的多维面向和多变样态，学界对于网络犯罪的概念界定较为纷杂，且内容不一，大致可分为"计算机犯罪""电脑犯罪""互联网犯罪""网络犯罪""信息网络犯罪"五类。笔者在中国知网采用篇名搜索，逐一检索以上五个概念，截至2022年6月30日，"网络犯罪"出现频率最高，有2561条文献资料采纳此概念。"计算机犯罪"出现频率排第二，有907条文献；"信息网络犯罪"出现频率排第三，有230条文献；"电脑犯罪"和"互联网犯罪"出现频率较低，为少数学者采纳。从时间上进行追溯，20世纪80年代我国就有学者开始关注计算机犯罪问题，持续至2000年，"计算机犯罪"概念一直占据学术主流话语。2000年以后，"网络犯罪"概念逐渐占据上风，直至今日。梳理理论与实务对于网络犯罪概念的界定，主要有以下内容。

### 一、网络犯罪概念的理论界定

#### （一）狭义的网络犯罪与广义的网络犯罪

网络犯罪由传统计算机犯罪发展演变而来，故狭义的网络犯罪，专指计算机犯罪。计算机犯罪，是指行为人利用计算机网络技术对网络信息进行破坏或妨碍其正常运行，并由此产生严重后果的行为。计算机犯罪对应的是《刑法》第285条、第286条的非法侵入计算机信息系统罪；非法获取计算机信息系统数据、非法控制计算机信息系统罪；提供侵入、非法控制计算机信息系统程

---

[1] 为行文方便，本书中涉及的我国法律法规，部门规章直接使用简称，省去"中华人民共和国"字样，例如《中华人民共和国刑法》，简称为《刑法》。

序、工具罪；破坏计算机信息系统罪等。因此，狭义的网络犯罪仅指以计算机系统、网络为侵害对象实施的犯罪行为。广义的网络犯罪，不仅指以计算机系统、网络为侵害对象的传统计算机犯罪，也包括以网络为犯罪工具、犯罪平台所实施的犯罪行为。《刑法》第287条关于利用计算机实施犯罪的提示性规定，明确利用计算机实施金融诈骗、盗窃、贪污、挪用公款、窃取国家秘密或者其他犯罪的，依照本法有关规定定罪处罚，其采取广义的网络犯罪概念。

此外，《全国人民代表大会常务委员会关于维护互联网安全的决定》强调根据侵害客体的不同，将网络犯罪分为妨害互联网运行安全的犯罪；妨害国家安全和社会稳定的犯罪；妨害市场经济秩序和社会管理秩序的犯罪；妨害人身权利、财产权利的犯罪和其他利用互联网实施的犯罪，亦是采取广义网络犯罪概念。根据广义网络犯罪概念，绝大多数传统犯罪，除抢劫、强奸、杀人等需要行为人在现实空间中完成外，都有可能成为网络犯罪。随着移动智能终端（智能手机、平板等）和网络即时通讯工具（微信、微博、QQ等）的全面普及，电子商务环境的日趋成熟和电子支付手段（微信支付、支付宝）的广泛使用，大量新型网络犯罪开始出现。换言之，网络犯罪的载体已不再局限于计算机网络，而是扩及其他通讯网络。

(二) 犯罪对象说、犯罪工具说与复合说

根据网络在犯罪中扮演角色的不同可以将网络犯罪概念分为犯罪对象说、犯罪工具说与复合说。最早的计算机犯罪大多是利用计算机病毒和其他黑客技术针对计算机系统（包括内存、数据及程序）实施的，因而，"犯罪对象说"的提出是伴随计算机和网络发展的初始阶段而产生的网络犯罪概念。"犯罪对象说"认为，计算机犯罪是指攻击计算机信息系统的功能或者危害计算机系统中存储的数据与应用程序，触犯刑法的行为。[1] 随着计算机和信息网络的繁荣发展，互联网涉及大众的吃、穿、住、行等日常行为，因此利用网络实施的犯罪越发严重，"犯罪工具说"的观点也随之产生。"犯罪工具说"认为，网络犯罪是利用计算机实施的危害计算机网络系统安全的行为。在当前阶段"犯罪对象说""犯罪工具说"显然都有些片面，不能完全涵盖网络犯罪所有形态。此时，"复合说"认为，网络犯罪是指以网络为犯罪工具或者犯罪对

---

[1] 但未丽："网络犯罪概念与网络犯罪的刑法调整范围"，载《网络法律评论》2006年第1期。

象，实施的危害网络信息系统安全的不法行为。[1]

（三）犯罪技术说与犯罪工具说

域外对于网络犯罪的概念，基本形成了"犯罪技术说"与"犯罪工具说"两种不同学说。大陆法系国家普遍主张"犯罪工具说"，例如，德国犯罪学家汉斯·约阿希姆·施奈德在其《犯罪学》一书中最早提出"计算机犯罪"，即"利用电子数据处理设备作为作案工具的犯罪行为或是把数据处理设备作为对象的犯罪行为"。[2]而英美法系国家普遍主张"犯罪技术说"，如美国司法部的《刑事审判对策指南》中将网络犯罪定义为，"在导致成功起诉的非法行为中计算机技术和知识起基本作用的非法行为"。换言之，网络犯罪必须要依赖计算机技术，并且提出网络犯罪（cyber crime）、计算机犯罪（computer crime）、计算机相关犯罪（computer-related crime）三个概念可以相互通用。[3]

## 二、网络犯罪概念的立法界定

（一）欧洲委员会《网络犯罪公约》对"网络犯罪"概念的界定

2001年，欧洲委员会26个欧盟成员方以及美国、加拿大、日本和南非等30个国家共同签署了世界上第一部针对网络犯罪的国际公约——《网络犯罪公约》。《网络犯罪公约》第二章"国家层面的措施"之"刑事实体法"部分规定了四类九种网络犯罪，目标是通过缔约国一致认同的网络犯罪最低标准，消除缔约国之间的法律冲突，促进缔约国打击网络犯罪的经验交流和国际合作。根据《网络犯罪公约》，网络犯罪是指"侵犯计算机系统、网络和计算机数据的机密性、完整性和可用性以及滥用这些系统、网络和数据的行为"。《网络犯罪公约》呼吁将四类九种行为犯罪化：第一类是"侵犯计算机数据和系统的机密性、完整性和可用性的相关犯罪"，包括非法侵入计算机系统、非法拦截计算机数据、非法干扰计算机数据、非法干扰计算机系统和滥用计算机设备；第二类是"计算机相关违法行为"，包括计算机相关伪造行为和计算机相关欺诈行为；第三类是"内容相关违法行为"，包括儿童色情相关违法行

---

[1] 杨正鸣主编：《网络犯罪研究》，上海交通大学出版社2004年版，第11页。

[2] ［德］汉斯·约阿希姆·施奈德：《犯罪学》，吴鑫涛、马君玉译，中国人民公安大学出版社1990年版，第81页。

[3] See Caroline Fehr, Christine Li Calzi, Thomas Oates, Thirty-First Annual Survey of White Collar Crime, American Criminal Law Review, 979, Fall (2016).

为,并辅之以 2002 年 11 月 7 日之新协议规定的计算机系统传播种族主义或仇视材料的行为;第四类是"侵犯版权及其他相关权利的违法行为",即将版权侵犯行为犯罪化。[1]

(二)《关于办理信息网络犯罪案件适用刑事诉讼程序若干问题的意见》对"网络犯罪"概念的界定

2022 年 8 月 30 日,最高人民法院、最高人民检察院、公安部联合发布了《关于办理信息网络犯罪案件适用刑事诉讼程序若干问题的意见》,该意见通过明确网络犯罪案件类型的方式界定"信息网络犯罪"概念,"本意见所称信息网络犯罪案件包括:(1)危害计算机信息系统安全犯罪案件;(2)拒不履行信息网络安全管理义务、非法利用信息网络、帮助信息网络犯罪活动的犯罪案件;(3)主要行为通过信息网络实施的诈骗、赌博、侵犯公民个人信息等其他犯罪案件。"该意见是总结 2014 年《关于办理网络犯罪案件适用刑事诉讼程序若干问题的意见》实施情况的经验修订而成,规定相对全面。在名称上,本意见将过去"网络犯罪"的名称界定扩展为"信息网络犯罪";在内容上,除危害计算机信息系统安全犯罪案件、非法利用信息网络犯罪案件和通过信息网络实施的诈骗、赌博、侵犯公民个人信息等其他犯罪案件外,还将《刑法》第 286 条之一"拒不履行信息网络安全管理义务罪"和第 287 条之二的"帮助信息网络犯罪活动罪"规定了进来。

(三)《人民检察院办理网络犯罪案件规定》对"网络犯罪"概念的界定

2021 年最高人民检察院印发的《人民检察院办理网络犯罪案件规定》第 2 条将"网络犯罪"界定为,"本规定所称网络犯罪是指针对信息网络实施的犯罪,利用信息网络实施的犯罪,以及其他上下游关联犯罪"。该规定实际上是将"以信息网络为犯罪对象的网络犯罪""以信息网络为犯罪工具的网络犯罪""其他上下游关联的网络犯罪"三种类型组合成网络犯罪的概念。

### 三、本书界定的网络犯罪概念

综上所述,我们认为网络犯罪作为整个网络犯罪学的基石性概念,应有一个准确的界定。虽然域内外对网络犯罪的定义,网络犯罪的内涵与外延仍存在较大争议,但是我们认为,通说即"网络犯罪是学理罪名,而非刑法罪名"

---

[1] 刘艳红:《网络犯罪的法教义学研究》,中国人民大学出版社 2021 年版,第 104-105 页。

是较为符合基本事实与司法实践的。我国"网络犯罪"的概念历经从最初"计算机犯罪"演变为以网络作为"犯罪对象""犯罪工具""犯罪空间"的复杂发展过程，并呈现三种类型叠加适用的多变样态。在信息网络1.0时代，个人与系统之间的"冲突"是网络犯罪的主要表现形式，犯罪对象直接指向计算机信息系统，如《刑法》第286条破坏计算机信息系统罪。2000年以后，中国步入以"互"为主的互联网2.0时代，利用网络"点对点"互动交流实施犯罪开始成为网络犯罪的标准模式，如利用网络实施的电信诈骗、盗窃等犯罪。2010年以后，随着网络技术的迅速发展和网络社会的快速形成（整体互联网应用于信息获取、商务交易、交流沟通、网络娱乐等），人类社会进入了网络社会和现实社会并存的"双层社会"阶段。网络空间已然成为全新的犯罪"温床"，如网络色情、网络诽谤、网络赌博等。[1]基于此，我们认为网络犯罪应当是一种类罪名，而非刑法学意义上的具体个罪。网络犯罪是指以网络为犯罪对象，或者利用网络作为犯罪工具、犯罪空间（但不包含一般涉网犯罪[2]）实施的具有严重社会危害性的行为。显然本书是从犯罪学视角界定网络犯罪概念，采用广义的网络犯罪概念。

## 第三节　网络犯罪的类型

### 一、对象型网络犯罪

（一）对象型网络犯罪的概述

对象型网络犯罪也被称为以信息网络作为"犯罪对象"的网络犯罪、"计算机犯罪"，是"纯正型网络犯罪"。"纯正型网络犯罪"是指利用计算机技术侵害计算机信息系统或者侵害系统中内存数据与程序安全的犯罪行为。这类网络犯罪初见于信息网络1.0时代，具有较强的技术特性，因而常被认为是高技术、高智能犯罪。随着信息网络的迅猛发展，这类网络犯罪衍生出了病毒制作、木马制作、木马贩卖、肉鸡控制和维护、Ddos攻击、流量贩卖、爬虫爬取数据等其他犯罪行为。以信息网络为"犯罪对象"的网络犯罪对计算机信

---

〔1〕 魏东、金燚："网络犯罪魔变中的刑法理性检讨——网络刑法理论研究的现状观察与观点综述"，载《刑法论丛》2017年第2期。

〔2〕 一般涉网犯罪是将未在网络上实施主要犯罪行为而只是因上网而诱发的犯罪排除在外，比如与网友聊天相约见面进而实施强奸，未成年人沉迷网络挥霍无度而实施抢劫等。

息系统安全、数据安全、程序安全等都造成严重威胁。

(二) 对象型网络犯罪的刑法治理

我国《刑法》规定了以下罪名予以积极治理对象型网络犯罪。

(1)《刑法》第 285 条第 1 款规定的非法侵入计算机信息系统罪,是指自然人或者单位违反国家规定,侵入国家事务、国防建设、尖端科学技术领域的计算机信息系统的行为。

(2)《刑法》第 285 条第 2 款规定的非法获取计算机信息系统数据、非法控制计算机信息系统罪,是指自然人或者单位违反国家规定,侵入非国家事务、国防建设、尖端科学技术领域的计算机信息系统或者采用其他技术手段,获取该计算机信息系统中存储、处理或者传输的数据,或者对该计算机信息系统实施非法控制,情节严重的行为。

(3)《刑法》第 285 条第 3 款规定的提供侵入、非法控制计算机信息系统程序、工具罪,是指自然人或者单位提供专门用于侵入、非法控制计算机信息系统的程序、工具,或者明知他人实施侵入、非法控制计算机信息系统的违法犯罪行为而为其提供程序、工具,情节严重的行为。

(4)《刑法》第 286 条规定的破坏计算机信息系统罪,是指自然人或者单位违反国家规定,对计算机信息系统功能进行删除、修改、增加、干扰,造成计算机信息系统不能正常运行,后果严重的行为;或者违反国家规定,对计算机信息系统中存储、处理或者传输的数据和应用程序进行删除、修改、增加的操作,后果严重的行为;或者故意制作、传播计算机病毒等破坏性程序,影响计算机系统正常运行,后果严重的行为。

## 二、工具型网络犯罪

(一) 工具型网络犯罪的概述

工具型网络犯罪也被称为以信息网络作为"犯罪工具"的网络犯罪、"传统犯罪网络化",是"非纯正型网络犯罪"。"非纯正型网络犯罪"是指以信息网络为犯罪工具和手段,实施破坏社会主义市场经济秩序犯罪,妨害社会管理秩序犯罪,侵犯公民人身、民主权利或财产权利等合法权利犯罪。这类网络犯罪初见于信息网络 2.0 时代,信息网络的快速发展使得人与人之间的互动交流更加便捷,与此同时,微信、QQ、陌陌等社交网络软件常被犯罪分子用作"网络犯罪的工具",导致该类犯罪类型越发严重。比较常见的如网络危害国家安全、网络涉恐、网络涉枪、网络销售伪劣产品、网络销售假药、网络走私（网络代购）、网络金融犯罪、网络洗钱（网络地下钱庄）、网络假冒注册商标、网络侵犯商业秘密、网络传销、网络非法经营（网络销售私彩、卷烟、有偿删帖等）、网络出售公民个人信息、网络非法获取公民个人信息、网络盗窃、网络诈骗（电信网络诈骗、网络信用卡诈骗）、网络挪用资金、网络敲诈勒索、网络赌博、开设网络赌场、网络倒卖文物、网络涉毒、网络介绍卖淫、网络贪污、网络挪用公款等。

（二）工具型网络犯罪的刑法治理

我国《刑法》规定了以下罪名积极治理工具型网络犯罪。

（1）《刑法》第287条利用计算机实施犯罪的提示性规定"利用计算机实施金融诈骗、盗窃、贪污、挪用公款、窃取国家秘密或者其他犯罪的，依照本法有关规定定罪处罚"。

（2）《刑法》第287条之一规定的非法利用信息网络罪，是指自然人或者单位设立用于实施诈骗、传授犯罪方法、制作或者销售违禁物品、管制物品等违法犯罪活动的网站、通讯群组，情节严重的行为；或者发布有关制作或者销售毒品、枪支、淫秽物品等违禁物品、管制物品或者其他违法犯罪信息，情节严重的行为；或者为实施诈骗等违法犯罪活动发布信息，情节严重的行为。

（3）《刑法》第287条之二规定的帮助信息网络犯罪活动罪，是指自然人或者单位明知他人利用信息网络实施犯罪，为其犯罪提供互联网接入、服务器托管、网络存储、通讯传输等技术支持，或者提供广告推广、支付结算等帮助，情节严重的行为。

（4）《刑法》第253条之一规定的侵犯公民个人信息罪，是指自然人或者单位违反国家有关规定，向他人出售或者提供公民个人信息，情节严重的行为；或者违反国家有关规定，将在履行职责或者提供服务过程中获得的公民个人信息，出售或者提供给他人的行为；或者窃取或者以其他方法非法获取公民个人信息的行为。

此类网络犯罪涉及的罪名较多，但因篇幅有限，只列举如上重要条文。虽然以信息网络作为"犯罪工具"实施传统犯罪并未改变传统犯罪的实质内涵，但其犯罪常常以"一对多"的形式开展，社会危害性大大增加，因此，立法上采用预备行为正犯化、帮助行为正犯化等方式积极应用。

### 三、空间型网络犯罪

(一) 空间型网络犯罪的概述

空间型网络犯罪也被称为以信息网络为"犯罪空间"的网络犯罪、"内容型网络犯罪",是指主要犯罪行为需借助网络实施,或者说犯罪行为一经网络实施,主要犯罪目的即达成的犯罪。如行为人在网络上发帖侮辱、诽谤他人,其犯罪行为就是依托网络平台在网络空间中完成。既然网络既可以作为犯罪工具,又可以作为犯罪空间,且所涉罪名存在差异,这就需要准确甄别网络作为工具和空间的差异。我们认为,两种犯罪类型的主要区别点在于犯罪行为与网络的结合程度。其中,将网络作为犯罪工具的犯罪中,对犯罪行为和网络的结合程度要求低,只要求行为人在犯罪过程中利用了网络,即可视为以网络为工具。但以网络为犯罪空间,则对犯罪行为和网络的结合程度要求较高,强调犯罪行为一经网络空间实施完毕,现实或潜在危害结果即刻产生,如网络侵犯著作权、网络损害商业信誉、网络虚假广告、网络诽谤、网络编造故意传播虚假信息、网络寻衅滋事、网络传播淫秽物品、网络组织淫秽表演(网络色情直播)等。

(二) 空间型网络犯罪的刑法治理

我国《刑法》规定了以下罪名积极治理空间型网络犯罪。

(1)《刑法》第217条规定的侵犯著作权罪,是指以营利为目的,未经著作权人许可,复制发行、通过信息网络向公众传播其文字作品、音乐、美术、视听作品、计算机软件及法律、行政法规规定的其他作品的;或者未经录音录像制作者许可,复制发行、通过信息网络向公众传播其制作的录音录像的;或者未经表演者许可,复制发行录有其表演的录音录像制品,或者通过信息网络向公众传播其表演的,违法所得数额较大或者有其他严重情节的行为。

(2)《刑法》第286条之一规定的拒不履行信息网络安全管理义务罪,是指网络服务提供者不履行法律、行政法规规定的信息网络安全管理义务,经监管部门责令采取改正措施而拒不改正,致使违法信息大量传播的;或者致使用户信息泄露,造成严重后果的;或者致使刑事案件证据灭失,情节严重的;或者有其他严重情节的行为。

(3)《刑法》第291条之一第2款规定的编造、故意传播虚假信息罪,是指编造虚假的险情、疫情、灾情、警情,在信息网络或者其他媒体上传播,或者明知是上述虚假信息，故意在信息网络或者其他媒体上传播，严重扰乱社会秩序的行为。

（4）2010年最高人民法院、最高人民检察院、公安部《关于办理网络赌博犯罪案件适用法律若干问题的意见》，明确将赌博网站、传统型、物理型赌场均解释为刑法上的"赌场"，这就等于承认了网络作为赌博犯罪之"空间"的地位。

（5）2013年最高人民法院、最高人民检察院《关于办理利用信息网络实施诽谤等刑事案件适用法律若干问题的解释》，尝试将网络空间解释为寻衅滋事罪中的"公共场所"，并且将在网络空间中实施的辱骂、恐吓他人，或者编造、散布虚假信息，起哄闹事的行为解释为对"公共秩序"的破坏。

## 第四节 网络犯罪的特征

### 一、犯罪主体"三低"化

2020年检察机关起诉的网络犯罪案件中，未成年犯罪嫌疑人同比增长35.1%，在校学生同比增长80%；高中及以下学历占90%；无业人员占67%，犯罪主体呈现低年龄、低学历、低收入趋势。如，一些在校学生受利益诱惑，出售个人银行卡、电话卡，为网络犯罪提供帮助，有的甚至发展成为收售"两卡"的职业卡商，从而陷入网络犯罪深渊；部分低收入群体或失业、无业人员求职心切，被"高薪""兼职"诱惑，入职诈骗集团担任"业务员"，或出租银行卡、收款二维码等，为网络犯罪推波助澜。[1]网络犯罪在犯罪主体上呈现橄榄型的年龄特点，属于典型的年轻型犯罪。其中，年龄在18—30岁的犯罪人群，占据八成。[2]青少年具备较强的学习能力，并且乐于接受新鲜事物。网络作为新兴科技吸引着广大青少年，甚至儿童进入，网络已经成为青少年活动的重要空间。青少年由于自身的局限性，存有一定的犯罪诱因，倘若将未经过滤的网络环境直接提供给青少年，则极易对青少年造成消极影响。

---

[1] "2020年检察机关起诉涉嫌网络犯罪人数上升近五成"，载中华人民共和国最高人民检察院网，https://www.spp.gov.cn，最后访问时间：2022年7月28日。

[2] 练洪洋："人民日报纵横：打击网络犯罪要技术革新"，载人民网，http://opinion.people.com.cn，最后访问时间：2022年7月28日。

## 二、犯罪门槛降低化

网络犯罪形成初期，网络犯罪的主体多数掌握计算机专业知识。但是，随着网民网络应用能力的普遍提高，计算机已经成为大部分人工作、生活的基本工具。除此之外，一些具备网络专业知识的不法专业分子，为了牟利，制作了大量"傻瓜式"黑客软件。运用这些黑客软件，普通人也可以实施网络犯罪。恶意代码服务、勒索软件服务、DDoS 服务等新的"黑产"形态的出现，使得网络犯罪分子通过便捷支付即可"享受"网络攻击服务，进一步降低了网络犯罪的门槛。例如，北京警方曾破获的马来西亚境外电信诈骗案中，犯罪嫌疑人就是使用网络"改号软件"，在骗取受害人信任后，成功实施诈骗。经过调查发现，这些犯罪的具体实施人并不具备专业的网络知识，只是单纯地利用"改号软件"实施犯罪行为。可见，网络犯罪的主体并没有特殊的类别。今后，随着网络技术智能化程度的提高，犯罪高发人群的群类特征将逐步模糊，并朝多元化方向发展，防控难度继续升级。

## 三、犯罪工具平台化

如今的互联网，门户网站、电子邮件、微博已不是前沿和主流，各类社交软件和即时通信工具、移动互联网相结合，已经成为当今互联网的"主旋律"。无论是不良信息还是网络犯罪均呈现向微场景下沉的特征，整个违法信息的重点慢慢向微领域转移，形成了相对完整的产业链模式，通过微信、微博、微盘、微视频传播有害信息的处理难度继续加大。社交软件传播快、影响大、覆盖广、社会动员能力强的特点，注定其是一把"双刃剑"。社交软件不仅是公众沟通的常用工具、好用工具，也是犯罪分子的常用工具、好用工具。如使用 QQ 搜索"接单""试题"以及违禁品等，总能找到大量的非法交易平台。在某些情况下，这些社交软件甚至成为影响社会稳定、威胁国家安全的重要阵地。例如，广东省某地检察院在审查一起涉嫌暴力伤害犯罪案件时，电子数据取证人员通过涉案 QQ 账号和密码、百度云盘账号和密码，在云端发现了大量暴恐音视频材料。

## 四、犯罪方式智能化

随着云计算、区块链、人工智能等新技术的快速发展，网络犯罪手段迭代更新，例如诈骗短信、钓鱼网站、木马病毒、僵尸网络威胁、分布式拒绝服务攻击、移动伪基站、流量劫持、人工智能换脸、撞库拖库、恶意渗透、打码平台破解验证码等新型网络犯罪层出不穷。与传统犯罪相比，网络犯罪手段复杂、形式多样，既有攻击计算机信息系统的犯罪，也有利用网络进行的传统犯罪。前者包括利用网络侵入计算机系统非法获取信息、修改密码、黑客攻击银行账户等；后者如利用网络实施盗窃、诈骗、开设赌场、非法经营、传销等。可以预见的是，未来利用人工智能、5G、大数据、物联网、人脸识别、暗网、比特币、网络黑灰产业链等形态的智能型网络犯罪会越发增多。

## 五、犯罪行为隐蔽化

网络的开放性和虚拟性使得网络犯罪具有极高的隐蔽性，不仅导致犯罪行为难以被发现和查处，也增加了办案成本和难点，带来管辖权冲突、电子证据收集固定难等问题。犯罪行为隐蔽化主要包括三个方面：第一个方面是犯罪分子往往采取技术手段隐藏他们的真实身份与地址，使身份虚拟化、数字化。第二个方面是网络犯罪属于非接触型犯罪，犯罪分子采用Telegram沟通联系隐藏IP。犯罪分子只要点击鼠标和敲击键盘，就可以瞬间完成一系列的操作指令。犯罪身份和犯罪行为的隐蔽性，给侦查、取证带来极大困难。第三个方面是为逃避监管，犯罪分子将服务器架设国外，在境外从事网络诈骗、经营色情网站和赌博网站等犯罪行为。网络犯罪转向跨国犯罪的趋势，无疑会增加案件侦查成本、拉长案件侦查周期，有利于犯罪行为人逃避打击。

## 六、犯罪集团链条化

信息网络技术的特点决定网络犯罪的实施需要网站建设、广告推广、资金流转、技术支持等多个环节才能完成，而技术环节又能同时为大量的其他犯罪活动提供帮助。这些环节之间通常缺乏共同的犯罪故意和目的，并形成错综复杂的关系，大大降低作案技术门槛，导致网络犯罪进一步泛滥。如今互联网上的黑产链条，已经日益明晰。有专门收集公民信息的，有专门利用"伪基站"发布诈骗广告的，有专门开发木马软件的，有专门负责发单的，有专门提供交易平台的，等等。犯罪分子利用各种平台作案，专业化程度相当高。例如，网购木马诈骗犯罪团伙包括"写马""免杀"、洗钱以及实施诈骗的人员。其中，任何一个中间环节都能给大量不同的诈骗团伙提供犯罪所需要的技术支持。[1]

---

[1] 吴孟栓："明晰诉讼程序 依法惩治网络犯罪"，载《检察日报》2014年7月7日，第3版。

据统计，中国的黑灰产业规模在 1000 亿左右，诸如黑客入侵、网络钓鱼等典型网络犯罪已经不再陌生，并已发展成为成熟产业链条。上中下游分工明确细致，每个环节互不干涉，各取所需，危害整个网络生态的安全。绝大多数犯罪团伙采取了信息流、资金流、物流全分离的运营模式，已经形成上中下游分工明确、利益分发层层精准的网络黑色产业链。上游有木马开发和代理、网络攻击等；中游利用木马和钓鱼网站进行网络盗窃、利用社工库进行网络诈骗等；下游有洗钱团伙、取钱团伙、贩卖身份证等团伙。

### 七、犯罪动机牟利化

早期网络犯罪普遍有炫耀技术的动机，然而近年来的网络犯罪牟利性动机越发突出。最高人民检察院 2021 年发布的数据显示：2020 年利用网络实施的诈骗和赌博犯罪持续高发，网络诈骗犯罪和网络赌博犯罪已占网络犯罪总数的 64.4%。网络犯罪与传统犯罪相比，产业化程度更高、涉案金额更多，危害更大。犯罪嫌疑人以互联网为载体，利用计算机、手机、虚假身份证和银行卡等工具，使用虚拟的网络身份进行犯罪。轻敲几下键盘就能在极短时间内完成整个犯罪过程，不受时间、地点的限制，且无须庞杂的人力、物力、财力，与传统犯罪相比具有成本低、风险小的优势，犯罪分子的趋利心理、侥幸心理、冒险心理得到强化。

### ■ 课后思考题

1. 论述对象型网络犯罪的概念及刑法治理。
2. 论述空间型网络犯罪的概念及刑法治理。
3. 论述网络犯罪的特征。

# 第二章
# 网络犯罪的典型形态

## 第一节　电信网络诈骗

### 一、电信网络诈骗概述

（一）电信网络诈骗的概念

根据《反电信网络诈骗法》，电信网络诈骗指以非法占有为目的，利用电信网络技术手段，通过远程、非接触等方式，诈骗公私财物的行为。随着网络技术的飞速发展及网络社交的全面普及，电信网络诈骗变得异常严峻，已然成为发案数量最多、上升速度最快、涉及范围最广的犯罪类型，人民群众有着强烈的严惩诉求。与以往"简单结伙""单兵作战"不同，近年来电信网络诈骗运作模式日趋专业化、公司化、智能化，且活动地域呈现跨境化趋势。根据相关统计，电信网络诈骗涵盖15类工种、涉及160余万从业人员，已然形成纵横连接、分工精细、专业精湛的黑色产业链，并跃居中国黑产第三位。纵向维度，从恶意注册、引流、诈骗、洗钱四个环节形成上下游闭合链条。横向维度，从钓鱼编辑、木马开发、盗库黑客、电话诈骗经理、短信群发商、域名贩子、个人信息批发商、在线推广技师、财务会计师等多达15个不同工种。[1]

（二）电信网络诈骗的类型

根据2022年公安部数据，刷单返利、虚假投资理财、虚假网络贷款、冒充客服诈骗、冒充公检法诈骗五类电信网络诈骗案件在全国刑事案件数量占比近80%，已成为名副其实的高发案件类型。其中，刷单返利类诈骗发案率最

---

[1] 于冲："新型电信网络诈骗犯罪的类型化明晰与刑法回应"，载《中国检察官》2021年第14期。

高，占全部案件数量的 1/3；虚假投资理财类诈骗涉案金额最大，占全部涉案资金的 1/3。腾讯公司《2021 年电信网络诈骗治理研究报告》总结了常见十大电信网络诈骗类型：刷单返利诈骗（小额返款，巨额诱钓）；杀猪盘诈骗（建立亲密关系，引诱投资）；贷款、代办信用卡诈骗（虚假贷款 App，或者以代办信用卡为名，骗取手续费、保证金、解冻费等）；冒充电商、物流客服诈骗（以退款理赔为名，骗取钱款）；冒充公检法及政府机关诈骗（编造涉嫌犯罪事由进行威逼恐吓，以配合调查为名，要求转账）；冒充领导、熟人诈骗（"暖心关怀"后，以"借钱""送礼""转款"为由，要求转账）；虚假购物、服务诈骗（以低价出售为名，要求私下转款交易，收款不发货）；虚假征信诈骗（谎称消除不良征信记录，骗取"手续费"等）；网游产品虚假交易诈骗（以买卖道具、代练、租售游戏号为由，收款不服务）等。此外，封号、盗号、租号诈骗；虚拟礼品、实物礼品免费送诈骗；裸聊色情诈骗等类型也较为普遍。

（三）电信网络诈骗的刑法规制

针对电信网络诈骗的频发趋势、严重后果，《刑法》密集编织法网予以严加规制。其常见罪名如下：（1）**妨害信用卡管理罪**。利用他人信用卡洗钱套现，非法持有他人信用卡，均可纳入妨害信用卡管理罪的规制范围。（2）**侵犯公民个人信息罪**。事前无电信网络诈骗通谋，仅提供公民个人信息的"料商"，可以此罪追究刑事责任。（3）**诈骗罪**。利用短信、电话、网络社交软件发送诈骗信息 5000 条以上，或者拨打诈骗电话 500 人次以上，诈骗数额难以查证，应认定为"其他严重情节"，以诈骗罪（未遂）定罪处罚。（4）**拒不履行信息网络安全管理义务罪**。网络服务提供者不履行法律、行政法规规定的信息网络安全管理义务，经监管部门责令采取改正措施而拒不改正，致使诈骗信息大量传播，或者用户信息泄露造成严重后果的，以拒不履行信息网络安全管理义务罪追究刑事责任。同时构成诈骗罪的，依照处罚较重的规定定罪处罚。（5）**非法利用信息网络罪**。设立用于实施诈骗违法犯罪活动的网站、通讯群组的，或者为实施诈骗等违法犯罪活动发布信息，情节严重的，构成非法利用信息网络罪。同时构成诈骗罪的，依照处罚较重的规定定罪处罚。（6）**帮助信息网络犯罪活动罪**。明知他人实施网络诈骗犯罪，仍为其犯罪提供互联网接入、服务器托管、网络存储、通讯传输等技术支持，或者提供广告推广、支付结算等帮助，情节严重的，构成帮助信息网络犯罪活动罪。同时构成诈骗罪的，依照处罚较重的规定定罪处罚。（7）扰乱无线电通讯管理秩序罪。非法使用"伪基站""黑广播"，干扰无线电通讯秩序，可以扰乱无线电通讯管理秩序罪追究刑事责任。同时构成诈骗罪的，依照处罚较重的规定定罪处罚。（8）掩饰、隐瞒犯罪所得、犯罪所得收益罪。事前与电信诈骗者无通谋的取款行为和转款行为，以掩饰、隐瞒犯罪所得、犯罪所得收益罪定罪处刑。反之，事前有通谋，则以诈骗罪的共犯论处。

## 二、电信网络诈骗典型案例

董某等四人诈骗案（检例第 38 号）

**【关键词】**

诈骗　自我交易　打车软件　骗取补贴

**【基本案情】**

2015 年，某网约车平台注册登记司机董某、谈某、高某、宋某分别用购买、租赁未实名登记的手机号注册网约车乘客端，并在乘客端账户内预充打车费一二十元。随后，他们各自虚构用车订单，并用本人或其实际控制的其他司机端账户接单，发起较短距离用车需求，后又故意变更目的地延长乘车距离，致使应付车费大幅提高。由于乘客端账户预存打车费较少，无法支付全额车费。网约车公司为提升市场占有率，按照内部规定，在这种情况下由公司垫付车费，同样给予司机承接订单的补贴。四被告人采用这一手段，分别非法获取网约车公司垫付车费及公司给予司机承接订单的补贴。董某获取 40 664.94 元，谈某获取 14 211.99 元，高某获取 38 943.01 元，宋某获取 6627.43 元。

**【诉讼过程和结果】**

本案由上海市普陀区人民检察院于 2016 年 4 月 1 日以被告人董某、谈某、高某、宋某犯诈骗罪向上海市普陀区人民法院提起公诉。2016 年 4 月 18 日，上海市普陀区人民法院作出判决，认定被告人董某、谈某、高某、宋某的行为构成诈骗罪，综合考虑四名被告人到案后能如实供述自己的罪行，依法可以从轻处罚，四名被告人的家属均已代为全额退赔赃款，可酌情从轻处罚，分别判处被告人董某有期徒刑 1 年，并处罚金 1000 元；被告人谈某有期徒刑 10 个月，并处罚金 1000 元；被告人高某有期徒刑 1 年，并处罚金 1000 元；被告人宋某有期徒刑 8 个月，并处罚金 1000 元；四名被告人所得赃款依法发还被害单位。一审宣判后，四名被告人未上诉，判决已生效。

**【要旨】**

以非法占有为目的，采用自我交易方式，虚构提供服务事实，骗取互联网公司垫付费用及订单补贴，数额较大的行为，应认定为诈骗罪。

**【指导意义】**

当前，网络约车、网络订餐等互联网经济新形态发展迅速。一些互联网公司为抢占市场，以提供订单补贴的形式吸引客户参与。某些不法分子采取违法手段，骗取互联网公司给予的补贴，数额较大的，可以构成诈骗罪。

在网络约车中，行为人以非法占有为目的，通过网约车平台与网约车公司进行交流，发出虚构的用车需求，使网约车公司误认为是符合公司补贴规则的订单，基于错误认识，给予行为人垫付车费及订单补贴的行为，符合诈骗罪的本质特征，是一种新型诈骗罪的表现形式。

**【相关法律规定】**

**《刑法》**

第二百六十六条　诈骗公私财物，数额较大的，处三年以下有期徒刑、拘役或者管制，并处或者单处罚金；数额巨大或者有其他严重情节的，处三年以上十年以下有期徒刑，并处罚金；数额特别巨大或者有其他特别严重情节的，处十年以上有期徒刑或者无期徒刑，并处罚金或者没收财产。本法另有规定的，依照规定。

## 第二节　网络盗窃犯罪

### 一、网络盗窃犯罪概述

**(一) 网络盗窃犯罪对象特殊性**

网络盗窃犯罪指通过黑客攻击、社会工程、木马植入等手段窃取卡号密码、控制网络账号、修改游戏程序，将他人现实财物和虚拟财产据为己有的行为。根据《刑法》第 264 条盗窃罪的规定，犯罪对象为公私财物。就传统盗窃罪而言，公私财物应为金钱、商品等有形物。但是，随着网络虚拟财产的出现和广为适用，局限于有形物的公私财物保护显然不能满足公众的财产保护需求，有扩大公私财物外延的必要。在此背景下，最高人民法院、最高人民检察院于 1992 年印发的《关于办理盗窃案件具体应用法律的若干问题的解释》，将公私财物扩展至"电力、煤气、天然气、重要技术成果等无形财物"。网络盗窃犯罪侵害的是他人电子资金、电信服务以及虚拟财产等无形财产。目前，将电子资金、电信服务作为盗窃对象在理论界与实务界均没有争议。网络盗窃犯罪一般分为两个步骤：第一步，通过技术或非技术手段获取被害人身份认证信息（各类账号和密码）；第二步，利用已获得的身份认证信息，登录被害人账户，转移钱款或者虚拟财产。

（二）网络盗窃犯罪手段的复合性

传统盗窃手段较为单一，且多采秘密手段。网络盗窃犯罪则截然相反。网络盗窃犯罪通常通过两个步骤实现：获取被害人身份认证信息和进入被害人账户转移财产。其中，获取被害人身份认证信息是关键步骤，具体又分化为偷和骗两种手段。实践中，一般多因正当业务接触获知被害人身份认证信息，或偷记被害人身份认证信息。此外，还有通过网络手段获取被害人身份认证信息的情形，具体又包括以下几种类型：第一种用"木马程序"偷。将"木马程序"植入被害人计算机，监控被害人计算机记录，获取被害人身份认证信息。由于这种木马监控记录以密码呈现，被害人并不知情，是一种典型的网络盗窃犯罪。第二种是用"钓鱼网站"骗。行为人通过制作高仿银行网站、假支付网页等方式，欺骗被害人登录，从而获取被害人身份认证信息，此种手段属于典型的诈骗。[1]

（三）网络盗窃虚拟财产的争议

网络虚拟财产是以电磁数据为载体、以财产价值为内容、以互联网为空间的一种特殊财物。[2]包括网络游戏相关的虚拟财产（如游戏账号、武器装备、角色属性、身份、等级、宠物、道具等）、虚拟货币（如 Q 币、百度币等）、网络账号（如 QQ 账号、Email 账号、BBS 论坛账号、微信账号、微博账号

---

[1] 戴长林主编：《网络犯罪司法实务研究及相关司法解释理解与适用》，人民法院出版社 2014 年版，第 16-22 页。

[2] 陈兴良："虚拟财产的刑法属性及其保护路径"，载《中国法学》2017 年第 2 期。

等)、域名、流量、积分等。[1]虚拟财产属何种财物体,理论上存在多种观点,如物权说、债权说、知识产权说等,尚未达成共识。司法实践对盗窃虚拟财产行为的定性也是颇有争议的,其争议焦点主要是虚拟财产的法律属性,由此形成了否定说与肯定说两种观点。否定说认为,虚拟财产不能等同于现实财物。如果肯定虚拟财产等同于现实财物,必然会对现实世界造成冲击,并引发新的犯罪。如虚拟货币会对法定货币造成冲击,虚拟货币可能成为洗钱犯罪的工具等。肯定说认为,虚拟财产等同现实财物,虚拟财产属于无形财产的范畴,凝结着人类一般无差别劳动,具有经济价值;虚拟财产具有交换价值,虚拟财产可以突破空间束缚,实现线上线下的自由换算与交易。[2]司法实践中,规制盗窃虚拟财产行为的罪名涉及盗窃罪、非法侵入计算机信息系统罪、非法获取计算机信息系统数据罪等。

## 二、网络盗窃犯罪典型案例

张某盗窃案(检例第37号)

**【关键词】**

盗窃　网络域名　财产属性　域名价值

**【基本案情】**

2009年5月,被害人陈某在大连市西岗区登录网络域名注册网站,以11.85万元竞拍取得"www.8.cc"域名,并交由域名维护公司维护。

被告人张某预谋窃取陈某拥有的域名"www.8.cc",其先利用技术手段破解该域名所绑定的邮箱密码,后将该网络域名转移绑定到自己的邮箱上。2010年8月6日,张某将该域名从原有的维护公司转移到自己在另一网络公司申请的ID上,又于2011年3月16日将该网络域名再次转移到张某冒用"龙嫦"身份申请的ID上,并更换绑定邮箱。2011年6月,张某在网上域名交易平台

---

[1] 曹诗权主编:《2017年新型网络犯罪研究报告》,中国人民公安大学出版社2018年版,第52-56页。

[2] 否定说代表文献,侯国云:"论网络虚拟财产刑事保护的不当性——让虚拟财产永远待在虚拟世界",载《中国人民公安大学学报(社会科学版)》2008年第3期;肯定说代表文献,季兴彪:"网络盗窃犯罪的认定",载《计算机与网络》2007年第5期。

将网络域名"www.8.cc"以12.5万元出售给李某。2015年9月29日,张某被公安机关抓获。

**【诉讼过程和结果】**

本案由辽宁省大连市西岗区人民检察院于2016年3月22日以被告人张某犯盗窃罪向大连市西岗区人民法院提起公诉。2016年5月5日,大连市西岗区人民法院作出判决,认定被告人张某的行为构成盗窃罪,判处有期徒刑4年7个月,并处罚金5万元。一审宣判后,当事人未上诉,判决已生效。

**【要旨】**

网络域名具备法律意义上的财产属性,盗窃网络域名可以认定为盗窃行为。

**【指导意义】**

网络域名是网络用户进入门户网站的一种便捷途径,是吸引网络用户进入其网站的窗口。网络域名注册人注册了某域名后,该域名将不能再被其他人申请注册并使用,因此网络域名具有专属性和唯一性。网络域名属稀缺资源,其所有人可以对域名行使出售、变更、注销、抛弃等处分权利。网络域名具有市场交换价值,所有人可以以货币形式进行交易。通过合法途径获得的网络域名,其注册人利益受法律承认和保护。本案中,行为人利用技术手段,通过变更网络域名绑定邮箱及注册ID,实现了对域名的非法占有,并使原所有人丧失了对网络域名的合法占有和控制,其目的在于非法获取网络域名的财产价值,其行为给网络域名的所有人带来直接的经济损失。该行为符合以非法占有为目的窃取他人财产利益的盗窃罪本质属性,应以盗窃罪论处。对于网络域名的价值,当前可综合考虑网络域名的购入价、销赃价、域名升值潜力、市场热度等。

**【相关法律规定】**

**《刑法》**

第二百六十四条 盗窃公私财物,数额较大的,或者多次盗窃、入户盗窃、携带凶器盗窃、扒窃的,处三年以下有期徒刑、拘役或者管制,并处或者单处罚金;数额巨大或者有其他严重情节的,处三年以上十年以下有期徒刑,并处罚金；数额特别巨大或者有其他特别严重情节的，处十年以上有期徒刑或者无期徒刑，并处罚金或者没收财产。

**《中国互联网络域名管理办法》**[1]

第二十八条　域名注册申请者应当提交真实、准确、完整的域名注册信息，并与域名注册服务机构签订用户注册协议。

域名注册完成后，域名注册申请者即成为其注册域名的持有者。

第二十九条　域名持有者应当遵守国家有关互联网络的法律、行政法规和规章。

因持有或使用域名而侵害他人合法权益的责任，由域名持有者承担。

第三十条　注册域名应当按期缴纳域名运行费用。域名注册管理机构应当制定具体的域名运行费用收费办法，并报信息产业部备案。

## 第三节　网络赌博犯罪

### 一、网络赌博犯罪概述

（一）网络赌博犯罪的概念

近年来，境外招赌日益突出，跨境赌博日益猖獗，严重妨碍社会管理秩序，危及经济安全和社会稳定。与此同时，互联网领域黑灰产业的迅猛发展助推传统赌博和跨境赌博犯罪不断向互联网迁移，跨境网络赌博犯罪呈现高发态势，严重威胁人民财产安全和社会公共安全。与赌博相关的罪名主要规定在《刑法》第303条，包括赌博罪、开设赌场罪和组织参与国（境）外赌博罪三个罪名。网络赌博犯罪是指赌博参与者以营利为目的，借助网络平台、网络信息技术手段开设赌场、聚众赌博、以赌博为业、组织参与国（境）外赌博的犯罪行为。新型网络赌博犯罪主要借助移动互联网以及社交软件等 App 实施，省去了传统网络赌博建站、发展会员、组织赌博、赌资洗钱等繁琐环节。从既已查获案件情况来看，利用移动互联网实施的网络赌博犯罪主要包括以下两种方式：一是以微信群等通讯群组作为作案场域。例如，组建微信群，群主和群成员以微信抢红包方式进行赌博，设置发红包与抢红包规则，由群主或少数群成员抽取"头薪"，实质是组织赌博并抽头渔利。二是以移动互联网游戏作为

---

[1]　该办法2017年已废止。

犯罪载体，作弊欺诈与诱导兑换。例如，手机棋牌游戏"天天德州"，在这款棋牌游戏中，德州币是游戏筹码，属虚拟资金，用户欲玩棋牌游戏必须通过人民币充值德州币。游戏中"币商"利用"官方汇率"和"自定义汇率"的差价牟利。同时，游戏中通过盗号、外挂、"双簧"作弊欺诈等方式，加大游戏商在游戏中的获胜概率，盗刷或骗取玩家德州币，这类行为属赌博和诈骗的结合。〔1〕

(二) 网络赌博犯罪的司法认定

(1)"以赌博为业"的认定。"以赌博为业"是指以赌博为常业，即以赌博所得供其生活或者挥霍。

(2)"开设赌场"行为的认定。以营利为目的，利用信息网络、通讯终端等传输赌博视频、数据。组织中华人民共和国公民跨境赌博活动有下列情形之一属于"开设赌场"行为：①建立赌博网站、应用程序并接受投注的；②建立赌博网站、应用程序并提供给他人组织赌博的；③购买或者租用赌博网站、应用程序，组织他人赌博的；④参与赌博网站、应用程序利润分成的；⑤担任赌博网站、应用程序代理并接受投注的；⑥其他利用信息网络、通讯终端等传输赌博视频、数据，组织跨境赌博活动的。

(3) 开设赌场罪共犯的认定。明知是赌博网站、应用程序，为赌博网站、应用程序提供软件开发、技术支持、互联网接入、服务器托管、网络存储空间、通讯传输通道、广告投放、会员发展、资金支付结算等服务的；或者为赌博网站、应用程序担任代理并发展玩家、会员、下线的，以开设赌场罪的共犯论处。为同一赌博网站、应用程序担任代理，既无上下级关系，又无犯意联络的，不构成共同犯罪。

(4) 一般参与人员责任的认定。对受雇为赌场接送参赌人员、望风看场、发牌、坐庄、兑换筹码、发送宣传广告等活动的人员，以及赌博网站、应用程序中与组织赌博活动无直接关联的一般工作人员，除参与赌场、赌博网站、应用程序利润分成或者领取高额固定工资的，可以不追究刑事责任，仅由公安机关依法给予治安管理处罚。

(三) 网络赌博的关联犯罪认定

(1) 使用专门工具、设备或者其他手段诱使他人参赌，人为控制赌局输

---

〔1〕 曹诗权主编：《2017年新型网络犯罪研究报告》，中国人民公安大学出版社2018年版，第3-4页。

赢，构成犯罪的，依照刑法关于诈骗罪的规定定罪处刑。网上开设赌场，人为控制赌局输赢，或者无法实现提现，构成犯罪的，依照刑法关于诈骗犯罪的规定定罪处刑。部分参赌者赢利、提现不影响诈骗罪的认定。

（2）以开设赌场或者为国家工作人员参与赌博提供资金的方式实施行贿、受贿，构成犯罪的，依照刑法关于贿赂犯罪的规定定罪处刑。同时构成赌博犯罪的，应当依法与贿赂犯罪数罪并罚。

（3）实施跨境赌博犯罪，同时构成组织他人偷越国（边）境、运送他人偷越国（边）境、偷越国（边）境罪等罪的，应当依法数罪并罚。

（4）实施赌博犯罪，为强行索要赌债，实施故意杀人、故意伤害、非法拘禁、故意毁坏财物、寻衅滋事等行为，构成犯罪的，应当依法数罪并罚。

（5）为赌博犯罪提供资金、信用卡、资金结算等服务，构成赌博犯罪共犯，同时构成非法经营罪，妨害信用卡管理罪，窃取、收买、非法提供信用卡信息罪，掩饰、隐瞒犯罪所得、犯罪收益罪等罪的，依照处罚较重的规定定罪处罚。

（6）为网络赌博犯罪提供互联网接入、服务器托管、网络存储、通讯传输等技术支持，或者提供广告推广、支付结算等帮助，构成赌博犯罪共犯，同时构成非法利用信息网络罪、帮助信息网络犯罪活动罪等罪的，依照处罚较重的规定定罪处罚。

（7）为实施赌博犯罪，非法获取公民个人信息，或者向实施赌博犯罪者出售、提供公民个人信息，构成赌博犯罪共犯，同时构成侵犯公民个人信息罪的，依照处罚较重的规定定罪处罚。

## 二、网络赌博犯罪典型案例

### 陈某1、陈某2、赵某开设赌场案[1]

**【关键词】**

刑事　开设赌场罪　"二元期权"　赌博网站

**【基本案情】**

2016年6月，北京某教育科技有限公司（以下简称L公司）设立，负责

---

[1] 最高人民法院审判委员会讨论通过，2020年12月29日发布的指导案例146号。

为 L 网站的经营提供客户培训、客户维护、客户发展服务，幕后实际控制人为周某。周某利用上海某商务咨询有限公司聘请讲师、经理、客服等工作人员，并假冒上海某网络科技有限公司等在智付电子支付有限公司的支付账户，接收全国各地会员注册交易资金。

L 网站以经营"二元期权"交易为业，通过招揽会员以"买涨"或"买跌"的方式参与赌博。会员在 L 网站注册充值后，下载安装市场行情接收软件和 L 网站自制插件，选择某一外汇交易品种，并选择 1M（分钟）到 60M 不等的到期时间，下单交易金额，并点击"买涨"或"买跌"按钮完成交易。买定离手之后，不可更改交易内容，不能止损止盈，若买对涨跌方向即可获得交易金额的 76% 至 78% 的盈利，若买错涨跌方向则本金全亏，盈亏情况不与外汇实际涨跌幅度挂钩。L 网站建立了等级经纪人制度及对应的佣金制度，等级经纪人包括 SB 银级至 PB 铂金三星级六个等级。截至案发，L 网站在全国约有 10 万个会员。

2017 年 1 月，陈某 1 受周某聘请为顾问、市场总监，从事日常事务协调管理，维系 L 网站与高级经纪人之间的关系，出席"培训会""说明会"并进行宣传，发展会员，拓展市场。2016 年 1 月，陈某 2 在 L 网站注册账号，通过发展会员一度成为 PB 铂金一星级经纪人，下有 1.7 万余个会员账号。2016 年 2 月，赵某在 L 网站注册账号，通过发展会员一度成为 PB 铂金级经纪人，下有 8000 余个会员账号。经江西某司法鉴定中心司法会计鉴定，2017 年 1 月 1 日至 2017 年 7 月 5 日，陈某 2 从 L 网站提款 180 975.04 美元，赵某从 L 网站提款 11 598.11 美元。2017 年 7 月 5 日，陈某 1、陈某 2 和赵某被抓获归案。陈某 1 归案后，于 2017 年 8 月 8 日退缴 35 万元违法所得。

**【诉讼过程和结果】**

江西省吉安市中级人民法院于 2019 年 3 月 22 日作出（2018）赣 08 刑初 21 号刑事判决，以被告人陈某 1 犯开设赌场罪，判处有期徒刑 3 年，并处罚金 50 万元，驱逐出境；被告人陈某 2 犯赌博罪，判处有期徒刑 2 年，并处罚金 30 万元；被告人赵某犯赌博罪，判处有期徒刑 1 年 10 个月，并处罚金 20 万元；继续追缴被告人陈某 2 和赵某的违法所得。宣判后，陈某 1、陈某 2 提出上诉。江西省高级人民法院于 2019 年 9 月 26 日作出（2019）赣刑终 93 号刑事判决，以上诉人陈某 1 犯开设赌场罪，改判有期徒刑 2 年 6 个月，并处罚金 50 万元，驱逐出境；上诉人陈某 2 犯开设赌场罪，判处有期徒刑 2 年，并处罚金 30 万元；被告人赵某犯开设赌场罪，判处有期徒刑 1 年 10 个月，并处罚金 20 万元；继续追缴陈某 2 和赵某的违法所得。

**【要旨】**

以"二元期权"交易的名义，在法定期货交易场所之外利用互联网招揽"投资者"，以未来某段时间外汇品种的价格走势为交易对象，按照"买涨""买跌"确定盈亏，买对涨跌方向的"投资者"得利，买错的本金归网站（庄家）所有，盈亏结果不与价格实际涨跌幅度挂钩的，本质是"押大小、赌输赢"，是披着期权交易外衣的赌博行为。对相关网站应当认定为赌博网站。

**【指导意义】**

法院生效裁判认为，根据国务院 2017 年修订的《期货交易管理条例》第 1 条、第 4 条、第 6 条规定，期权合约是指期货交易场所统一制定的、规定买方有权在将来某一时间以特定价格买入或者卖出约定标的物的标准化合约。期货交易应当在期货交易所等法定期货交易场所进行，禁止在期货交易场所之外进行期货交易。未经国务院或者国务院期货监督管理机构批准，任何单位或者个人不得以任何形式组织期货交易。简言之，期权是一种以股票、期货等品种的价格为标的，在法定期货交易场所进行交易的金融产品，在交易过程中需完成买卖双方权利的转移，具有规避价格风险、服务实体经济的功能。

L 公司"二元期权"的交易方法是下载市场行情接收软件和 L 网站自制插件，会员选择外汇品种和时间段，点击"买涨"或"买跌"按钮完成交易，买对涨跌方向即可获得交易金额的 76% 至 78% 的盈利，买错涨跌方向则本金即归网站（庄家）所有，盈亏结果与外汇交易品种涨跌幅度无关，实则是以未来某段时间外汇、股票等品种的价格走势为交易对象，以标的价格走势的涨跌决定交易者的财产损益，交易价格与盈亏幅度事前确定，盈亏结果与价格实际涨跌幅度不挂钩，交易者没有权利行使和转移环节，交易结果具有偶然性、投机性和射幸性。因此，L 网站"二元期权"与"押大小、赌输赢"的赌博行为本质相同，实为网络平台与投资者之间的对赌，是披着期权外衣的赌博行为。

被告人陈某 1 在 L 公司担任中国区域市场总监，从事日常事务协调管理，维护公司与经纪人关系，参加各地说明会、培训会并宣传 L 公司"二元期权"，发展新会员和开拓新市场，符合最高人民法院、最高人民检察院、公安部《关于办理网络赌博犯罪案件适用法律若干问题的意见》第 2 条规定的明知是赌博网站，而为其提供投放广告、发展会员等服务的行为，构成开设赌场罪的共同犯罪，其非法所得已达到该意见第 2 条规定的"收取服务费数额在 2 万元以上的" 5 倍以上，应认定为开设赌场"情节严重"。但考虑到其犯罪事实、行为性质、在共同犯罪中的地位作用和从轻量刑情节，对其有期徒刑刑期予以酌减，对罚金刑依法予以维持。陈某 2、赵某面向社会公众招揽赌客参加赌博，属于为赌博网站担任代理并接受投注行为，且行为具有组织性、持续性、开放性，构成开设赌场罪，并达到"情节严重"。原判决认定陈某 2、赵某的罪名不当，二审依法改变其罪名，但根据上诉不加刑原则，维持一审对其量刑。

【相关法律规定】

《刑法》

第三百零三条　以营利为目的，聚众赌博或者以赌博为业的，处三年以下有期徒刑、拘役或者管制，并处罚金。

开设赌场的，处五年以下有期徒刑、拘役或者管制，并处罚金；情节严重的，处五年以上十年以下有期徒刑，并处罚金。

组织中华人民共和国公民参与国（境）外赌博，数额巨大或者有其他严重情节的，依照前款的规定处罚。

## 第四节　网络色情犯罪

### 一、网络色情犯罪概述

（一）网络色情犯罪的概念

网络色情犯罪并不是刑法中的独立罪名，而是类罪统称。根据《刑法》的规定，网络色情犯罪主要指利用互联网，以牟利为目的，制作、复制、贩卖、传播色情信息，或者虽不以牟利为直接目的，传播淫秽信息情节严重的行为，或者引诱、介绍卖淫、组织淫秽表演等违法犯罪行为。我国《刑法》第 367 条第 1 款规定："本法所称淫秽物品，是指具体描绘性行为或者露骨宣扬色情的诲淫性的书刊、影片、录像带、录音带、图片及其他淫秽物品。"最高人民法院、最高人民检察院《关于办理利用互联网、移动通讯终端、声讯台制作、复制、出版、贩卖、传播淫秽电子信息刑事案件具体应用法律若干问题的解释》（以下简称《淫秽电子信息解释（一）》）进一步明确，其他淫秽物品包括具体描绘性行为或者露骨宣扬色情的诲淫性的视频文件、音频文件、电子刊物、图片、文章、短信息等互联网、移动通讯终端电子信息和声讯台语音信息。有关人体生理、医学知识的电子信息和声讯台语音信息不是淫秽物品。包含色情内容的有艺术价值的电子文学、艺术作品不视为淫秽物品。

（二）网络色情犯罪的类型

（1）通过网站实施色情犯罪。网络色情犯罪具有犯罪成本低、传播快、易接受等特点，犯罪分子通过建立淫秽色情网站，开发淫秽色情 App，利用手机终端、移动客户端、通过微信、QQ 等聊天软件、通讯群组，建立淫秽电子信息超链接等方式，制作、复制、贩卖、传播淫秽色情信息谋取利益。由于网络用户数量庞大，网络色情犯罪可以在短时间内轻松获取巨额财产。

（2）通过直播平台实施色情犯罪。2016 年被称为"中国网络直播元年"，伴随 5G 时代来临，网络直播平台迅猛发展，犯罪分子通过直播 App 进行低俗表演吸引粉丝高额打赏，或者吸引粉丝添加微信号、QQ 号或者 QQ 群，通过收费开展淫秽色情直播表演。

（3）通过社交软件实施色情犯罪。如利用 QQ、微信、陌陌等即时通讯软件发布招嫖信息。这类犯罪以提供色情服务为诱饵，通过制作色情图片，引诱受害人提供联系方式，并在前期伪装成上门服务，要求受害人在上门服务前交纳各种保证金，利用受害人的羞耻心态层层设套骗取钱财，这些行为可能构成诈骗罪。

（三）网络色情犯罪的刑法规制

（1）制作、复制、出版、贩卖、传播淫秽物品牟利罪。《刑法》第 363 条明确规定：制作、复制、出版、贩卖、传播淫秽物品牟利罪主观上必须具有牟利目的，客观上实施制作、复制、出版、贩卖、传播淫秽物品行为，并达到定罪量刑标准。具体到网络色情犯罪的量刑标准，最高人民法院、最高人民检察院《淫秽电子信息解释（一）》，以及最高人民法院、最高人民检察院《关于办理利用互联网、移动通讯终端、声讯台制作、复制、出版、贩卖、传播淫秽电子信息刑事案件具体应用法律若干问题的解释（二）》（以下简称《淫秽电子信息解释（二）》）予以进一步明确。

（2）传播淫秽物品罪、组织播放淫秽音像制品罪。《刑法》第 364 条明确传播淫秽物品罪、组织播放淫秽音像制品罪的主观方面均是故意，但不以牟利为目的，否则不能构成该罪，而只能参照传播淫秽物品牟利罪定罪处罚。该罪客观上表现为传播淫秽物品情节严重的行为，或者组织播放淫秽电影、录像等音像制品的行为。具体的定罪量刑标准，前述两个司法解释均有明确规定。

（3）组织淫秽表演罪。《刑法》第365条明确规定，组织淫秽表演罪是指组织他人进行淫秽表演的行为。该罪的主观方面是故意，是否以营利为目的不影响该罪的成立。客观方面是以策划、招募、强迫、雇用、引诱、提供场地、提供资金等手段，组织一定人员在特定场所或空间进行淫秽表演。行为人是否参加表演不影响该罪的成立。网络组织淫秽表演罪是指借助网络组织的淫秽表演，如组织他人在直播平台、网络聊天室、QQ群、微信群等特定网络空间进行淫秽表演；创建专门色情网站、论坛或聊天室组织他人进行淫秽表演。

（4）组织、强迫、引诱、容留、介绍卖淫罪。组织、强迫、引诱、容留、介绍卖淫罪是类罪名，《刑法》第358条、第359条分别对组织卖淫罪、强迫卖淫罪和引诱、容留、介绍卖淫罪作出了具体规定。该罪主观方面为故意，行为人是否有营利目的不影响该罪的成立。随着互联网行业的迅猛发展和用户数量的快速激增，部分不法分子开始利用网络实施该类犯罪行为。如通过发布招嫖信息、组织性工作者实施该类犯罪，并获取不法利益。[1]

## 二、网络色情犯罪典型案例

钱某制作、贩卖、传播淫秽物品牟利案（检例第139号）

**【关键词】**

淫秽物品　偷拍　私密空间行为　制作、贩卖、传播淫秽物品牟利

**【基本案情】**

钱某曾因偷拍他人性行为被行政拘留，仍不思悔改，产生通过互联网贩卖偷拍视频文件从中牟利的想法。2017年11月，钱某从网络上购买了多个偷拍设备，分别安装在多家酒店客房内，先后偷拍51对入住旅客的性行为，并将编辑、加工的偷拍视频文件保存至互联网云盘，通过非法网站、即时通讯软件

---

〔1〕曹诗权主编：《2017年新型网络犯罪研究报告》，中国人民公安大学出版社2018年版，第11-12页。

发布贩卖信息。2018年5月9日，公安机关将钱某抓获，并在上述互联网云盘中检出偷拍视频114个。

此外，钱某还以"付费包月观看"的方式，先后182次为他人通过偷拍设备实时观看入住旅客性行为或者下载偷拍视频提供互联网链接。

**【检察履职情况】**

(1) 引导侦查取证。

2018年6月8日，四川省成都市公安局锦江分局以钱某涉嫌传播淫秽物品罪向检察机关提请批准逮捕。

四川省成都市锦江区人民检察院审查认为，钱某偷拍他人性行为后既有传播扩散行为，也有编辑加工、贩卖牟利行为，故以制作淫秽物品牟利罪对钱某批准逮捕，并向公安机关提出对扣押在案的手机进行电子数据检查和恢复，对其注册使用的互联网云盘信息进行提取和固定的取证意见。此后，公安机关进一步查明了钱某的作案方式、获利情况和危害后果。

(2) 审查起诉。

2018年8月15日，锦江分局以钱某涉嫌制作、贩卖、传播淫秽物品牟利罪移送锦江区人民检察院审查起诉。审查起诉期间，钱某辩解其上传到互联网云盘的淫秽视频文件并非偷拍所得，而是从他人处获取后上传互联网用于个人观看。对此，检察机关自行补充侦查，对涉案多家酒店实地察看，详细了解装有偷拍设备的酒店客房布局、特征和偷拍设备安装位置、取景场域，通过与起获的视频文件中拍摄的客房画面逐一比对，结合其有罪供述，发现有114个视频文件中的场景与偷拍现场具有同一性，结合其他证据认定相关视频确系钱某偷拍。

2019年1月29日，锦江区人民检察院以钱某涉嫌制作、贩卖、传播淫秽物品牟利罪提起公诉。

(3) 指控与证明犯罪。

2019年7月17日、7月24日，四川省成都市锦江区人民法院不公开开庭审理本案。

庭审中，辩护人对视频文件的性质和数量认定等提出了辩护意见。一是涉案的视频文件形式上不具有实物特征，内容上不具有淫秽特征，不属于淫秽物品；二是多个视频文件描绘的是同一对旅客的性行为，即便属于淫秽物品，也应当以被偷拍的旅客的对数认定数量，不能以设备自动分段或人为编辑制作的数量认定。

公诉人答辩指出，偷拍的视频文件属于淫秽物品，数量应当以钱某编辑、制作的数量为标准。一是涉案的视频文件属于淫秽物品。形式上，淫秽物品的视频文件形式与刊物、光盘等有形物具有同质性。对此，《全国人民代表大会常务委员会关于维护互联网安全的决定》明确规定，在互联网上建立淫秽网站、网页，提供淫秽站点链接服务，或者传播淫秽书刊、影片、音像、图片的，依照刑法有关规定追究刑事责任。最高人民法院、最高人民检察院的司法解释对制作、贩卖、传播视频文件、音频文件等淫秽电子信息也有明确规定。内容上，自然人在私密空间的性行为本身不具有淫秽性，但被告人将其编辑、贩卖、对外传播，则具有描绘性行为或者露骨宣扬色情的客观属性，符合刑法对"淫秽物品"的界定。二是视频文件的数量应当以钱某编辑、制作数量为标准，而非依据旅客区分。本案中每个视频文件都是钱某偷拍后通过筛选、剪辑而成；每个视频文件都能够独立播放，内容涉及不同性行为；每个视频文件都是露骨宣扬色情，被非法传播后都能给观看者带来淫秽性刺激，社会危害性不会因为数个片段均反映同一对旅客的性行为而降低。

(4) 处理结果。

2019年7月26日，四川省成都市锦江区人民法院作出判决，采纳检察机关指控的犯罪事实和意见，以制作、贩卖、传播淫秽物品牟利罪判处钱某有期徒刑3年6个月，并处罚金5000元。宣判后，钱某未提出上诉，判决已生效。

(5) 制发检察建议。

旅客入住酒店被偷拍事件频发，导致隐私安全无法得到保障，严重侵犯消费者的个人隐私，暴露出相关行业主管部门监管不力、经营者管理不善问题，检察机关从建立健全旅客隐私保护、落实实名登记入住制度、增加安防设施投入、加强日常检查巡查等方面，向治安主管部门和行业组织发出检察建议。治安主管部门落实整改，对辖区旅馆业进行滚动摸排、对场所软硬件开展检查，强化旅客入住"人证合一"，开展公民隐私权法制宣传，会同市场监管部门联合核查网络摄像头生产、销售商家，督促落实市场主体责任。行业组织开展了旅馆、酒店会员单位法制宣传、隐私安全保护培训，增加安防设备，会同治安主管部门制定治安安全防范规范，加强旅馆业安全管理水平，加大保护公民隐私安全力度。

**【要旨】**

自然人在私密空间的日常生活属于民法典保护的隐私。行为人以牟利为目的,偷拍他人性行为并制作成视频文件,以贩卖、传播方式予以公开,不仅侵犯他人隐私,而且该偷拍视频公开后具有描绘性行为、宣扬色情的客观属性,符合刑法关于"淫秽物品"的规定,构成犯罪的,应当以制作、贩卖、传播淫秽物品牟利罪追究刑事责任。以牟利为目的提供互联网链接,使他人可以通过偷拍设备实时观看或者下载视频文件的,属于该罪的"贩卖、传播"行为。检察机关在办理涉及偷拍他人隐私的刑事案件时,应当根据犯罪的主客观方面依法适用不同罪名追究刑事责任。

**【指导意义】**

(1)准确界定"淫秽物品""贩卖、传播行为",依法严惩网络背景下传播淫秽物品犯罪。自然人的私人生活安宁和不愿受他人干扰的私密空间、私密活动、私密信息,依法不受侵犯。发生在酒店、旅馆、民宿等非公开空间内的性行为,属于隐私保护的范围。行为人偷拍他人性行为并经互联网传播扩散的视频,不仅侵害个人隐私,而且客观上具有描绘性行为的诲淫性,具有宣扬色情的危害性,符合刑法对"淫秽物品"的界定。行为人有偿提供互联网链接,他人付费后可以实时在线观看,与建立并运营"点对面"式互联网直播平台的传播行为性质相同,应当认定为贩卖、传播行为。

(2)行为人偷拍他人隐私,行为方式、目的多样,应当区分不同情形依法惩处。行为人非法使用偷拍设备窥探他人隐私,未贩卖、传播的,如果相关设备经鉴定属于窃听、窃照专用器材,造成严重后果的,应当以非法使用窃听、窃照专用器材罪追究刑事责任;如果行为人又将偷拍的内容贩卖、传播的,应当按照处罚较重的罪名追究刑事责任。行为人通过远程操控侵入他人自行安装的摄像头后台信息系统,对他人私密空间、行为进行窥探,进行遥控并自行观看,情节严重的,应当以非法控制计算机信息系统罪追究刑事责任;如果行为人在侵入上述计算机信息系统以后,又将偷拍的视频贩卖、传播的,应当按照处罚较重的罪名追究刑事责任。行为人以非法占有他人财物为目的,通过偷拍获取他人隐私,进而要挟他人、获取财物,构成犯罪的,应当以敲诈勒索罪追究刑事责任。上述行为尚未构成犯罪的,应当依法从严追究其行政违法责任。

(3) 通过制发检察建议促进社会治理。个人隐私被非法收集、买卖，成为电信网络诈骗、网络传播淫秽物品等犯罪的源头，并催生出一条黑灰产业链，严重侵扰公民生活安宁、财产安全，破坏社会秩序。检察机关办案中要注意剖析案发地区、案发领域管理、制度上的漏洞，研究提出有针对性、可操作性的检察建议，推动有关部门建章立制、堵塞漏洞、消除隐患，促进完善社会治理。

**【相关法律规定】**

**《刑法》**

第三百六十三条 以牟利为目的，制作、复制、出版、贩卖、传播淫秽物品的，处三年以下有期徒刑、拘役或者管制，并处罚金；情节严重的，处三年以上十年以下有期徒刑，并处罚金；情节特别严重的，处十年以上有期徒刑或者无期徒刑，并处罚金或者没收财产。

为他人提供书号，出版淫秽书刊的，处三年以下有期徒刑、拘役或者管制，并处或者单处罚金；明知他人用于出版淫秽书刊而提供书号的，依照前款的规定处罚。

第三百六十七条 本法所称淫秽物品，是指具体描绘性行为或者露骨宣扬色情的诲淫性的书刊、影片、录像带、录音带、图片及其他淫秽物品。

有关人体生理、医学知识的科学著作不是淫秽物品。

包含有色情内容的有艺术价值的文学、艺术作品不视为淫秽物品。

**最高人民法院、最高人民检察院《关于办理利用互联网、移动通讯终端、声讯台制作、复制、出版、贩卖、传播淫秽电子信息刑事案件具体应用法律若干问题的解释（二）》**

第一条 以牟利为目的，利用互联网、移动通讯终端制作、复制、出版、贩卖、传播淫秽电子信息的，依照《最高人民法院、最高人民检察院关于办理利用互联网、移动通讯终端、声讯台制作、复制、出版、贩卖、传播淫秽电子信息刑事案件具体应用法律若干问题的解释》第一条、第二条的规定定罪处罚。

以牟利为目的，利用互联网、移动通讯终端制作、复制、出版、贩卖、传播内容含有不满十四周岁未成年人的淫秽电子信息，具有下列情形之一的，依照刑法第三百六十三条第一款的规定，以制作、复制、出版、贩卖、传播淫秽物品牟利罪定罪处罚：

（一）制作、复制、出版、贩卖、传播淫秽电影、表演、动画等视频文件十个以上的；

（二）制作、复制、出版、贩卖、传播淫秽音频文件五十个以上的；

（三）制作、复制、出版、贩卖、传播淫秽电子刊物、图片、文章等一百件以上的；

（四）制作、复制、出版、贩卖、传播的淫秽电子信息，实际被点击数达到五千次以上的；

（五）以会员制方式出版、贩卖、传播淫秽电子信息，注册会员达一百人以上的；

（六）利用淫秽电子信息收取广告费、会员注册费或者其他费用，违法所得五千元以上的；

（七）数量或者数额虽未达到第（一）项至第（六）项规定标准，但分别达到其中两项以上标准一半以上的；

（八）造成严重后果的。

实施第二款规定的行为，数量或者数额达到第二款第（一）项至第（七）项规定标准五倍以上的，应当认定为刑法第三百六十三条第一款规定的"情节严重"；达到规定标准二十五倍以上的，应当认定为"情节特别严重"。

## 第五节 网络侮辱犯罪

### 一、网络侮辱犯罪概述

（一）网络侮辱犯罪的概念

网络侮辱犯罪是指以暴力或者其他方法，公然诋毁他人人格，破坏他人名誉且情节严重的行为。网络侮辱犯罪的手段包括暴力与其他方法。暴力是指以人身强制方式损害他人人格和名誉，如强迫他人拍摄裸照或者视频，并上传网络空间。其他方法是指采用语言、文字等非暴力方式侮辱他人，如网络空间中公然嘲笑、辱骂他人使其当众出丑，或者散布他人的生活隐私、生理缺陷的行为。网络侮辱犯罪必须公然进行。所谓"公然"侮辱，是指当众或者利用能够使多人感知的方式，对他人进行侮辱。公然并不一定要求被害人在场。此外，公然要求有第三者在场。如仅涉被害人，则不构成侮辱罪。

### (二) 网络侮辱犯罪与一般侮辱违法的区别

网络侮辱犯罪与一般侮辱违法的区别在于：侮辱他人的行为，只有达到情节严重的，才构成侮辱罪。一般侮辱行为，情节轻微的，不以犯罪论处。一般侮辱违法行为，可依据《治安管理处罚法》第42条第2项规定，处5日以下拘留或者500元以下罚款；情节较重的，处5日以上10日以下拘留，可以并处500元以下罚款。

### (三) 网络侮辱犯罪与民事侵权侮辱的区别

网络侮辱犯罪与民事侵权侮辱的区别在于：(1) 行为严重程度不同。网络侮辱犯罪必须是"情节严重"的行为；民事侵权侮辱仅限于"造成一定影响"的侮辱行为。(2) 行为对象不同。网络侮辱犯罪的对象只能是自然人；而民事侵权侮辱行为的对象可能为法人。侮辱法人的名誉可以构成民事侵权行为，而不构成侮辱罪。(3) 行为人主观方面不同。网络侮辱犯罪的行为人主观上是故意；而民事侵权侮辱的行为人主观上既可以是故意，也可以是过失。即民事侵权行为人只要有过错，并在客观上对他人人格、名誉造成损害，就应当承担名誉侵权的法律责任。

## 二、网络侮辱犯罪典型案例

### 岳某侮辱案（检例第138号）

**【关键词】**

公诉程序　严重危害社会秩序　情节严重　裸照　网络侮辱

**【基本案情】**

被告人岳某与被害人张某二人系同村村民，自2014年开始交往。交往期间，岳某多次拍摄张某裸露身体的照片和视频。2020年2月，张某与岳某断绝交往。岳某为报复张某及其家人，在自己的微信朋友圈、快手App散布二人交往期间拍摄的张某的裸体照片、视频，并发送给张某的家人。后岳某的快手账号因张某举报被封号。5月，岳某再次申请快手账号，继续散布张某的上述视频及写有侮辱性文字的张某照片，快手App散布的视频、照片的浏览量达到600余次。

上述侮辱信息在当地迅速扩散、发酵，造成恶劣社会影响。同时，岳某还多次通过电话、微信骚扰、挑衅张某的丈夫。张某备受舆论压力，最终不堪受辱服毒身亡。

**【检察履职情况】**

（1）审查逮捕。

2020年7月6日，张某的丈夫以张某被岳某强奸为由到公安机关报案。7月7日，河北省肃宁县公安局立案侦查。7月13日，肃宁县公安局以岳某涉嫌强奸罪向河北省肃宁县人民检察院提请批准逮捕。

肃宁县人民检察院审查认为，因张某死亡，且无其他证据，无法证实岳某实施了强奸行为，但岳某为报复张某，将张某的裸体视频及带有侮辱性文字的照片发送到微信朋友圈和快手等网络平台，公然贬损张某人格、破坏其名誉，致张某自杀，情节严重，应当以侮辱罪追究其刑事责任。岳某侮辱他人，在当地造成恶劣影响，范围较广，严重危害社会秩序，应当适用公诉程序追诉。7月20日，肃宁县人民检察院以岳某涉嫌侮辱罪对其批准逮捕。

（2）审查起诉。

2020年9月18日，肃宁县公安局以岳某涉嫌侮辱罪移送审查起诉。肃宁县人民检察院受理后，根据审查情况，要求公安机关向腾讯、快手公司补充调取岳某的账号信息及发布内容，确定发布内容的浏览量，以及在当地造成的社会影响。审查后，肃宁县人民检察院于10月9日以岳某涉嫌侮辱罪提起公诉，并结合认罪认罚情况，对岳某提出有期徒刑2年8个月的量刑建议。

（3）指控与证明犯罪。

2020年11月25日，河北省肃宁县人民法院依法不公开开庭审理本案。

被告人岳某表示认罪认罚。岳某的辩护人提出，岳某的行为不构成犯罪。一是岳某的行为属于民事侵权行为，散布隐私尚未达到"情节严重"；二是岳某出于专门散布张某隐私视频和照片的目的而开设快手账号，但两个账号粉丝共4人，不会有粉丝以外的人浏览，不符合侮辱罪"公然性"要求。公诉人答辩指出，岳某的行为已构成侮辱罪。一是张某因岳某的侮辱行为而自杀，该侮辱行为与死亡结果存在因果关系，属于"情节严重"。二是侮辱行为具有"公然性"。岳某将被害人的裸照、视频发送到网络上，使不特定多数人均可以看到，符合侮辱罪"公然性"的要求。而且，快手App并非只有成为粉丝才能浏览，粉丝人数少不代表浏览人数少，在案证据证实视频和照片的浏览量分别为 222 次和 429 次，且证人岳某坤等证实曾接收到快手同城推送的带有侮辱性文字的张某照片。

(4) 处理结果。

2020 年 12 月 3 日，肃宁县人民法院作出判决，采纳检察机关指控的犯罪事实和量刑建议，以侮辱罪判处岳某有期徒刑 2 年 8 个月。判决宣告后，岳某未提出上诉，判决已生效。

**【要旨】**

利用信息网络散布被害人的裸体视频、照片及带有侮辱性的文字，公然侮辱他人，贬损他人人格、破坏他人名誉，导致出现被害人自杀等后果，严重危害社会秩序的，应当按照公诉程序，以侮辱罪依法追究刑事责任。

**【指导意义】**

(1) 侮辱他人行为恶劣或者造成被害人精神失常、自残、自杀等严重后果的，可以认定为"情节严重"。行为人以破坏他人名誉、贬低他人人格为目的，故意在网络上对他人实施侮辱行为，如散布被害人的个人隐私、生理缺陷等，情节严重的，应当认定为侮辱罪。侮辱罪"情节严重"，包括行为恶劣、后果严重等情形，如当众撕光妇女衣服的，当众向被害人泼洒粪便、污物的，造成被害人或者其近亲属精神失常、自残、自杀的，二年内曾因侮辱受过行政处罚又侮辱他人的，在网络上散布被害人隐私导致被广泛传播的，以及其他情节严重的情形。

(2) 侮辱罪之"严重危害社会秩序"可以结合行为方式、社会影响等综合认定。侮辱罪属于告诉才处理的犯罪，但严重危害社会秩序和国家利益的除外。行为人利用信息网络侮辱他人犯罪案件中，是否属于"严重危害社会秩序"的情形，可以根据最高人民法院、最高人民检察院《关于办理利用信息网络实施诽谤等刑事案件适用法律若干问题的解释》的相关规定予以认定。行为人在网络上散布被害人裸照、视频等严重侵犯他人隐私的信息，造成恶劣社会影响的，或者在网络上散布侮辱他人的信息，导致对被害人产生大量负面评价，造成恶劣社会影响的，不仅侵害被害人人格权，而且严重扰乱社会秩序的，可以认定为"其他严重危害社会秩序"的情形，按照公诉程序依法追诉。

(3) 准确认定利用网络散布他人裸照、视频等隐私的行为性质。行为人在与被害人交往期间，获得了被害人的裸照、视频等，无论其获取行为是否合法，是否得到被害人授权，只要恶意对外散布，均应当承担相应法律责任，情节严重的，要依法追究刑事责任。对上述行为认定为侮辱罪还是强制侮辱罪，要结合行为人的主客观方面综合判断。如果行为人以破坏特定人名誉、贬低特定人人格为目的，故意在网络上对特定对象实施侮辱行为，情节严重的，应当认定为侮辱罪。如果行为人出于寻求精神刺激等动机，以暴力、胁迫或者其他方式，对妇女进行身体或者精神强制，使之不能反抗或者不敢反抗，进而实施侮辱的行为，应当认定为强制侮辱罪。

**【相关法律规定】**

**《刑法》**

第二百四十六条　以暴力或者其他方法公然侮辱他人或者捏造事实诽谤他人，情节严重的，处三年以下有期徒刑、拘役、管制或者剥夺政治权利。

前款罪，告诉的才处理，但是严重危害社会秩序和国家利益的除外。

通过信息网络实施第一款规定的行为，被害人向人民法院告诉，但提供证据确有困难的，人民法院可以要求公安机关提供协助。

**最高人民法院、最高人民检察院《关于办理利用信息网络实施诽谤等刑事案件适用法律若干问题的解释》**

第二条　利用信息网络诽谤他人，具有下列情形之一的，应当认定为刑法第二百四十六条第一款规定的"情节严重"：

（一）同一诽谤信息实际被点击、浏览次数达到五千次以上，或者被转发次数达到五百次以上的；

（二）造成被害人或者其近亲属精神失常、自残、自杀等严重后果的；

（三）二年内曾因诽谤受过行政处罚，又诽谤他人的；

（四）其他情节严重的情形。

第三条　利用信息网络诽谤他人，具有下列情形之一的，应当认定为刑法第二百四十六条第二款规定的"严重危害社会秩序和国家利益"：

（一）引发群体性事件的；

（二）引发公共秩序混乱的；

（三）引发民族、宗教冲突的；

（四）诽谤多人，造成恶劣社会影响的；

（五）损害国家形象，严重危害国家利益的；

（六）造成恶劣国际影响的；

（七）其他严重危害社会秩序和国家利益的情形。

第五条　利用信息网络辱骂、恐吓他人，情节恶劣，破坏社会秩序的，依照刑法第二百九十三条第一款第（二）项的规定，以寻衅滋事罪定罪处罚。

编造虚假信息，或者明知是编造的虚假信息，在信息网络上散布，或者组织、指使人员在信息网络上散布，起哄闹事，造成公共秩序严重混乱的，依照刑法第二百九十三条第一款第（四）项的规定，以寻衅滋事罪定罪处罚。

## 第六节　网络诽谤犯罪

### 一、网络诽谤犯罪概述

（一）网络诽谤犯罪的概念

网络诽谤犯罪是指故意捏造事实，散播损害他人人格和名誉的行为。网络诽谤犯罪中的"捏造"一般指无中生有、凭空制造虚假事实。网络诽谤犯罪除捏造事实外，还需将捏造的事实进行口头散播或书面散播。换言之，捏造事实行为和散播行为必须同时具备才构成网络诽谤犯罪。如果仅捏造事实但没有散播的，或者散播的是客观事实而非捏造的虚假事实，均不构成本罪。

（二）网络诽谤犯罪的司法认定

最高人民法院、最高人民检察院《关于办理利用信息网络实施诽谤等刑事案件适用法律若干问题的解释》第1条规定："具有下列情形之一的，应当认定为刑法第二百四十六条第一款规定的'捏造事实诽谤他人'：（一）捏造损害他人名誉的事实，在信息网络上散布，或者组织、指使人员在信息网络上散布的；（二）将信息网络上涉及他人的原始信息内容篡改为损害他人名誉的事实，在信息网络上散布，或者组织、指使人员在信息网络上散布的；明知是捏造的损害他人名誉的事实，在信息网络上散布，情节恶劣的，以'捏造事实诽谤他人'论。"该解释还明确规定，利用信息网络诽谤他人，具有如下情形之一的，应认定为本罪的"情节严重"：同一诽谤信息实际被点击、浏览次数达到5000次以上，或者被转发次数达到500次以上的；造成被害人或者其近亲属精神失常、自残、自杀等严重后果的；二年内曾因诽谤受过行政处罚，又诽谤他人的；其他情节严重的情形。

### （三）网络诽谤犯罪的起诉规定

网络诽谤犯罪以自诉为原则，公诉为例外。根据最高人民法院、最高人民检察院《关于办理利用信息网络实施诽谤等刑事案件适用法律若干问题的解释》的规定，有如下情形之一的，应认定为"严重危害社会秩序和国家利益"，提起公诉，即"（一）引发群体性事件的；（二）引发公共秩序混乱的；（三）引发民族、宗教冲突的；（四）诽谤多人，造成恶劣社会影响的；（五）损害国家形象，严重危害国家利益的；（六）造成恶劣国际影响的；（七）其他严重危害社会秩序和国家利益的情形。"

## 二、网络诽谤犯罪典型案例

### 郎某、何某诽谤案（检例第 137 号）

**【关键词】**

自诉转公诉　能动司法　严重危害社会秩序　网络诽谤

**【基本案情】**

2020 年 7 月 7 日 18 时许，郎某在杭州市余杭区某小区东门快递驿站内，使用手机偷拍正在等待取快递的被害人谷某，并将视频发布在某微信群。后郎某、何某分别假扮快递员和谷某，捏造谷某结识快递员并多次发生不正当性关系的微信聊天记录。为增强聊天记录的可信度，郎某、何某还捏造"赴约途中""约会现场"等视频、图片。7 月 7 日至 7 月 16 日，郎某将上述捏造的微信聊天记录截图 39 张及视频、图片陆续发布在该微信群，引发群内大量低俗、侮辱性评论。

8 月 5 日，上述偷拍的视频以及捏造的微信聊天记录截图 27 张被他人合并转发，并相继扩散到 110 余个微信群（群成员约 2.6 万）、7 个微信公众号（阅读数 2 万余次）及 1 个网站（浏览量 1000 次）等网络平台，引发大量低俗、侮辱性评论，严重影响了谷某的正常工作和生活。

2020 年 8 月至 12 月，此事经多家媒体报道引发网络热议，其中，仅微博话题"被造谣出轨女子至今找不到工作"阅读量就达 4.7 亿次、话题讨论 5.8 万人次。该事件在网络上广泛传播，给广大公众造成不安全感，严重扰乱了网络社会公共秩序。

**【检察履职情况】**

（1）推动案件转为公诉程序办理。

2020年8月7日，谷某就郎某、何某涉嫌诽谤向浙江省杭州市公安局余杭分局报案。8月13日，余杭分局作出对郎某、何某行政拘留9日的决定。10月26日，谷某委托诉讼代理人向浙江省杭州市余杭区人民法院提起刑事自诉，并根据法院通知补充提交了相关材料。12月14日，法院立案受理并对郎某、何某采取取保候审强制措施。

因相关事件及视频在网络上进一步传播、蔓延，案件情势发生重大变化。检察机关认为，郎某、何某的行为不仅侵害被害人的人格权，而且经网络迅速传播，已经严重扰乱网络社会公共秩序。由于本案被侵害对象系随意选取，具有不特定性，任何人都可能成为被侵害对象，严重破坏了广大公众安全感。对此类案件，由自诉人收集证据并达到事实清楚，证据确实、充分的证明标准难度很大，只有通过公诉程序追诉才能及时、有效收集、固定证据，依法惩罚犯罪，维护社会公共秩序。12月22日，浙江省杭州市余杭区人民检察院建议公安机关立案侦查。

12月25日，余杭分局对郎某、何某涉嫌诽谤罪立案侦查。12月26日，谷某向余杭区人民法院撤回起诉。

（2）引导侦查取证。

余杭区人民检察院围绕诽谤罪"情节严重"的标准以及"严重危害社会秩序"的公诉情形，向公安机关提出对诽谤信息传播侵害被害人人格权与社会秩序、公众安全感遭受破坏的相关证据一并收集、固定的意见。公安机关经侦查，及时收集、固定了诽谤信息传播扩散情况、引发的低俗评论以及该案给广大公众造成的不安全感等关键证据。

（3）审查起诉。

2021年1月20日，余杭分局将该案移送审查起诉。余杭区人民检察院审查认为，郎某、何某为寻求刺激、博取关注，捏造损害他人名誉的事实在网络上散布，造成该信息被大量阅读、转发，严重侵害谷某的人格权，导致谷某被公司劝退，随后多次求职被拒，使谷某遭受一定经济损失，社会评价也遭受严重贬损，且二被告人侵害对象选择随意，造成不特定公众恐慌和社会安全感、秩序感下降；诽谤信息在网络上大范围流传，引发大量低俗评论，对网络公共秩序造成严重冲击，严重危害社会秩序，符合《刑法》第246条第2款"严重危害社会秩序"的规定。

2021年2月26日，余杭区人民检察院依法对郎某、何某以涉嫌诽谤罪提起公诉。鉴于二被告人认罪认罚，对被害人进行赔偿并取得谅解，余杭区人民检察院对二被告人提出有期徒刑1年，缓刑2年的量刑建议。

(4) 指控与证明犯罪。

2021年4月30日，余杭区人民法院依法公开开庭审理本案。庭审中，二被告人再次表示认罪认罚。

辩护人对检察机关指控事实、定性均无异议。郎某的辩护人提出，诽谤信息的传播介入了他人的编辑、转发，属于多因一果。公诉人答辩指出，郎某作为成年人应当知道网络具有开放性、不可控性，诽谤信息会被他人转发或者评论，因此，他人的扩散行为应当由其承担责任。而且，被他人转发，恰恰说明该诽谤信息对社会秩序的破坏。

(5) 处理结果。

余杭区人民法院审理后当庭宣判，采纳检察机关指控的犯罪事实和量刑建议，判决二被告人有期徒刑1年，缓刑2年。宣判后，二被告人未提出上诉，判决已生效。

## 【要旨】

利用信息网络诽谤他人，破坏公众安全感，严重扰乱网络社会秩序，符合《刑法》第246条第2款"严重危害社会秩序"的规定，检察机关应当依法履行追诉职责，作为公诉案件办理。对公安机关未立案侦查，被害人已提出自诉的，检察机关应当处理好由自诉向公诉程序的转换。

## 【指导意义】

(1) 准确把握网络诽谤犯罪"严重危害社会秩序"的认定条件。网络涉及面广、浏览量大，一旦扩散，往往造成较大社会影响，与传统的发生在熟人之间、社区传播形式的诽谤案件不同，通过网络诽谤他人，诽谤信息经由网络广泛传播，严重损害被害人人格权，如果破坏了公序良俗和公众安全感，严重扰乱了网络社会公共秩序的，应当认定为最高人民法院、最高人民检察院《关于办理利用信息网络实施诽谤等刑事案件适用法律若干问题的解释》第3条规定的"其他严重危害社会秩序和国家利益的情形"。对此，可以根据犯罪方式、对象、内容、主观目的、传播范围和造成后果等，综合全案事实、性质、情节和危害程度等予以评价。

（2）坚持能动司法，依法惩治网络诽谤犯罪。网络诽谤传播广、危害大、影响难消除，被害人往往面临举证难、维权难，通过自诉很难实现权利救济，更无法通过自诉有效地追究犯罪嫌疑人的刑事责任。如果网络诽谤犯罪侵害了社会公共利益，就应当适用公诉程序处理。检察机关要适应新时代人民群众对人格尊严保护的更高需求，针对网络诽谤犯罪的特点，积极主动履职，加强与其他执法司法机关沟通协调，依法启动公诉程序，及时有效打击犯罪，加强对公民人格权的刑法保护，维护网络社会秩序，营造清朗的网络空间。

（3）被害人已提起自诉的网络诽谤犯罪案件，因同时侵害公共利益需要适用公诉程序办理的，应当依法处理好程序转换。对自诉人已经提起自诉的网络诽谤犯罪案件，检察机关审查认为属于"严重危害社会秩序"，应当适用公诉程序的，应当履行法律监督职责，建议公安机关立案侦查。在公安机关立案后，对自诉人提起的自诉案件，人民法院尚未受理的，检察机关可以征求自诉人意见，由其撤回起诉。人民法院对自诉人的自诉案件受理以后，公安机关又立案的，检察机关可以征求自诉人意见，由其撤回起诉，或者建议人民法院依法裁定终止自诉案件的审理，以公诉案件审理。

**【相关法律规定】**

**《民法典》**

第九百九十条　人格权是民事主体享有的生命权、身体权、健康权、姓名权、名称权、肖像权、名誉权、荣誉权、隐私权等权利……

第九百九十一条　民事主体的人格权受法律保护，任何组织或者个人不得侵害。

第一千零二十四条　民事主体享有名誉权。任何组织或者个人不得以侮辱、诽谤等方式侵害他人的名誉权。

名誉是对民事主体的品德、声望、才能、信用等的社会评价。

**最高人民法院、最高人民检察院《关于办理利用信息网络实施诽谤等刑事案件适用法律若干问题的解释》**

第二条　利用信息网络诽谤他人，具有下列情形之一的，应当认定为刑法第二百四十六条第一款规定的"情节严重"：

（一）同一诽谤信息实际被点击、浏览次数达到五千次以上，或者被转发次数达到五百次以上的；

（二）造成被害人或者其近亲属精神失常、自残、自杀等严重后果的；

（三）二年内曾因诽谤受过行政处罚，又诽谤他人的；

（四）其他情节严重的情形。

第三条　利用信息网络诽谤他人，具有下列情形之一的，应当认定为刑法第二百四十六条第二款规定的"严重危害社会秩序和国家利益"：

（一）引发群体性事件的；

（二）引发公共秩序混乱的；

（三）引发民族、宗教冲突的；

（四）诽谤多人，造成恶劣社会影响的；

（五）损害国家形象，严重危害国家利益的；

（六）造成恶劣国际影响的；

（七）其他严重危害社会秩序和国家利益的情形。

**最高人民法院《关于适用〈中华人民共和国刑事诉讼法〉的解释》**

第一条　人民法院直接受理的自诉案件包括：

（一）告诉才处理的案件：

1 侮辱、诽谤案（刑法第二百四十六条规定的，但严重危害社会秩序和国家利益的除外）；

2 暴力干涉婚姻自由案（刑法第二百五十七条第一款规定的）；

3 虐待案（刑法第二百六十条第一款规定的，但被害人没有能力告诉或者因受到强制、威吓无法告诉的除外）；

4 侵占案（刑法第二百七十条规定的）。

……

第三百二十条　对自诉案件，人民法院应当在十五日以内审查完毕。经审查，符合受理条件的，应当决定立案，并书面通知自诉人或者代为告诉人。

具有下列情形之一的，应当说服自诉人撤回起诉；自诉人不撤回起诉的，裁定不予受理：

（一）不属于本解释第一条规定的案件的；

（二）缺乏罪证的；

（三）犯罪已过追诉时效期限的；

（四）被告人死亡的；

（五）被告人下落不明的；

（六）除因证据不足而撤诉的以外，自诉人撤诉后，就同一事实又告诉的；

（七）经人民法院调解结案后，自诉人反悔，就同一事实再行告诉的；

（八）属于本解释第一条第二项规定的案件，公安机关正在立案侦查或者人民检察院正在审查起诉的；

（九）不服人民检察院对未成年犯罪嫌疑人作出的附条件不起诉决定或者附条件不起诉考验期满后作出的不起诉决定，向人民法院起诉的。

■ 课后思考题

1. 论述电信网络诈骗的刑法规制体系。
2. 论述网络盗窃虚拟财产的争议焦点。
3. 论述网络赌博犯罪关联犯罪的认定。

# 第三章
# 网络犯罪的法律规制

## 第一节 网络犯罪的法律规范

至1997年《刑法》全面修订时,网络犯罪开始受到关注。伴随网络犯罪的频发态势,我国关于网络犯罪的法律与司法解释也推陈出新,并日益织密法网。总体而言,涉及网络犯罪的法律规范包括法律、立法解释、司法解释及其他规范性文件,由此构成研究网络犯罪的基本法律前提。

### 一、法律

目前,与网络犯罪密切关联的法律主要包括《刑法》和《网络安全法》。其中,《刑法》居于核心地位,聚焦网络犯罪的罪名和刑罚。《网络安全法》属于附属刑法,侧重网络违法行为的预防与惩治。

1997年《刑法》首次规定"非法侵入计算机信息系统罪"和"破坏计算机信息系统罪"。2009年2月28日《刑法修正案(七)》增加"非法获取计算机信息系统数据、非法控制计算机信息系统罪"和"提供侵入、非法控制计算机信息系统程序、工具罪"。2015年8月29日《刑法修正案(九)》增加"非法利用信息网络罪""帮助信息网络犯罪活动罪""拒不履行信息网络安全管理义务罪""侵犯公民个人信息罪"。

2017年我国《网络安全法》第7条规定:"国家积极开展网络空间治理、网络技术研发和标准制定、打击网络违法犯罪等方面的国际交流与合作,推动构建和平、安全、开放、合作的网络空间,建立多边、民主、透明的网络治理体系。"

第12条规定:"……任何个人和组织使用网络应当遵守宪法法律,遵守公共秩序,尊重社会公德,不得危害网络安全,不得利用网络从事危害国家安全、荣誉和利益，煽动颠覆国家政权、推翻社会主义制度，煽动分裂国家、破坏国家统一，宣扬恐怖主义、极端主义，宣扬民族仇恨、民族歧视，传播暴力、淫秽色情信息，编造、传播虚假信息扰乱经济秩序和社会秩序，以及侵害他人名誉、隐私、知识产权和其他合法权益等活动。"

第 27 条规定："任何个人和组织不得从事非法侵入他人网络、干扰他人网络正常功能、窃取网络数据等危害网络安全的活动；不得提供专门用于从事侵入网络、干扰网络正常功能及防护措施、窃取网络数据等危害网络安全活动的程序、工具；明知他人从事危害网络安全的活动的，不得为其提供技术支持、广告推广、支付结算等帮助。"

第 28 条规定："网络运营者应当为公安机关、国家安全机关依法维护国家安全和侦查犯罪的活动提供技术支持和协助。"

第 46 条规定："任何个人和组织应当对其使用网络的行为负责，不得设立用于实施诈骗，传授犯罪方法，制作或者销售违禁物品、管制物品等违法犯罪活动的网站、通讯群组，不得利用网络发布涉及实施诈骗，制作或者销售违禁物品、管制物品以及其他违法犯罪活动的信息。"

第 63 条规定："违反本法第二十七条规定，从事危害网络安全的活动，或者提供专门用于从事危害网络安全活动的程序、工具，或者为他人从事危害网络安全的活动提供技术支持、广告推广、支付结算等帮助，尚不构成犯罪的，由公安机关没收违法所得，处五日以下拘留，可以并处五万元以上五十万元以下罚款；情节较重的，处五日以上十五日以下拘留，可以并处十万元以上一百万元以下罚款。单位有前款行为的，由公安机关没收违法所得，处十万元以上一百万元以下罚款，并对直接负责的主管人员和其他直接责任人员依照前款规定处罚。违反本法第二十七条规定，受到治安管理处罚的人员，五年内不得从事网络安全管理和网络运营关键岗位的工作；受到刑事处罚的人员，终身不得从事网络安全管理和网络运营关键岗位的工作。"

第 67 条规定："违反本法第四十六条规定，设立用于实施违法犯罪活动的网站、通讯群组，或者利用网络发布涉及实施违法犯罪活动的信息，尚不构成犯罪的，由公安机关处五日以下拘留，可以并处一万元以上十万元以下罚款；情节较重的，处五日以上十五日以下拘留，可以并处五万元以上五十万元以下罚款。关闭用于实施违法犯罪活动的网站、通讯群组。单位有前款行为的，由公安机关处十万元以上五十万元以下罚款，并对直接负责的主管人员和其他直接责任人员依照前款规定处罚。"

## 二、立法解释

《全国人民代表大会常务委员会关于维护互联网安全的决定》明确规定，利用网络实施犯罪的法律认定问题。

## 三、司法解释

刑事司法解释一般包括两种类型：专门针对网络犯罪规定的司法解释和涉及网络犯罪规定的司法解释。

其一，专门针对网络犯罪规定的七个司法解释：

（1）2004年9月3日，最高人民法院、最高人民检察院公布《淫秽电子信息解释（一）》，自2004年9月6日起施行。《淫秽电子信息解释（一）》依照法律规定和立法精神，结合司法实践，对《刑法》第363条第1款制作、复制、出版、贩卖、传播淫秽物品牟利罪的定罪量刑标准和相关法律适用问题作了全面、系统的规定，对《刑法》第367条淫秽物品的范围作出了较为清晰的界定。

《淫秽电子信息解释（一）》第7条规定："明知他人实施制作、复制、出版、贩卖、传播淫秽电子信息犯罪，为其提供互联网接入、服务器托管、网络存储空间、通讯传输通道、费用结算等帮助的，对直接负责的主管人员和其他直接责任人员，以共同犯罪论处。"首次承认了网络帮助行为可以缺乏"双向的意思联络"，帮助行为人仅以"单向明知"与实行行为人成立共同犯罪。这一司法解释打破我国传统刑法理论不承认片面共犯的惯例，首次通过司法解释的方式突破了共同犯罪的传统通说观点，为网络犯罪中共犯的定性问题提供了新思路。

（2）2010年2月2日，最高人民法院、最高人民检察院公布《淫秽电子信息解释（二）》，自2010年2月4日起施行。《淫秽电子信息解释（二）》根据《刑法》《全国人民代表大会常务委员会关于维护互联网安全的决定》的规定，对《刑法》第363条第1款制作、复制、出版、贩卖、传播淫秽物品牟利罪的定罪量刑标准进行了一些补充，针对内容含有不满十四周岁未成年人的淫秽电子信息降低入刑标准，明确了网站建立者、直接负责的管理者、电信业务经营者、互联网信息服务提供者的法律义务。

《淫秽电子信息解释（二）》第3条规定："利用互联网建立主要用于传播淫秽电子信息的群组，成员达三十人以上或者造成严重后果的，对建立者、管理者和主要传播者，依照刑法第三百六十四条第一款的规定，以传播淫秽物品罪定罪处罚。"《淫秽电子信息解释（二）》第4条、第5条、第6条提出了网络传播淫秽信息犯罪中的共犯的正犯化，首次将共犯行为独立为正犯行为，这是继《淫秽电子信息解释（一）》后制裁网络犯罪帮助行为的又一次重大突破。《淫秽电子信息解释（二）》第7条规定："明知是淫秽网站，以牟利为目的，通过投放广告等方式向其直接或者间接提供资金，或者提供费用结算服务，具有下列情形之一的，对直接负责的主管人员和其他直接责任人员，依照刑法第三百六十三条第一款的规定，以制作、复制、出版、贩卖、传播淫秽物品牟利罪的共同犯罪处罚……"，该解释将网络传播淫秽信息犯罪中的片面共犯的成立范围拓展至投放广告等提供资金的行为。

（3）2010年8月31日，最高人民法院、最高人民检察院、公安部联合印发了《关于办理网络赌博犯罪案件适用法律若干问题的意见》。该意见根据《刑法》《刑事诉讼法》的规定，对网上开设赌场犯罪的定罪量刑标准；网上开设赌场共同犯罪的认定和处罚；网络赌博犯罪的参赌人数、赌资数额和网站代理的认定；网络赌博犯罪案件的管辖；网络赌博犯罪案件电子证据的收集与保全等问题作了较为全面、系统的规定。

《关于办理网络赌博犯罪案件适用法律若干问题的意见》第1条第1款规定："利用互联网、移动通讯终端等传输赌博视频、数据，组织赌博活动，具有下列情形之一的，属于刑法第三百零三条第二款规定的'开设赌场'行为：（一）建立赌博网站并接受投注的；（二）建立赌博网站并提供给他人组织赌博的；（三）为赌博网站担任代理并接受投注的；（四）参与赌博网站利润分成的。"该解释承认了网络平台具有"公共空间"属性，从实际情况看，网络空间时空特征决定了网络赌博犯罪的社会危害性更大。

（4）2011年8月1日，最高人民法院、最高人民检察院公布《关于办理危害计算机信息系统安全刑事案件应用法律若干问题的解释》，自2011年9月1日起施行。该解释对《刑法》中的非法获取计算机信息系统数据、非法控制计算机信息系统罪，提供侵入、非法控制计算机信息系统程序、工具罪，破坏计算机信息系统罪等危害计算机信息系统安全犯罪的定罪量刑标准作了系统规定。准确界定了危害计算机信息系统安全犯罪中术语的范围，对"计算机信息系统""计算机系统""专门用于侵入、非法控制计算机信息系统的程序、工具""计算机病毒等破坏性程序"等术语的内涵和外延予以明确。对危害计算机信息系统安全犯罪中控制权行为的定性、单位犯罪处理原则、共同犯罪处理原则等有关法律适用的疑难问题作出了明确规定。

（5）2013年9月6日，最高人民法院、最高人民检察院正式对外公布《关于办理利用信息网络实施诽谤等刑事案件适用法律若干问题的解释》，自2013年9月10日起施行。该司法解释明确规定了利用信息网络实施诽谤犯罪的行为方式、入罪标准、适用公诉程序的条件；利用信息网络实施寻衅滋事犯罪的行为方式及具体认定；利用信息网络实施敲诈勒索犯罪的行为方式及具体认定；利用信息网络实施非法经营犯罪的行为方式及数额标准；所涉共同犯罪和犯罪竞合的处理；对信息网络的含义进行了明确界定。

《关于办理利用信息网络实施诽谤等刑事案件适用法律若干问题的解释》第5条规定："利用信息网络辱骂、恐吓他人，情节恶劣，破坏社会秩序的，依照刑法第二百九十三条第一款第（二）项的规定，以寻衅滋事罪定罪处罚。编造虚假信息，或者明知是编造的虚假信息，在信息网络上散布，或者组织、指使人员在信息网络上散布，起哄闹事，造成公共秩序严重混乱的，依照刑法第二百九十三条第一款第（四）项的规定，以寻衅滋事罪定罪处罚。"该条明确了网络空间、网络秩序的公共场所、公共秩序属性，并以寻衅滋事罪作为问题的解决方案。

（6）2017年11月22日，最高人民法院、最高人民检察院公布《关于利用网络云盘制作、复制、贩卖、传播淫秽电子信息牟利行为定罪量刑问题的批复》，自2017年12月1日起施行。该批复规定了对于以牟利为目的，利用网络云盘制作、复制、贩卖、传播淫秽电子信息的行为是否入刑应综合评估社会危害性，依据《淫秽电子信息解释（一）》《淫秽电子信息解释（二）》规定。

（7）2019年10月21日，最高人民法院、最高人民检察院正式对外公布《关于办理非法利用信息网络、帮助信息网络犯罪活动等刑事案件适用法律若干问题的解释》，自2019年11月1日起施行。该解释明确规定了《刑法修正案（九）》新增的拒不履行信息网络安全管理义务、非法利用信息网络、帮助信息网络犯罪活动等犯罪的定罪量刑标准。明确了单位实施相关网络犯罪的定罪量刑标准，相关网络犯罪的职业禁止和禁止令适用规则以及相关网络犯罪的罚金刑适用规则。

其二，涉及网络犯罪规定的九个司法解释：

（1）2004年8月26日通过的最高人民法院《关于审理破坏公用电信设施刑事案件具体应用法律若干问题的解释》规定，采用截断通信线路、损坏通信设备或者删除、修改、增加电信网计算机信息系统中存储、处理或者传输的数据和应用程序等手段，故意破坏正在使用的公用电信设施具有下列情形之一的，属于《刑法》第124条破坏广播电视设施、公用电信设施罪规定的"危害公共安全"：造成2000以上不满1万用户通信中断1小时以上，或者1万以上用户通信中断不满1小时的；或者在一个本地网范围内，网间通信全阻、关口局至某一局向全部中断或网间某一业务全部中断不满2小时或者直接影响范围不满5万（用户×小时）的；或者造成网间通信严重障碍，一日内累计2小时以上不满12小时的，等等。

（2）2007年6月29日起施行的最高人民法院《关于审理危害军事通信刑事案件具体应用法律若干问题的解释》规定，故意实施损毁军事通信线路、设备，破坏军事通信计算机信息系统，干扰、侵占军事通信电磁频谱等行为的，依照《刑法》第369条第1款的规定，以破坏军事通信罪定罪，处3年以下有期徒刑、拘役或者管制；破坏重要军事通信的，处3年以上10年以下有期徒刑。违反国家规定，侵入国防建设、尖端科学技术领域的军事通信计算机信息系统，尚未对军事通信造成破坏的，依照《刑法》第285条的规定定罪处罚；对军事通信造成破坏，同时构成《刑法》第285条、第286条、第369条第1款规定的犯罪的，依照处罚较重的规定定罪处罚。

（3）2011年1月10日最高人民法院、最高人民检察院、公安部公布的《关于办理侵犯知识产权刑事案件适用法律若干问题的意见》第10条规定，关于侵犯著作权犯罪案件"以营利为目的"的认定问题，除销售外，具有下列情形之一的，可以认定为"以营利为目的"：①以在他人作品中刊登收费广告、捆绑第三方作品等方式直接或者间接收取费用的；②通过信息网络传播他人作品，或者利用他人上传的侵权作品，在网站或者网页上提供刊登收费广告服务，直接或者间接收取费用的；③以会员制方式通过信息网络传播他人作品，收取会员注册费或者其他费用的；④其他利用他人作品牟利的情形。第13条规定，关于通过信息网络传播侵权作品行为的定罪处罚标准问题，以营利为目的，未经著作权人许可，通过信息网络向公众传播他人文字作品、音乐、电影、电视、美术、摄影、录像作品、录音录像制品、计算机软件及其他作品，具有下列情形之一的，属于《刑法》第217条规定的"其他严重情节"：①非法经营数额在5万元以上的；②传播他人作品的数量合计在500件（部）以上的；③传播他人作品的实际被点击数达到5万次以上的；④以会员制方式传播他人作品，注册会员达到1000人以上的；⑤数额或者数量虽未达到第①项至第④项规定标准，但分别达到其中两项以上标准一半以上的；⑥其他严重情节的情形。

（4）2011年3月1日最高人民法院、最高人民检察院公布的《关于办理诈骗刑事案件具体应用法律若干问题的解释》规定，通过发送短信、拨打电话或者利用互联网、广播电视、报刊等发布虚假信息，对不特定多数人实施诈骗的可以依照《刑法》第266条诈骗罪的规定酌情从严惩处。利用发送短信、拨打电话、互联网等电信技术手段对不特定多数人实施诈骗，诈骗数额难以查证，但具有发送诈骗信息5000条以上的或者拨打诈骗电话500人次以上的或者诈骗手段恶劣、危害严重的，应当认定为《刑法》第266条规定的"其他严重情节"，以诈骗罪（未遂）定罪处罚。明知他人实施诈骗犯罪，为其提供信用卡、手机卡、通讯工具、通讯传输通道、网络技术支持、费用结算等帮助的，以共同犯罪论处。

（5）2011年6月7日公布的最高人民法院《关于审理破坏广播电视设施等刑事案件具体应用法律若干问题的解释》完善了破坏广播电视设施、公用电信设施罪的定罪量刑标准。规定采取拆卸、毁坏设备，剪割缆线，删除、修改、增加广播电视设备系统中存储、处理、传输的数据和应用程序，非法占用频率等手段，破坏正在使用的广播电视设施，具有下列情形之一的，依照《刑法》第124条第1款的规定，以破坏广播电视设施罪处3年以上7年以下有期徒刑：①造成救灾、抢险、防汛和灾害预警等重大公共信息无法发布的；②造成县级、地市（设区的市）级广播电视台中直接关系节目播出的设施无法使用，信号无法播出的；③造成省级以上广播电视传输网内的设施无法使用，地市（设区的市）级广播电视传输网内的设施无法使用3小时以上，县级广播电视传输网内的设施无法使用12小时以上，信号无法传输的；④其他危害公共安全的情形。

（6）2016年4月11日公布的最高人民法院《关于审理毒品犯罪案件适用法律若干问题的解释》规定，利用信息网络，设立用于实施传授制造毒品、非法生产制毒物品的方法，贩卖毒品，非法买卖制毒物品或者组织他人吸食、注射毒品等违法犯罪活动的网站、通讯群组，或者发布实施前述违法犯罪活动的信息，情节严重的，应当依照《刑法》第287条之一的规定，以非法利用信息网络罪定罪处罚。实施《刑法》第287条之一、第287条之二规定的行为，同时构成贩卖毒品罪、非法买卖制毒物品罪、传授犯罪方法罪等犯罪的，依照处罚较重的规定定罪处罚。

（7）2017年1月25日最高人民法院、最高人民检察院公布的《关于办理组织、利用邪教组织破坏法律实施等刑事案件适用法律若干问题的解释》规定，通讯信息网络宣扬邪教，破坏国家法律、行政法规实施，具有下列情形之一的，应当依照《刑法》第300条第1款的规定，处3年以上7年以下有期徒刑，并处罚金：①制作、传播宣扬邪教的电子图片、文章200张（篇）以上，电子书籍、刊物、音视频50册（个）以上，或者电子文档500万字符以上、电子音视频250分钟以上的；②编发信息、拨打电话1000条（次）以上的；③利用在线人数累计达到1000以上的聊天室，或者利用群组成员、关注人员等账号数累计1000以上的通讯群组、微信、微博等社交网络宣扬邪教的；④邪教信息实际被点击、浏览数达到5000次以上的。

（8）2017年5月8日最高人民法院、最高人民检察院公布的《关于办理侵犯公民个人信息刑事案件适用法律若干问题的解释》规定，向特定人提供公民个人信息，以及通过信息网络或者其他途径发布公民个人信息的，应当认定为《刑法》第253条之一规定的"提供公民个人信息"。设立用于实施非法获取、出售或者提供公民个人信息违法犯罪活动的网站、通讯群组，情节严重的，应当依照《刑法》第287条之一的规定，以非法利用信息网络罪定罪处罚；同时构成侵犯公民个人信息罪的，依照侵犯公民个人信息罪定罪处罚。网络服务提供者拒不履行法律、行政法规规定的信息网络安全管理义务，经监管部门责令采取改正措施而拒不改正，致使用户的公民个人信息泄露，造成严重后果的，应当依照《刑法》第286条之一的规定，以拒不履行信息网络安全管理义务罪定罪处罚。

（9）2017年7月25日最高人民法院、最高人民检察院《关于办理组织、强迫、引诱、容留、介绍卖淫刑事案件适用法律若干问题的解释》规定，利用信息网络发布招嫖违法信息，情节严重的，依照《刑法》第287条之一的规定，以非法利用信息网络罪定罪处罚。同时构成介绍卖淫罪的，依照处罚较重的规定定罪处罚。

### 四、其他规范性文件

（1）2016年9月23日最高人民法院、最高人民检察院、公安部等六部委发布的《关于防范和打击电信网络诈骗犯罪的通告》。

（2）2018年11月9日最高人民检察院印发的《检察机关办理电信网络诈骗案件指引》。

（3）2019年7月23日最高人民法院、最高人民检察院、公安部、司法部印发的《关于办理利用信息网络实施黑恶势力犯罪刑事案件若干问题的意见》。

（4）2021年1月22日最高人民检察院印发的《人民检察院办理网络犯罪案件规定》。

（5）2021年6月17日最高人民法院、最高人民检察院、公安部公布的《关于办理电信网络诈骗等刑事案件适用法律若干问题的意见（二）》。

（6）2022年8月30日最高人民法院、最高人民检察院、公安部公布的《关于办理信息网络犯罪案件适用刑事诉讼程序若干问题的意见》。

## 第二节　网络犯罪刑事立法演变

刑法作为"后盾之法""保障之法"，旨在为网络犯罪设置行为底线。毋庸置疑，刑事立法与刑事司法在规制网络犯罪、保障网络安全方面承担着举足轻重的作用。面对日益剧增的网络犯罪，《刑法》不断完善，以确保形成打击网络犯罪的高压态势。纵观网络犯罪的立法演变，可划分为四个阶段，1997年《刑法》对网络犯罪规制的萌芽期、2009年8月修正的《全国人民代表大会常务委员会关于维护互联网安全的决定》对网络犯罪规制的发展期、2009年《刑法修正案（七）》对网络犯罪规制的修正期、2015年《刑法修正案（九）》对网络犯罪规制的完善期。

### 一、第一阶段：萌芽期

1994年，伴随中国64K国际专线接入世界，中国正式联通国际互联网，进入网络1.0时代。本阶段属于计算机网络发展早期，网民之间沟通互联情况甚少，犯罪呈现出"技术性"倾向，即利用网络技术攻击计算机信息系统。具体表现为非法侵入计算机信息系统，获取存储数据、非法破坏计算机信息系统等行为。这类网络犯罪是将计算机作为犯罪对象加以侵害。因而，本阶段《刑法》主要的规制对象是计算机犯罪，打击的重点是利用技术非法侵入计算机系统和破坏计算机信息系统的犯罪。1997年3月14日修订的《刑法》第一次专门针对计算机犯罪作出规定，新增第285条非法侵入计算机信息系统罪、第286条破坏计算机信息系统罪、第287条利用计算机实施犯罪的提示性规定。

## 二、第二阶段：发展期

2000年，互联网进入以"互"为主的2.0时代。互联网2.0时代的标志是以QQ为代表的大量即时通讯工具的出现和迅速传播。网络犯罪也随之发生变异，大量传统犯罪开始借助互联网迅猛拓展疆域。鉴于此，2000年9月25日国务院发布了《互联网信息服务管理办法》，明确了互联网服务提供者在维护网络安全管理秩序方面的义务。2000年12月28日通过的《全国人民代表大会常务委员会关于维护互联网安全的决定》共7条，第1—5条为刑事法规则，第6条第1款为行政法规则，第6条第2款为民事法规则，第7条为维护互联网安全的呼吁。该决定是一部专门规制"工具型网络犯罪"的法律文件。第1条第（1）项、第（2）项重述了1997年《刑法》第285条、第286条的两罪，其第（3）项"违反国家规定，擅自中断计算机网络或者通信服务，造成计算机网络或者通信系统不能正常运行"之规定则是新增内容。第2—4条是对1997年《刑法》第287条利用计算机实施犯罪的提示性规定的充实和强化。[1]

《全国人民代表大会常务委员会关于维护互联网安全的决定》第2条的规定有力地打击了利用计算机网络危害国家安全与社会稳定的行为。其规定："为了维护国家安全和社会稳定，对有下列行为之一，构成犯罪的，依照刑法有关规定追究刑事责任：（一）利用互联网造谣、诽谤或者发表、传播其他有害信息，煽动颠覆国家政权、推翻社会主义制度，或者煽动分裂国家、破坏国家统一；（二）通过互联网窃取、泄露国家秘密、情报或者军事秘密；（三）利用互联网煽动民族仇恨、民族歧视，破坏民族团结；（四）利用互联网组织邪教组织、联络邪教组织成员，破坏国家法律、行政法规实施。"

《全国人民代表大会常务委员会关于维护互联网安全的决定》第3条的规定有力地打击了利用计算机网络危害社会主义市场经济秩序和社会管理秩序的行为。其规定："为了维护社会主义市场经济秩序和社会管理秩序，对有下列行为之一，构成犯罪的，依照刑法有关规定追究刑事责任：（一）利用互联网销售伪劣产品或者对商品、服务作虚假宣传；（二）利用互联网损害他人商业信誉和商品声誉；（三）利用互联网侵犯他人知识产权；（四）利用互联网编造并传播影响证券、期货交易或者其他扰乱金融秩序的虚假信息；（五）在互联网上建立淫秽网站、网页，提供淫秽站点链接服务，或者传播淫秽书刊、影

---

[1] 360法律研究院编写：《中国网络安全法治绿皮书（2018）》，法律出版社2018年版，第72页。

片、音像、图片。"

《全国人民代表大会常务委员会关于维护互联网安全的决定》第 4 条的规定有力地打击了利用计算机网络危害个人与单位人身、财产权利的行为。其规定:"为了保护个人、法人和其他组织的人身、财产等合法权利,对有下列行为之一,构成犯罪的,依照刑法有关规定追究刑事责任:(一)利用互联网侮辱他人或者捏造事实诽谤他人;(二)非法截获、篡改、删除他人电子邮件或者其他数据资料,侵犯公民通信自由和通信秘密;(三)利用互联网进行盗窃、诈骗、敲诈勒索。"

直至 2009 年,虽然新法未就网络犯罪类型作进一步更新,但是刑事司法解释却屡有更新"工具型网络犯罪"的行为类型。例如,2004 年 9 月 3 日公布的最高人民法院、最高人民检察院《淫秽电子信息解释(一)》,2004 年 12 月 30 日公布的最高人民法院《关于审理破坏公用电信设施刑事案件具体应用法律若干问题的解释》以及 2007 年 6 月 29 日起施行的最高人民法院《关于审理危害军事通信刑事案件具体应用法律若干问题的解释》。

### 三、第三阶段:修正期

2009 年《刑法修正案(七)》在原《刑法》第 285 条的基础上增加第 2 款、第 3 款,新增罪名:非法获取计算机信息系统数据、非法控制计算机信息系统罪,提供侵入、非法控制计算机信息系统程序、工具罪。上述罪名写入《刑法》标志着对象型网络犯罪刑法规制体系的初步完成。针对对象型网络犯罪的行为模式,《刑法》规制了"非法侵入、非法破坏、非法获取、非法控制、非法提供程序工具"五种行为模式,提取了计算机系统、计算机数据、计算机程序(软件)三种客体要素。

新增非法获取计算机信息系统数据罪。总体而言,1997 年《刑法》规定的"非法侵入计算机信息系统罪"与"破坏计算机信息系统罪"的保护范围极其有限。前者仅对非法侵入国家事务、国防事务、尖端科技领域网络系统的行为进行规制,后者仅对普通网络系统实施破坏的行为进行规制。那些侵入普通网络系统的行为则成为"漏网之鱼"。因此,《刑法修正案(七)》新增非法获取计算机信息系统数据罪,以此扩大计算机信息系统的保护范围。值得注意的是,本罪与非法控制计算机信息系统罪为选择罪名。

新增非法控制计算机信息系统罪。伴随计算机技术的发展,通过给他人计算机信息系统中植入"木马程序""病毒程序",对他人计算机信息系统加以控制，可以"指挥"被控制的计算机实施网络攻击的行为日益猖獗，无法按照非法侵入计算机信息系统罪和破坏计算机信息系统罪认定，因此《刑法修正案（七）》新增了非法控制计算机信息系统罪。需要说明的是，本罪仅针对非法控制计算机信息系统行为，如果行为人实施非法控制后，进一步实施其他危害行为，则可能构成刑法规定的其他犯罪。

新增提供侵入、非法控制计算机信息系统程序、工具罪。随着计算机技术的迅猛发展与全面普及，病毒软件进化为"傻瓜式软件"。任何人均可即得即用，而无须计算机专业知识的加持，犯罪技术性明显降低。鉴于提供侵入、破坏计算机程序的帮助行为的严重危险性，亟待刑法立法予以规制。旋即，《刑法修正案（七）》增加提供侵入、非法控制计算机信息系统程序、工具罪。立法者考虑到虽然提供非法程序或者工具帮助他人实施网络犯罪行为，只是帮助行为而非独立的实行行为，但由于网络空间中的帮助往往是"一对多"且正是由于帮助行为的出现大大降低了计算机犯罪的技术门槛，使得网络犯罪进一步泛滥与恶化，因此，此类帮助行为的社会危害性较大，有单独评价的必要，以"帮助行为实行化"的犯罪形态技术，使该帮助行为独立成罪。

## 四、第四阶段：完善期

为了进一步维护信息网络安全，惩治网络犯罪的高发态势，2015 年 8 月 29 日《刑法修正案（九）》正式通过，对网络犯罪条文进行了大规模增加与修订。首先，《刑法修正案（九）》新增非法利用信息网络罪，帮助信息网络犯罪活动罪，拒不履行信息网络安全管理义务罪，编造、故意传播虚假信息罪等罪名。其次，《刑法修正案（九）》修正了侵犯公民个人信息罪、非法获取国家秘密罪、扰乱无线电通讯管理秩序罪等罪名。最后，《刑法修正案（九）》对第 285 条、第 286 条各增加一款，将非法侵入计算机信息系统罪，非法获取计算机信息系统数据、非法控制计算机信息系统罪，提供侵入、非法控制计算机信息系统程序、工具罪，破坏计算机信息系统罪的犯罪主体拓展至单位。

（1）新增非法利用信息网络罪。由于网络犯罪的隐蔽性、跨地域性，大量案件中仅能查实犯罪行为的网络活动部分，难以查实、查全其现实活动部分，且仅掌握犯罪行为的网络活动部分难以独立定罪，因此实践中对于网络犯罪"打早打小"存在法律障碍和操作困境。针对为实施诈骗、传授犯罪方法、制作或者销售违禁物品、管制物品等违法犯罪活动而设立网站、通讯群组的行为，发布信息的预备行为独立入罪，新增了非法利用信息网络罪，实现网络犯罪预备行为实行化。

（2）新增帮助信息网络犯罪活动罪。网络犯罪的一个极为重要的特点就是犯罪活动分工细化，形成利益链条。当前网络犯罪呈现分工细化的态势，并逐步形成由各个作案环节构成的利益链条，这是网络犯罪泛滥的主要原因之一。因此，针对明知他人利用信息网络实施犯罪，将为其犯罪提供互联网接入、服务器托管、网络存储、通讯传输等技术支持，或者提供广告推广、支付结算等帮助行为独立入罪，新增了帮助信息网络犯罪活动罪，实现网络犯罪帮助行为正犯化。

（3）新增拒不履行信息网络安全管理义务罪。网络犯罪"高发低破"，网络服务提供者未能切实履行网络安全管理义务是其中的重要原因。将网络服务提供者不履行法律、行政法规规定的信息网络安全管理义务，经监管部门责令采取改正措施而拒不改正，致使违法信息大量传播的，用户信息泄露的，刑事案件证据灭失的等行为独立入罪，新增了拒不履行信息网络安全管理义务罪，实现行政责任刑责化，强化了网络平台与网络服务提供者的刑事法律义务，从而实现公民言论自由、网络技术进步等之间的利益平衡。[1]

（4）新增编造、故意传播虚假信息罪。将针对编造虚假的险情、疫情、灾情、警情，在信息网络或者其他媒体上传播，或者明知是上述虚假信息，故意在信息网络或者其他媒体上传播，严重扰乱社会秩序的行为独立入罪，新增了编造、故意传播虚假信息罪，加强对网络空间有害信息的治理。

综上所述，暨《刑法修正案（七）》之后，《刑法修正案（九）》秉持更加积极的预防性刑法观，打击网络犯罪的刑事政策导向从事后惩罚转为事前预防，体现了对网络犯罪"打早打小"、从严治理、全面管控的主流意见。新增的四项罪名，均是工具型网络犯罪与空间型网络犯罪，而非对象型网络犯罪。

■ 课后思考题

1. 论述《网络安全法》对网络违法犯罪行为的制裁。
2. 论述《刑法修正案（七）》对网络犯罪规制的修订。
3. 论述《刑法修正案（九）》对网络犯罪规制的修订。

---

[1] 喻海松：《网络犯罪二十讲》，法律出版社2018年版，第83-101页。

# 第四章
# 网络犯罪的国际治理

自信息技术问世以来,滥用信息技术的犯罪行为以及与之相关的法律规制措施引发了全球的关注与讨论。在过去几十年里,针对信息技术和网络犯罪的各种措施已在全球多个国家或地区层面得以实施。这一话题在全球范围内仍然具有挑战性的原因之一在于网络技术的快速发展,以及网络犯罪方式方法的不断演化。网络犯罪带来的法律监管困境跨越了国家和司法边界,需要在国际层面作出安排,以克服网络犯罪监管的程度障碍。然而,从长远来看,这种国际新机制需要建立在现有国家和地区打击网络犯罪和恐怖主义努力的基础上。

## 第一节 网络犯罪跨国性

大多数互联网技术都是互联互通的,互联网服务器跨越了政治与文化边界。互联网技术为黑客攻击、信息窃取、恶意软件以及网络完整性和可用性干扰等活动提供了丰富的环境。网络犯罪随着互联网的发展而发展,包括如今的Wi-Fi和加密货币技术,引发了加密劫持、社交媒体和物联网方面的网络犯罪。作为一种不断发展变化的跨国犯罪形式,网络犯罪发生在无物理边界的网络空间领域,其复杂性随着有组织犯罪集团的日益参与变得愈加复杂。网络犯罪者及其受害者大多位于不同地区,但是网络犯罪的后果和影响可能会波及更多地区,因此,需要国际社会采取紧急、动态和综合的应对措施。

### 一、网络犯罪的发展及演变

网络犯罪的第一阶段是20世纪70年代至80年代,网络犯罪形式处于探索和实验阶段,主要以利用计算机技术远程控制为主。第一阶段可以概括为"你可以建造它,但我可以破坏"。这一阶段网络犯罪的特点是直接攻击计算机系统,使其崩溃或对其造成破坏。这一时期的网络犯罪工具包括恶意代码、木马（一种伪装成合法软件的恶意软件）、高级蠕虫以及复制和破坏计算机系统或文件的病毒。20世纪80年代，网络黑客加入混沌计算机俱乐部、厄运军团等黑客团体。[1]网络黑客初步呈现集体化、联盟化特征。

第二阶段是20世纪90年代至2000年，黑客组织不断壮大，一些旨在使大型计算机系统瘫痪的病毒开始产生。20世纪90年代网络浏览器的发展使得通过互联网链接发送病毒更加容易。这些病毒常常以频繁的弹窗式广告形式出现，导致计算机运行缓慢。1991年，米开朗基罗病毒出现。[2]它与以前的任何病毒都不同，被称为历史上第一个公开的恶意软件，会感染软盘等存储设备。

第三阶段处于2000年至2010年，互联网信息技术的广泛应用和社交媒体的普及，导致了大量金融方面的犯罪。这一阶段网络犯罪分子开始瞄准大数据和电子商务等领域牟取非法利益，包括身份和信用卡盗窃、网络钓鱼、域名系统攻击、僵尸网络以及使用勒索软件等。网络犯罪分子通过使用安全软件和代理服务器隐藏他们的通信位置，以匿名化的方式在全世界范围内逃避监管。社交媒体诞生后，网络用户的个人信息充斥其中，盗窃和贩卖个人数据成为新型犯罪行为，网络犯罪分子通过买卖个人信息实施多种形态的金融欺诈。

第四阶段始于2011年，这一年对安全领域来说是最具挑战性的一年，各国和地区以及国际组织对日益增长的网络安全挑战作出积极回应，并将打击网络犯罪列为网络安全维护的优先事项。这一阶段国家支持的网络攻击、间谍活动以及通过社交媒体平台的影响力操纵公众舆论等行为频发。此外，网络安全攻击持续影响医疗保健行业。健康保险公司Anthem Inc.和Primera Blue Cross遭遇了大规模的数据泄露，网络犯罪分子窃取大约9100万份病人记录，其中包括病人的社会保障号码、医疗数据和财务信息等。[3]当然，第四阶段仍在继续经历前述种种形式的网络犯罪，包括银行恶意软件、比特币盗窃、移动设备黑客和勒索软件敲诈等。但是这一阶段的网络犯罪已经发展成为更复杂、更有组织的全球性威胁。如今的网络犯罪就像一场无声的世界性战争，不分国

---

[1] Corera, Gordon. 2016. *Cyberspies: The secret history of surveillance, hacking, and digital espionage.* New York: Pegasus Books.

[2] Gragido, Will, Daniel Molina, John Pirc, and Nick Selby. 2012. *Blackhatonomics: An inside look at the economics of cybercrime.* Newnes.

[3] Khan, Shahidul Islam, and Abu Sayed Md Latiful Hoque. 2016. Digital health data: A comprehensive review of privacy and security risks and some recommendations. *Computer Science Journal of Moldova* 24 (2). pp. 273-292.

界，波及地球上的每个国家和地区。

## 二、网络犯罪的跨国化

计算机网络有局域网和广域网之分。局域网（lan-local area network）一般仅限于一个单位内部或一个建筑内，由单位自行组建并专用，覆盖范围较小。广域网（wan-wide area network）也称远程网，覆盖范围较广，可以覆盖整个城市、国家，甚至全世界各地。[1]21世纪的网络犯罪日益呈现出跨国性的特点，各国都同样面临跨国网络犯罪的问题，亟待国际社会层面的应对与解决。例如，中国境内的网络诈骗犯罪，很多涉及东南亚国家。2021年以来，中国共破获电信网络诈骗案件39.4万起，抓获犯罪嫌疑人63.4万名，公安部会同国家移民管理局组织开展"断流"专案行动，打掉非法出境团伙1.2万个，抓获偷渡犯罪嫌疑人5.1万名。[2]全球范围内的集团性网络犯罪的对象往往针对多个国家，对国际网络犯罪治理产生极大的消极影响。

网络犯罪跨国化呈现出以下三方面的特点：第一，犯罪现场和空间的虚拟性。传统犯罪大多有犯罪现场和空间，犯罪现场是客观实在的，犯罪行为是在特定的空间内发生的。网络犯罪是发生在网络空间，是操作计算机和使用网络技术以数字化的形式来完成的，所以网络犯罪是通过虚拟空间或跨越国界、地域来实现其犯罪目的的，它的行为地和结果地往往是分离的。因此，如何确定网络犯罪的现场和空间是一个值得深思的问题。[3]第二，网络犯罪跨国化导致其受害者数量巨大，造成的社会经济损失巨大。"网络犯罪的危害性不仅体现为危害领域、危害对象、危害结果的广泛性，并且还表现为危害造成损失的巨大性。"[4]网络犯罪的跨国化将这种危害性进一步扩大，造成超越国家层面的危害后果。网络安全专家预计在未来五年内，网络犯罪的总净成本将以每年15%的速度增长，到2025年将达到每年10.5万亿美元，而2015年仅为3万亿美元。[5]第三，网络犯罪跨国性造成的危害后果不仅仅是经济财产层面的，

---

[1] 郑丽萍："跨国性网络犯罪行为及其立法"，载《当代法学》2005年第2期。

[2] 新华社："这一年，打击治理电信网络诈骗犯罪效果如何？"，载http://www.gov.cn/xinwen/2022-04/14/content_5685277.htm，最后访问时间：2022年7月28日。

[3] 张宗亮："全球化背景下的网络犯罪及其控制对策"，载《中国人民公安大学学报》2003年第4期。

[4] 杨正鸣主编：《网络犯罪研究》，上海交通大学出版社2004年版，第21-22页。

[5] Globenewswire: https://www.globenewswire.com/news-release/2020/11/18/2129432/0/en/Cybercrime-To-Cost-The-World-10-5-Trillion-Annually-By-2025.html，最后访问时间：2022年7月28日。

更涉及国家安全与国家政治领域。一国领域内的网络犯罪,所造成的损害后果往往是经济层面的,侵害财产型犯罪是一国境内网络犯罪的主要类型。但是网络犯罪一旦涉及多个国家,其产生的危害后果的范围就会延伸至国家安全和国际政治领域,这也是网络犯罪日益受到国家层面重视的重要原因之一。

### 三、域外网络犯罪的法律应对

在网络犯罪领域,国际法与国内法存在密切的互动关系,各个国家在网络犯罪领域的立法和实践经验影响甚至决定着网络犯罪国际立法的走向。首先,不同国家在网络犯罪立法领域的共性决定了网络犯罪国际法发展的必然性。在网络空间命运共同体的范畴下,各国在网络犯罪领域面临共同的挑战与命题,对于打击网络犯罪等形成了一定程度的共识。其次,不同国家在网络犯罪立法领域的分歧也在很大程度上影响了网络犯罪国际法发展的进程。各国在法律体系、价值立场和社会传统等方面的差异,导致其在网络犯罪立法的具体条款设置上存在显著区别,甚至在某些观点上存在不可调和的分歧,这在一定程度上影响了网络犯罪领域国际法的全球化进程。最后,不同国家在网络犯罪领域的立法与其网络空间战略、主张和立场等密不可分,对于网络犯罪国际法的研究与考察要在分析典型国家网络犯罪立法的基础上展开。

在全球范围内,网络犯罪立法值得关注的域外国家主要有美国、日本、俄罗斯和德国。这些国家在网络犯罪立法领域大多提出自己的主张,其立法规范对于网络犯罪国际法的走向与进展具有重要的影响。

#### (一) 美国

作为互联网起源国家,美国是世界上最早发现计算机网络犯罪,并且较早、较细地制定有关网络犯罪法律的国家。1978年8月,美国佛罗里达州通过了《佛罗里达计算机犯罪法》,随后美国有47个州相继颁布了计算机犯罪法。[1] 在联邦层面,美国在1984年颁布了《伪造接入设备与计算机欺诈与滥用法》(Counterfeit Access Device and Computer Fraud and Abuse Act)。[2] 该法是美国联邦层面针对计算机网络犯罪最早的专门立法。1986年《计算机欺诈

---

[1] 刘守芬、房树新:"八国网络犯罪立法简析及对我国立法的启示",载《法学杂志》2004年第5期。

[2] 该法在1986年进行修正时,正式定名为《计算机欺诈与滥用法》,后被编入《美国法典》第18章。

与滥用法》（Computer Fraud and Abuse Act，CFAA）修正了《美国法典》（United States Code）第18章第1030条的内容，确立了保护计算机和网络的机密性、完整性和可用性的规范基础，对美国网络犯罪立法的发展具有重要意义。1994年《暴力犯罪控制与法律执行法》（Violent Crime and Law Enforcement Act）对《计算机欺诈与滥用法》进行了重要修正，增加了过失及疏忽大意造成法定损失的情形，并增加了民事救济的有关规定。1996年美国出台《国家信息基础设施保护法》（National Information Infrastructure Protection Act）进一步对《计算机欺诈与滥用法》进行修正，增加了对利用计算机实施敲诈勒索行为的规制条款，对信息保护的范围进行扩大，在损害结果中增加人身损害和公共卫生与安全损害两种情形，将"与联邦利益攸关的计算机"改为"受保护的计算机"。2001年《爱国者法》（Uniting and Strengthening America by Providing Appropriate Tools Required to Intercept and Obstruct Terrorism Act，USAPATRIOT）对《计算机欺诈与滥用法》进行了两项修正，将"受保护的计算机"的范围扩大到美国国境以外；对"损害"与"损失"进行了区分。2008年《身份盗窃与赔偿法》（Identity Theft Enforcement and Restitution Act）再次对《计算机欺诈与滥用法》进行修正，进一步扩展了"受保护的计算机"的定义范围。但是，网络赌博犯罪、网络儿童色情和其他淫秽信息犯罪以及与网络相关的侵犯知识产权犯罪、侵犯隐私犯罪、经济间谍犯罪等，都未被纳入美国司法部网络犯罪与知识产权部门（CCIPS）界定的网络犯罪范围，而是按其他犯罪独立应对。[1]

经过30多年的发展，美国建立了独特的网络犯罪立法体系，其网络犯罪法律规则对象分为以下两种类型：一种是侵犯计算机信息系统安全的犯罪，包括非法侵入计算机、破坏计算机、提供密码犯罪；另一种是独立的网络相关犯罪，包括身份盗窃罪、计算机相关诈骗犯罪、侵犯通信犯罪。有学者指出，美国网络犯罪立法呈现出计算机相关诈骗犯罪立法竞合现象突出，行为犯特征明显，积量构罪特征明显，犯罪对象不限于传统财物等特征。[2]

（二）日本

随着20世纪末以来计算机技术的迅速发展，网络已成为日本社会生活中

---

〔1〕 皮勇："中美网络犯罪立法比较及给我国的借鉴"，载《社会科学辑刊》2021年第5期。
〔2〕 皮勇："《网络犯罪公约》框架下的美国网络犯罪立法：特立与趋同"，载《国外社会科学》2020年第5期。

不可或缺的重要组成部分,针对日本国家、社会和公民个人的各种形态的网络犯罪接踵而来,并对社会造成严重影响。不同于单一的刑法典规制模式,日本的网络犯罪立法分散在刑法典与特别刑法之中。在日本刑法典中,1987年《日本刑法典》修正时首次对"电磁记录"的概念进行界定,[1]并增设了一系列与网络犯罪有关的罪名,如使用电子计算机诈骗罪、公正证书原件不实记录罪、使用伪造的文书罪、不正当制作和提供电磁记录罪、损坏电子计算机等妨害业务罪、毁弃公用电磁记录罪,以及毁弃私用电磁记录罪。2001年《日本刑法典》修正时增加了不正当制作用于支付的磁卡电磁记录罪、持有不正当电磁记录磁卡罪以及准备不正当制作用于支付的磁卡电磁记录罪。在《日本刑法典》之外,日本有关网络犯罪之立法较多,但比较受关注的是《关于禁止不正当侵入网络行为等的法律》《嫖宿儿童及儿童色情禁止法》《关于规制利用网络介绍异性业务引诱儿童行为的法律》三部法律。[2]

日本网络犯罪的立法发展及法律修正,与日本在2001年加入欧洲委员会《网络犯罪公约》有很大关系。日本国内的网络犯罪增势迅速,面临的网络犯罪威胁往往也越大,其联手其他国家或国际组织共同打击国际网络犯罪的积极性也更高。欧洲委员会《网络犯罪公约》要求缔约国应通过国内实体法对公约提出的若干网络犯罪问题作出规定。从立法层面来看,日本应对该公约的要求,对不正当侵入网络行为、非法截取、数据妨害、计算机网络系统妨害、装置滥用、与计算机相关的伪造行为、与计算机相关的诈骗行为、儿童色情相关行为、侵害著作权相关权利等行为进行了入罪化处理(已有的相关规定则进行了相应的审查或修正)。可见,日本有关网络犯罪的国内立法在很大程度上受到了网络犯罪国际立法的影响。

(三) 俄罗斯

1997年7月1日修订的《俄罗斯联邦刑法》是俄罗斯首个有关规制网络犯罪的刑事法律框架,第28章规定了"计算机信息领域的犯罪"。目前,《俄罗斯联邦刑法》中共有17个条款从不同的角度规定了网络犯罪,涵盖了网络信息流通、信息设备管理、法律信息保护、信息权利义务关系以及经济信息保护五个方面。在传统犯罪的网络化层面,《俄罗斯联邦刑法》也致力于扩大传

---

[1] 张凌、于秀峰编译:《日本刑法及特别刑法总览》,人民法院出版社2017年版,第9页。
[2] 曹雅闻:"日本治理网络犯罪的法律对策及借鉴",载《中国人民公安大学学报(社会科学版)》2018年第2期。

统罪名的适用范围。例如,第 146 条侵犯著作权和邻接权罪、第 147 条侵犯发明权和专利权罪,第 158 条盗窃罪,第 159 条诈骗罪,第 174 条洗钱罪,第 242 条非法传播淫秽材料或者淫秽物品罪等罪名均可适用于网络环境。此外,2014 年通过的《俄罗斯联邦个别法律法规修正案》对《俄罗斯联邦刑法》第 280 条公然鼓动实施极端主义活动罪、第 282 条煽动仇恨或怨仇或者诋毁人格尊严罪作出修改,以便可以更好地适用于网络环境。

2018 年颁布的《俄罗斯联邦关键信息基础设施安全法》要求建立一个防止计算机攻击与威胁的应对系统,适用于国家机关、国防机关、银行、医疗机构,不同行业领域如运输、通信、能源等的组织都需按照这一法律建设符合信息安全要求的系统。该法无疑助推了俄罗斯在关键信息基础设施领域针对网络犯罪的打击与预防。

(四)德国

随着网络犯罪的发展,以及欧洲委员会《网络犯罪公约》的影响,作为大陆法系经典范式的《德国刑法典》(Strafgesetzbuch,StGB)也不得不进行修改和补充。在计算机犯罪层面,2007 年德国联邦议会决议通过《为打击计算机犯罪的〈刑法〉第 41 修正案》(以下简称《德国刑法修正案》),将德国网络犯罪立法提升到新的高度,有力遏制了德国社会日益严重的新型网络犯罪。[1]《德国刑法修正案》生效后德国网络犯罪立法对侵犯计算机数据和信息系统安全的犯罪规定了"窥探数据罪""拦截数据""变更数据""破坏计算机"等具体罪行。

在传统犯罪的网络化层面,德国主要以刑法典或专门法律刑事条款的方式作出规定。《德国刑法典》第 176 条在对儿童的性侵害罪中规制了向未成年儿童展示有关淫秽的图像、模型,放映包含淫秽信息的音像、谈话的行为,也包括通过网络实施这一危害的行为。第 242 条(盗窃罪)规制了以非法占有或者让第三人非法占有为目的,意欲盗窃他人合法动产的行为,也包括通过网络实施这一危害的行为。第 263 条(诈骗罪)规制了意欲使自己或第三人得到非法的财产利益,通过欺诈、歪曲、隐瞒的途径,指示他人损害其财产的行为,也包括通过网络实施这一行为。第 263 a 条(计算机诈骗罪)的规定可以解决计算机无法成为被侵害主体的问题。

---

[1] 皮勇:"论欧洲刑事法一体化背景下的德国网络犯罪立法",载《中外法学》2011 年第 5 期。

尽管越来越多的国家都对网络犯罪进行了立法层面的回应，但是由于网络犯罪的特殊性质，网络犯罪国内立法难以完全有效规制网络犯罪。网络犯罪的交互性与各国刑事立法的限定性存在内在矛盾。网络犯罪往往跨地域、跨国实施，然而各国的刑事立法却具有限定性，以特定的国家管辖为边界，导致二者内在结构上存在冲突。实践中，各国仅依靠国内立法打击网络犯罪也越发面临"捉襟见肘"的境况。目前有关网络犯罪的执法尚不足以产生威慑效果，在网络犯罪的场景中，执法机构往往面临现实的困难。因此，仅仅依靠国内立法不足以打击波及全球范围的网络犯罪，网络犯罪国际立法的紧迫性和必要性日益显著。

## 第二节 网络犯罪国际立法的当前态势

由于网络犯罪国际立法的必要性日益突出，许多国家或地区开始探索共同制定有关打击网络犯罪的公约性文件或其他规范性文件。目前，虽然尚未出现适用于全球范围的网络犯罪公约，但是区域性的网络犯罪国际性立法已经越来越多，在打击跨国网络犯罪方面发挥着日益重要的作用。联合国毒品和犯罪问题办公室在《网络犯罪综合研究（草案）》中指出，全球在制定打击网络犯罪的国际和地区文书方面出现了极大的发展，产生了一系列具有约束力和非约束力的文书，其制定主体包括：欧洲委员会或欧洲联盟，独立国家联合体或上海合作组织，非洲政府间组织，阿拉伯国家联盟，以及联合国。这些文书之间存在大量的交互性影响，特别是欧洲委员会《网络犯罪公约》中的概念及方法，对其他类似公约的制定产生了深远影响。[1]

### 一、欧洲委员会《网络犯罪公约》

欧洲委员会《网络犯罪公约》（又称为《布达佩斯公约》）系由欧洲委员会中的26个成员方以及美国、加拿大、日本和南非等30个国家的政府官员于2001年11月在布达佩斯共同签署的公约。该公约是第一个关于互联网和其他计算机网络犯罪的国际条约，特别关注侵犯版权、与计算机有关的欺诈、儿童色情和侵犯网络安全的行为。该公约主要是为了推行一项共同的刑事政策，旨在保护社会免受网络犯罪的影响，通过适当的立法促进网络犯罪领域的国际

---

[1] 参见联合国毒品和犯罪问题办公室《网络犯罪综合研究（草案）》，执行摘要第9页。

合作。[1]

欧洲委员会《网络犯罪公约》在结构上分为4章，共48条。其中，第一章为定义部分，主要对"计算机系统""计算机数据""服务提供者""通信数据"四个术语进行界定。第二章是本公约有关法律规定的核心内容，主要包含三节，第一节为实体法规定，主要规定了四类网络犯罪行为：破坏计算机数据和系统机密性、完整性和可用性的犯罪（第2—6条）；与计算机有关的犯罪（第7—8条）；与内容相关的犯罪（第9条）；与侵犯著作权和邻接权有关的犯罪（第10条）。此外，本章还对共同犯罪与预备犯的犯罪形态（第11条）、法人责任（第12条），以及处罚措施（第13条）进行了规定。第二章第二节为程序法的规定，主要包含程序条款的使用范围（第14条），条件及保障措施（第15条），数据的保全（第16—17条），提供令（第18条），搜查与扣押（第19条），通信数据的实时收集（第20条），内容数据的拦截（第21条）。第二章第三节通过第22条对管辖权进行了细致规定。第三章为国际合作的规定，第一节是与网络犯罪国际合作有关的一般原则的规定（第23—28条），第二节是与网络犯罪国际合作有关的特殊规定（第29—35条）。第四章就公约的程序与效力等进行了规定（第36—28条）。

## 二、《联合国合作打击网络犯罪公约（草案）》

《联合国合作打击网络犯罪公约（草案）》（Draft United Nations Convention on Cooperation in Combating Cybercrime）是首个联合国层面有关网络犯罪的公约草案。草案由俄罗斯于2017年10月11日向联合国秘书长提交，共六章72条，其中前四章为草案核心内容。[2]第一章是总则部分，具体包括宗旨（第1条）、适用范围（第2条）、保护主权（第3条）和术语（第4条）。

该公约草案第二章为入罪与执法部分。第一节是法律责任的确立，除规定法律责任的确立条款（第5条）外，还规定了具体的犯罪类型（第6—20条）。从该节规定看，《联合国合作打击网络犯罪公约（草案）》在犯罪类型上既对欧洲委员会《网络犯罪公约》进行了一定程度的参考，也作出了一些探索性的规定。第二节为执法规定（第21—28条），包括程序性规定的范围、

---

[1] COE, Convention on Cybercrime, 载 https://www.coe.int/en/web/conventions/full-list?module=treaty-detail&treatynum=185, 最后访问时间：2022年7月28日。

[2] UN. A/C. 3/72/12, Draft United Nations Convention on Cooperation in Combating Cybercrime.

条件和保障措施、快速保全已存储的计算机数据、快速保全和部分披露通信数据、提供令、搜查和扣押已存储或处理的计算机数据、实时收集通信数据、收集通过信息和通信技术传输的信息。从内容上看，该节规定主要参考了欧洲委员会《网络犯罪公约》的相关条款。第三节是资产追回部分（第29—35条），该节规定在现有网络犯罪国际立法中首次出现。

第三章是预防和打击网络空间犯罪及其他违法行为的措施。具体包括预防和打击与使用信息、通信技术有关的犯罪以及其他违法行为的政策和做法（第36条）、预防和打击与使用信息、通信技术有关的犯罪以及其他违法行为的负责机构（第37条）、私营部门（第38条）、私营信息和电信服务提供者行为的原则与守则（第39条）、提高公众对网络犯罪的预防意识（第40条）。

第四章对国际合作作出规定。第一节是国际合作与互助的一般原则（第41—57条），包括国际合作的一般原则、司法协助的一般原则、管辖权、主动提供信息、移交刑事诉讼程序、在无适用的国际协定情况下发出互助请求的程序、保密和信息使用限制、引渡、被判刑人员的移交、快速保全电子信息、加快披露已保全的通信数据、执法合作、实时收集通信数据方面的互助、收集电子信息方面的互助、联合调查、特殊侦查手段等。第二节是技术援助和培训的有关规定（第58—60条），包括技术援助的一般原则、培训、信息交换。

虽然《联合国合作打击网络犯罪公约（草案）》的条文较为详尽，但是其内容较多参照了欧洲委员会《网络犯罪公约》，并且该公约草案自俄罗斯提交给联合国后就再无后续进展，可见其条文的科学性和有效适用性方面仍有待进一步验证。

2021年5月26日，联合国大会通过了《打击为犯罪目的使用信息和通信技术行为》（Countering the Use of Information and Communications Technologies for Criminal Purposes）的第75/282号决议。依据联合国大会第74/247号决议，决定设立一个代表所有区域的不限成员名额的特设政府间专家委员会，以拟订一项关于打击为犯罪目的使用信息和通信技术行为的全面国际公约，同时充分考虑到关于打击为犯罪目的使用信息和通信技术的现有国际文书和国家、区域、国际各级的现有努力，特别是全面研究网络犯罪问题政府间专家组的工作和成果。根据联合国大会第76/552号决定，特设委员会于2022年2月24日就组织事项举行了为期一天的会议，并于2022年2月28日至3月11日举行了第一届会议。[1]这标志着互联网诞生以来,联合国首次主持网络犯罪国际公约的全球性谈判。

## 三、《阿拉伯打击信息技术犯罪公约》

阿拉伯国家联盟总秘书处（League of Arab States General Secretariat）于2010年通过了《阿拉伯打击信息技术犯罪公约》（Arab Convention on Combating Information Technology Offences），该公约通过后很快获得了大多数阿拉伯国家的接受和支持。[2]该公约的目的是增进和加强阿拉伯国家在打击信息技术犯罪领域的合作，抵御此类犯罪的威胁，从而保护阿拉伯国家的安全和利益以及其社区和个人的安全。

第一章为总则，主要规定了公约的立法目的（第1条），核心术语（第2条），条约的适用范围（第3条），以及主权维护（第4条）。核心术语部分主要对信息技术、服务提供者、数据、信息程序、信息系统、信息网络、站点、抓取、用户信息进行了界定。

第二章对实体刑法进行规定（第5—21条），对非法访问犯罪、非法拦截犯罪、侵犯数据完整性的犯罪、滥用信息技术手段的犯罪、伪造犯罪、诈骗犯罪、色情犯罪、侵犯隐私罪、通过信息技术的手段实施的恐怖主义有关犯罪、通过信息技术的手段实施的有组织犯罪、与版权和邻接权有关的犯罪、非法使用电子支付工具罪作出规定，同时对犯罪形态和犯罪主体作出规定，并明确指出要加大对通过信息技术方式实施传统犯罪的处罚力度。

第三章程序法的规定共8条（第22—29条），主要涉及程序条款的适用范围、快速保全通过信息技术存储的数据、快速保全和部分披露通信数据、提交信息指令、检查存储的信息、扣押存储的信息、快速收集用户跟踪信息、信息内容的拦截。《阿拉伯打击信息技术犯罪公约》在程序法上与欧洲委员会《网络犯罪公约》具备高度重合性。

第四章对法律与司法协助作出规定（第30—43条），主要对权限、引渡、

---

[1] Ad Hoc Committee to Elaborate a Comprehensive International Convention on Countering the Use of Information and Communications Technologies for Criminal Purposes，载https://www.unodc.org/unodc/en/cybercrime/ad_hoc_committee/home，最后访问时间：2022年7月28日。

[2] LAS, Arab Convention on Combating Information Technology Offences，载https://www.asianlaws.org/gcld/cyberlawdb/GCC/Arab%_20Convention%_20on%_20Combating%_20Information%_20Technology%20Offences.pdf，最后访问时间：2022年7月28日。

相互协助、间接信息、合作和互助的请求程序、拒绝协助、保密和使用限制、快速保护信息系统存储的信息、快速披露受保护用户的跟踪信息、与访问已存储信息技术信息有关的合作和双边协助、信息技术信息的跨国获取、与快速收集用户跟踪信息有关的合作和双边协助、与内容有关信息的合作和双边协助、专门机构等内容作出了规定。

### 四、《非洲联盟网络安全和个人数据保护公约》

非洲联盟（African Union，AU）于2012年9月1日通过了《关于建立有利于非洲网络安全的法律框架公约草案》（Draft African Union Convention on the Establishment of a Legal Framework Conducive to Cybersecurity in Africa），经过一系列复杂的讨论，该草案于2014年在非洲联盟第23届常规会议上通过，并更名为《非洲联盟网络安全和个人数据保护公约》（African Union Convention on Cyber Security and Personal Data Protection）。[1]该公约的目的是建立一个非洲联盟成员方在区域和国际层面实现信息社会现有承诺的网络安全与个人数据保护法律框架。该公约共4章38条，除第1条定义部分涉及网络犯罪相关概念的界定外，具体条款均规定于第三章"促进网络安全和打击跨国网络犯罪"之中。

第三章第一部分是国家层面的网络安全措施，其中第25条第1款规定了打击网络犯罪的立法，第26条第3款规定了公私合作关系，第28条对国际合作中的协调、司法协助、信息交换、合作方式等进行了规定。第二部分是对实体刑法的规定，包括第29条针对信息和通信技术的特殊犯罪，第30条适应信息和通信技术的特定犯罪，第31条使特定的制裁适应信息和通信技术。

该公约对于网络犯罪的法律规定较为简短，其中包含了大量网络安全维护与个人数据保护的法律规定，属于非专门性的网络犯罪国际法规定。遗憾的是，虽然有14个非洲联盟成员方签署了《非洲联盟网络安全和个人数据保护公约》，但是截至2019年6月，只有5个成员方对该公约进行了批准。

### 五、《西部非洲国家经济共同体打击网络犯罪指令》

2011年8月17—19日，第66届西非国家经济共同体部长委员会常规会议

---

[1] African Union Convention on Cyber Security and Personal Data Protection，载https://au.int/sites/default/files/treaties/29560-treaty-0048_-_african_union_convention_on_cyber_security_and_personal_data_protection_e.pdf，最后访问时间：2022年7月28日。

在尼日利亚首都阿布贾举行,会议通过了《西部非洲国家经济共同体打击网络犯罪指令》(Directive on Fighting Cybercrime within Economic Community of West African States)。[1] 该指令的目的在于构建网络犯罪的刑事责任法律框架,以便在网络犯罪层面实现高效、可靠的国际合作。

第二章规定了与信息和通信技术有关的具体犯罪。在行为类型上分为两类:一类为计算机犯罪(第4—14条),具体包括欺骗性地访问计算机系统,欺骗性地滞留在计算机系统中,干扰计算机系统运行,欺骗性地在计算机系统中输入数据,欺骗性地拦截计算机数据,欺骗性地修改计算机数据,伪造计算机数据,从计算机相关欺诈中获利,欺骗性地处理个人数据,利用伪造的数据,获取实施犯罪的设备;另一类为通过计算机方式实施的其他类型犯罪(第16—23条),具体包括制作儿童色情作品或者制品,进口或出口儿童色情作品或者制品,持有儿童色情作品或者制品,为未成年人获取色情作品、文件、影音或者色情制品提供便利,通过计算机系统持有种族主义或者仇外性质的书面文件或者图片,通过计算机系统恐吓,通过计算机系统虐待,对利用计算机系统实施的反人类罪行进行否认或为其辩护。第15条规定了共同参与或共谋实施计算机犯罪的犯罪形态。

第三章规定了利用信息和通信技术的传统犯罪。具体规定了处罚规则(第24条),行为规则(第25条)以及主体规则(第27条)。第四章规定了主刑(第28条)和附加刑(第29条)等处罚规定。第五章是程序规定,包括搜查或访问计算机系统(第30条),快速保全数据(第31条)和证明方法(第32条)等程序性条款,以及司法合作(第33条)的国际合作条款。

与《非洲联盟网络安全和个人数据保护公约》不同,该指令侧重于为所属国家认定和打击网络犯罪提供条文指引。截至2020年,该共同体成员共有15个,签署、批准或加入该协定的国家范围局限于西非地区,在网络犯罪国际立法层面的贡献能力较为有限。

**六、《上海合作组织成员国保障国际信息安全政府间合作协定》**

2009年6月16日,上海合作组织成员方元首理事会在叶卡捷琳堡签署了

---

[1] Directive on Fighting Cybercrime within Economic Community of West African States, 载 https://issafrica. org/ctafrica/uploads/Directive% 201:08:11% 20on% 20Fighting% 20Cyber% 20Crime% 20within% 20ECOWAS. pdf, 最后访问时间:2022年7月28日。

《上海合作组织成员国保障国际信息安全政府间合作协定》及两个附件。该协定共12条，包括术语和概念、国际信息安全保护领域的主要威胁、主要合作方向、合作基本原则、合作主要方式和机制、信息保护、费用、与其他国际条约的关系、争端的解决、工作语言、保存方、最后条款。[1]

该协定围绕国际信息安全制定，并非专门针对互联网犯罪的领域，但是其中涉及网络犯罪的相关规则，特别是有关国际合作的规则，如第2条明确将"信息犯罪"作为国际信息安全领域的主要威胁之一，第3条将"打击信息犯罪"作为主要合作方向之一。该协定的两个附件也涉及网络犯罪：附件1"国际资讯安全领域基本术语及概念清单"界定了信息犯罪的概念，附件2"国际信息安全领域的威胁种类及其根源和特征清单"界定了信息犯罪的根源及特征。

### 七、《独立国家联合体打击计算机信息领域犯罪合作协定》

2001年6月1日，独立国家联合体（Commonwealth of Independent States，CIS）国家首脑理事会会议正式通过《独立国家联合体打击计算机信息领域犯罪合作协定》（Agreement on Cooperation among the States Members of the Commonwealth of Independent States in Combating Offences Relating to Computer Information），并于2002年3月14日生效。该协定共17条，包括基本术语、总则、犯罪行为、主管部门、合作的形式、协助请求、执行请求、拒绝执行请求、信息的机密性、争端解决、费用、工作语言、与其他国际协定的关系、修订与附件、生效的条件、效力、最后条款。[2]

该协定第3条将造成特定后果的非法访问，创制、利用和散发恶意软件，违规使用计算机、计算机系统或相关网络造成严重后果，以及和计算机、软件有关且造成重大损害的侵犯版权行为规定为犯罪。第5条列举了7种国际合作形式，并以"缔约方可能商定的其他合作形式"作为兜底性条款。第6条列举了请求国际援助的各项要素及相关要求。第7条和第8条分别从正反两个方面对

---

[1] 上海合作组织："上海合作组织成员国保障国际信息安全政府间合作协定"，载http://images.io.gov.mo/bo/ii/2013/30/avce-28-2013.pdf，最后访问时间：2022年7月28日。

[2] CIS, Agreement on Cooperation among the States Members of the Commonwealth of Independent States in Combating Offences Relating to Computer Information，载https://cms.unov.org/documentrepositoryindexer/GetDocInOriginalFormat.drsx? DocID=5b7de69a-730e-43ce-9623-9a103f5cabc0，最后访问时间：2022年7月28日。

请求援助的各项要求加以规定。第 9 条围绕相关信息的保密作出具体规定。

## 八、《英联邦计算机与计算机相关犯罪示范法》

2002 年出台的《英联邦计算机与计算机相关犯罪示范法》（Commonwealth of Nations Model Law on Computer and Computer Related Crime）旨在支持英联邦国家建立一个法律框架，对计算机和计算机相关犯罪进行刑事定罪和调查。该示范法与《电子证据示范法》（Model Law on Electronic Evidence）以及《电子交易示范法》（Model Law on Electronic Transactions）密切相关。该示范法旨在为英联邦成员方提供相关立法框架，同时该示范法不断接受审查以确保该法与新兴技术保持同步。该示范法包括引言、犯罪行为、程序权力三章共 21 条。[1]

第二章涉及实体刑法，主要对犯罪行为进行了规定（第 5—10 条），具体包括非法访问，干扰数据，干扰计算机系统，非法拦截数据，非法设备，以及儿童色情。第三章主要涉及程序法（第 11—21 条），具体包括本部分的定义，搜查和扣押令，警务协助，记录和访问扣押数据，输出数据，披露已存储的通信数据，数据的保全，拦截电子通信，拦截通信数据，证据，保密和责任限制。

《英联邦计算机与计算机相关犯罪示范法》基本上沿袭了欧洲委员会《网络犯罪公约》，但是没有对国际合作进行规定。此外，该示范法还与 2011 年批准的《关于英联邦内部刑事事务法律互助的哈拉雷计划》修正案密切相关。修正案包括关于拦截电信和邮政物品的新规定，秘密电子监控，在侦查和司法程序中使用现场视频链接，以及资产追回。

## 九、《加勒比共同体网络犯罪、电子犯罪示范法》

在国际电信联盟（ITU）的支持下，加勒比共同体（Caribbean Community，CARICOM）实施了《协调加勒比地区的信息和通信技术政策、立法和监管程序》（Harmonization of ICT Policies, Legislation and Regulatory Procedures in the Caribbean，HIPCAR）项目。[2]在此项目推动下，《加勒比共同体网络犯罪、

---

〔1〕 Commonwealth of Nations Model Law on Computer and Computer Related Crime，载 https://production-new-commonwealth-files.s3.eu-west-2.amazonaws.com/migrated/key_reform_pdfs/P15370_11_ROL_Model_Law_Computer_Related_Crime.pdf，最后访问时间：2022 年 7 月 28 日。

〔2〕 HIPCAR，载 https://www.itu.int/ITU-D/projects/ITU_EC_ACP/hipcar/reports/wg2/docs/HIPCAR_1-5-B_Model-Policy-Guidelines-and-Legislative-Text_Cybercrime.pdf，最后访问时间：2022 年 7 月 28 日。

电子犯罪示范法》（Caribbean Community Model Legislative Text-Cybercrime/e-Crimes）于2010年通过，该示范法共5章33条。[1]

第二章是对具体犯罪行为的规定（第4—18条），具体包括非法访问，非法停留，非法拦截，非法干扰数据，刺探数据，非法干扰系统，非法设备，与计算机相关的伪造，与计算机相关的欺诈，儿童色情制品，色情制品，身份相关犯罪，披露调查详细内容，拒绝协助，利用电子通信进行骚扰。第三章对网络犯罪管辖进行规定（第19条）。第四章是程序法相关规定（第20—27条），具体包括搜查和扣押，协助，提供令，快速保全，部分披露通信数据，收集通信数据，拦截内容数据，取证软件。第五章是责任规定（第28—33条），具体包括无监控义务的情形，接入服务提供者，托管服务提供者，缓存服务提供者，超链接服务提供者，搜索引擎服务提供者的责任规定。

### 十、《南部非洲发展共同体计算机和网络犯罪示范法》

在国际电信联盟（ITU）的支持下，《南部非洲发展共同体计算机和网络犯罪示范法》(Computer Crime and Cybercrime: Southern African Development Community Model Law) 于2013年通过，该示范法共六章38条。[2]

该示范法第二章是对犯罪行为的规定（第4—22条），具体包括非法访问，非法停留，非法拦截，非法干扰数据，刺探数据，非法干扰系统，非法设备，与计算机相关的伪造，与计算机相关的欺诈，儿童色情制品，色情制品，身份相关犯罪，种族主义和仇外材料，种族主义和仇外动机的侮辱，否认种族灭绝和危害人类罪，垃圾邮件，披露调查详细内容，拒绝协助，利用电子通信进行骚扰行为。

该示范法第三章对网络犯罪管辖进行了规定（第23条）。第四章规定了电子证据的可采性（第24条）。第五章（第25—32条）对搜查和扣押，协助，提供令，快速保全，部分披露通信数据，收集通信数据，拦截内容数据，取证工具进行了程序性规定。第六章（第33—38条）对无监控义务的情形，

---

[1] CARICOM, Cybercrime/e-Crimes: Model Policy Guidelines & Legislative Texts, Model Legislative Text-Cybercrime/e-Crimes, 载 https://www.itu.int/en/ITU-D/Cybersecurity/Documents/HIPCAR%20Model%20Law%20Cybercrimes.pdf, 最后访问时间：2022年7月28日。

[2] SADC, Computer Crime and Cybercrime: Southern African Development Community Model Law, 载 http://www.veritaszim.net/sites/veritas_d/files/SADC%20Model%20Law%20on%20Computer%20Crime%20and%20Cybercrime.pdf, 最后访问时间：2022年7月28日。

接入服务提供者，托管服务提供者，缓存服务提供者，超链接服务提供者，搜索引擎服务提供者的责任进行了规定。

## 十一、《东南非共同市场网络犯罪示范法》

2011年，东部和南部非洲共同市场（Common Market for Eastern and Southern Africa，COMESA）出台了《东南非共同市场网络犯罪示范法》（Common Market for Eastern and Southern Africa Cyber Crime Model Bill），该示范法共十章54条。[1]该示范法旨在充分打击网络犯罪，推动程序事项和相关国际合作的进行。

该示范法第五章规定了服务提供者的责任限制（第12—17条），包括服务提供者的界定，缓存（服务提供者），托管（服务提供者），服务商对于信息定位工具的利用，下架通知（take-down notification），服务提供者监控非法活动的非通常义务。第六章规定了针对计算机、计算机系统的行为（第18—26条），包括未经授权访问计算机、计算机系统和网络，未经授权访问计算机程序、计算机数据、内容数据、通信数据，干扰或破坏软件，滥用恶意软件，数字伪造，通过数字诈骗获取经济利益，敲诈，帮助、教唆和未遂行为，以及法人责任（第27条）。第七章是刑事程序条款（第28—39条），包括程序规定的范围，通信日志数据的留存，电子记录的留存，信息原始形式的留存，条件和保障措施，保全已存储的计算机数据、内容数据、通信数据，快速保全和部分披露通信数据，快速保全计算机和存储介质，提供令，搜查和扣押已存储的数据，拦截通信数据，拦截内容数据。第八章规定了管辖权的确定（第40条）。

该示范法第九章规定了国际合作（第41—52条），包括国际合作的一般原则，引渡的原则，相互协助的一般原则，未经请求的信息（提供），相互协助的程序，快速保全已存储的内容数据、计算机数据或通信数据，快速披露已存储的内容数据、计算机数据或通信数据，访问已储存的计算机数据、内容数据或通信数据的相互协助，跨境访问已储存的计算机数据、内容数据或通信数据，实时收集通信数据的相互协助，拦截内容数据或计算机数据的相互协助，联络点。第十章为规定了适用于其他犯罪行为的条款（第53—54条），具体包括适用于其他犯罪行为的条款以及一般刑罚。

为协调国家间网络犯罪立法的冲突，共同合作打击网络犯罪，上述区域性

---

[1] COMESA, Common Market for Eastern and Southern Africa Cyber Crime Model Bill, Preamble.

国际组织相继出台了一系列专门的多边条约或法律文件，这些国际性立法虽然在相应区域乃至更大区域范围产生了重要影响，但是由于上述公约的区域性特征较强，难以发展为全球性的法律机制。[1]

即便是效力最强的公约类规范在具体实施效果层面都表现欠佳，不同缔约方之间存在技术能力、社会治理、法律传统、立法规范、司法程序等方面的差异，实际上依托相应国际立法协同打击网络犯罪的效果往往不尽如人意。对于示范法而言更是如此，本身没有直接效力，仅仅是为缔约方提供相关立法指引，其对缔约方在打击网络犯罪方面的影响力也较为有限。不仅是在同一网络犯罪国际立法内部存在这种缔约方之间的差异与内在矛盾，不同网络犯罪国际立法之间也存在外部的差异与冲突。现有网络犯罪国际立法在同一问题上有时会存在不同的侧重与考量，确立不同的法律规则。例如，在法律术语层面，对于规制对象有网络犯罪、计算机和网络犯罪、与计算机相关的犯罪、计算机信息领域犯罪、信息犯罪、信息技术犯罪、与信息和通信技术有关的犯罪、电子犯罪等多种表述，概念、范围并不统一。由此导致网络犯罪国际立法领域规范冲突的存在，影响了网络犯罪国际立法的融合性发展。

## 第三节 网络犯罪治理的国际合作

网络化和数字化发展在一定程度上为网络犯罪者提供了免受惩罚的外衣。网络犯罪受到惩罚的程度将取决于国际合作的水平以及警方在互联网领域的熟练程度。[2]当前，在网络犯罪国际法的国际合作方面，仍面临如下诸多方面的挑战：哪些国家有管辖权？具备管辖权的基础何在？是否可以引渡某一国家的国民？如何更好地协调调查？如何识别和扣押犯罪资产？总体来看，在全球范围内关于网络犯罪的国际合作机制仍未建立，网络犯罪国际立法仍然需要在此方面作出必要的探索。

### 一、国际合作原则与范围

国际合作取决于统一的网络犯罪实体法和网络犯罪程序法，前者将网络犯

---

[1] 李彦："网络犯罪国际法律机制建构的困境与路径设计"，载《云南民族大学学报（哲学社会科学版）》2019年第6期。

[2] Weulen Kranenbarg, Marleen & Leukfeldt, E. R. 2021. *Cybercrime in context: the human factor in victimization, offending, and policing*, Switzerland: Springer, p. 356.

罪定为刑事犯罪，后者规定了证据和刑事诉讼的规则。在必要时，还可以通过协调有关网络犯罪的双边、区域和多边协议来促进国际合作。此外，需要缔约方加入或批准区域或多边网络犯罪文书，使这些文书具备法律约束力。

一般来说，只要存在两国共认的罪行，也即条约中要求被指控的行为在合作国被视为非法的条款，双边、区域和多边网络犯罪条约就会促进国际合作。如果没有统一的法律，就会产生网络犯罪的避风港，从而使网络犯罪的犯罪者无法被起诉。2000年的"I LOVE YOU"病毒案就表明了这一点，[1]该病毒的制造者和传播者无法被起诉，因为在事件发生时，病毒制造者的行为在他的国家（菲律宾）不被认为是犯罪。

尽管如此，即使不严格解释两国共认罪行的要求，国际合作仍存在可能的空间。更重要的是，"只要两国共认罪行被视为一项要求，那么无论被请求缔约国的法律是否将该罪行归入同一类别的罪或用与请求缔约国相同的术语来称呼该罪行，根据两个缔约国的法律，为之寻求援助的罪行的基本行为是刑事犯罪，则应视为满足该要求"（2003年《联合国反腐败公约》第43（2）条）。[2]

然而，双重犯罪要求也有例外。例如，欧洲委员会《网络犯罪公约》第29（3）条规定，"通过位于该另一缔约方境内的计算机系统，并在请求方打算就其提交搜查或类似访问、扣押或类似确保或披露数据的互助请求时"，对该公约所包含的实质性罪行（第2—11条），不要求双重犯罪。第29（4）条规定，如果国家要求对欧洲委员会《网络犯罪公约》所列罪行以外的其他罪行进行互助的两国共认罪行，则有权拒绝保全请求。

除双重犯罪外，国际合作的另一个实质性要求是尊重国际人权义务。如果国际合作请求将导致回应国因回应该请求而违反其国际人权义务，则回应国可拒绝该请求。

国际合作的正式机制包括双边、区域和多边网络犯罪条约。事实上，国际合作在这些条约中占据突出地位。例如，《独立国家联合体打击计算机信息领域犯罪合作协定》中专门针对国际合作的条款（第5—7条），涵盖了该协定所规定的合作类型：信息交流，根据国际文书提供法律援助，网络犯罪预防、侦查、制止和调查网络犯罪，以及成员方可以请求援助的方式和成员方如何执

---

[1] Knight, Peter. 2000. I LOVE YOU: Viruses, paranoia, and the environment of risk, *The Sociological Review*, 48（2）：17-30.

[2] United Nations Convention Against Corruption, 载 https://www.unodc.org/documents/brussels/UN_Convention_Against_Corruption.pdf, 最后访问时间：2022年7月28日。

行这些请求的准则。该协定第 8 条包括可以拒绝援助请求的情况，即当该请求违反一国的国家法律时，以及要求拒绝的国家以书面形式通知请求方该请求被拒绝以及拒绝的原因。此外，《阿拉伯打击信息技术犯罪公约》第 32 条和第 34 条包括了关于互助、合作程序和互助请求的规定。《非洲联盟网络安全和个人数据保护公约》第 28 条包括了关于协调、网络犯罪事项的法律互助和信息交流的规定。

综合来看，网络犯罪国际法关于国际合作的原则一般均对以下方面加以规定：首先，国际合作的主要领域，现有网络犯罪国际立法一般强调两个方面，即网络犯罪的审查、审判，以及电子证据的收集；其次，国际合作的主要依据，包括有法律效力的国际立法、无法律效力的国际立法以及国内法；最后，国际合作的目的，一般指向打击网络犯罪，也有个别网络犯罪国际立法扩展至预防网络犯罪。

## 二、网络犯罪的引渡协议

引渡协议，如 1957 年《欧洲引渡公约》（European Convention on Extradition）和 1981 年美洲国家组织《美洲国家间引渡公约》（OAS Inter-American Convention on Extradition），是在达到可引渡罪行的惩罚门槛时将个人逮捕和/或引渡到请求方的协议。例如，1994 年《西非国家经济共同体引渡公约》（ECOWAS Convention on Extradition）[1]第 3 条列出的惩罚门槛是"至少两年"。区域逮捕令，如欧洲逮捕令，可以逮捕犯有与计算机有关的罪行的罪犯，"在签发成员方可被判处监禁或拘留令，最长期限至少为三年……无须核实该行为的双重犯罪"（2002 年 6 月 13 日关于欧洲逮捕令和成员方之间移交程序的理事会框架决定 2002/584/JHA 第 2（2）条）。[2]

引渡条约的存在并不能保证一个人将被引渡到请求方。这一点在英国黑客劳里·洛夫（Lauri Love）一案中可以看到，[3]尽管存在 2003 年《英美引渡

---

[1] ECOWAS Convention on Extradition，载 https://www.wacapnet.com/sites/www.wacapnet.com/files/general/convention_on_extradition.pdf，最后访问时间：2022 年 7 月 28 日。

[2] Council Framework Decision 2002/584/JHA of 13 June 2002 on the European arrest warrant and the surrender procedures between Member States，载 https://eur-lex.europa.eu/legal-content/EN/TXT/?uri=celex%3A32002F0584，最后访问时间：2022 年 7 月 28 日。

[3] 参见网址：https://www.law.georgetown.edu/icap/wp-content/uploads/sites/32/2020/09/Hope-amicus-ECF-stamped.pdf。

条约》（UK-US Extradition Treaty），但他被拒绝引渡到美国。

此外，引渡条约还包括不批准引渡的条件。例如，美洲国家组织《美洲国家间引渡公约》中规定，当对犯罪行为的惩罚是终身监禁或死刑时，可以拒绝引渡请求（第9条）。如果被引渡者将受到不人道或有辱人格的待遇或处罚，也会拒绝引渡（例如，《西非国家经济共同体引渡公约》第5条和美洲国家组织《美洲国家间引渡公约》第9条）。引渡请求还可能因其他原因而被拒绝，如缺乏足够的证据来证明引渡的合理性，以及当请求涉及不可引渡的罪行时。

在网络犯罪的引渡方面，欧洲委员会《网络犯罪公约》第24条最先对此作出了规定，主要包括以下内容。该条第1款规定，该公约第2—11条规定的行为为可引渡的网络犯罪，并且被剥夺自由的最高期限可能超过1年；统一或互惠立法、引渡条约另有规定的，适用该立法或条约的规定。该条第2款规定，第1款规定的犯罪应被缔约方认可为相互之间引渡条约规定的犯罪，并将其纳入相应的引渡条约。该条第3款规定，如果以条约的存在为条件进行引渡的缔约方收到与其没有引渡条约的另一缔约方提出的引渡请求，则可以将该公约视为该条第1款规定的犯罪之法律依据；第4款规定，不以存在条约为条件进行引渡的缔约方应认可该条第1款规定的犯罪为它们之间的可引渡犯罪。该条第5款规定，引渡应遵守被请求方法律或适用的引渡条约所规定的条件，包括被请求方可以拒绝引渡的理由；第6款规定，当缔约方以国籍或者有管辖权为由拒绝引渡该条第1款规定的犯罪时，其应将该案件提交有权机关起诉（并参考同质犯罪），且以适当方式向请求缔约方通报最终结果。该条第7款规定了引渡机构及相关信息的告知义务。由此可见，欧洲委员会《网络犯罪公约》对于网络犯罪引渡的最低刑要求、缔约方义务、适用范围、引渡的履行、引渡机构以及相关信息的告知义务等作出了详尽的规定。这一规定也在一定程度上影响了其他地区的网络犯罪国际立法，如《阿拉伯打击信息技术犯罪公约》《东南非共同市场网络犯罪示范法》，甚至《联合国合作打击网络犯罪公约（草案）》都沿袭和借鉴了其中的规定。

《联合国合作打击网络犯罪公约（草案）》第48条在借鉴欧洲委员会《网络犯罪公约》第24条规定的基础之上，对其进行了一定程度的创新，扩大了可引渡犯罪的范围，加强了引渡的有效实施，对拘押或采取其他适当措施进行了规定，规定了变通履行"或引渡或起诉"原则，对被引渡人权利进行了保障性规定，还规定了引渡义务的例外。具体规定如下：该条第3款规定，若引渡请求涉及多项单独罪行，其中至少有一项是该条规定的可引渡犯罪，其他罪行因适用的处罚而不可引渡,但仍被视为该草案规定的犯罪,则被请求的缔约方也可对这些犯罪适用该条规定。该条第 8 款规定,对于该条所适用的任何犯罪,缔约方应在符合其国内法的情况下,努力加快引渡程序并简化与之有关的证据要求。第 14 款规定,被请求的缔约方在拒绝引渡前应在适当情况下与提出请求的缔约方协商,使后者有充分机会陈述自己的意见并提供与请求书中陈述的事实有关的信息。第 15 款规定,缔约方应寻求缔结双边和多边协定或安排,以执行引渡或加强引渡的成效。该条第 9 款规定,被请求的缔约方在不违背其国内法及引渡条约规定的情况下,可在认定情况需要而且紧迫时,根据提出请求的缔约方的请求,对被请求国境内的被请求引渡之人进行拘押或采取其他适当措施,确保在进行引渡程序时该人在场。该条第 11 款规定,若一缔约方国内法规定,允许引渡或移交其国民的条件是,该人将被送还本国以便按照引渡或移交请求所涉及的审判或诉讼作出的判决服刑,并且该缔约方和请求引渡该人的缔约方也同意该程序以及他们可能认为适当的其他条件,则这种有条件引渡或移交即充分履行了该条第 10 款规定的义务。该条第 12 款规定,在对任何人就该条所适用的任何犯罪进行诉讼时,应确保其在诉讼的所有阶段受到公平对待,包括享有其所在国国内法所提供的一切权利和保障。该条第 13 款规定,不得将该草案的任何条款解释为规定了下列情况下的引渡义务:被请求的缔约方有充分理由认为提出引渡请求的目的是以某人的性别、种族、宗教、国籍或族裔为由对其进行起诉或惩处,或者认为遵从该请求将使该人的处境因上述任一原因而受到损害。[1]

## 三、网络犯罪追诉中的司法协助

一般来说,国际刑事司法协助指国家之间、国家与国际组织之间在送达诉讼文书、调查取证、追缴资产等方面相互提供帮助和进行合作。[2] 经过长期的司法实践,现代国际刑事司法协助已经积累了一些基础性、概括性的规则,形成国际刑事司法协助的基本原则。具体来说包括:国家主权原则、平等互惠原则、法治原则、特定性原则和人权保护原则。[3] 概括而言,国际刑事司法协助具有以下特征:第一,国际刑事司法协助的主体主要是国家;第二,国际

---

[1] UN, Draft United Nations Convention on Cooperation in Combating Cybercrime, art. 48.
[2] 叶良芳:《国际刑法基本理论研究》,浙江大学出版社 2018 年版,第 224—225 页。
[3] 成良文:"国际刑事司法协助的基本原则",载《中国法学》2002 年第 3 期。

刑事司法协助的法律依据是国际条约和国内法；第三，国际刑事司法协助的内容是代为履行某些刑事诉讼行为；第四，国际刑事司法协助是为了实现刑事诉讼的目的。[1]

尽管传统犯罪的国际刑事司法协助程序具有一定的参考意义，但是网络犯罪具有自身的特点。例如，传统国际刑事司法协助的周期较长，对于即时性较强的电子证据而言，亟须设置新的专门程序。为了确保打击网络犯罪的及时性、有效性，不少网络犯罪国际立法规定了专门的网络犯罪国际刑事司法协助程序。

欧洲委员会《网络犯罪公约》第 27 条首次对在缺乏可适用的国际协定的情况下与相互协助请求有关的程序进行了详细规定，对专门程序条款的补充性、以专门机关为中转的协作机制、拒绝司法协助的情形、司法协助的程序要求、直接请求司法协助的情形五个方面进行了具体规定。该条第 1 款规定，若提出请求的缔约方和被请求的缔约方之间没有司法协助条约或协定，则适用该条第 2 款至第 9 款的规定。若存在这样的条约或协定，则不应适用，除非有关缔约方同意适用该条的下列任何或所有规定替代上述文书。该条第 2 款规定，各缔约方均应指定一个中央机关或多个机关发送、答复、执行、转递司法协助请求，确保这些机关之间的直接沟通，并告知欧洲委员会秘书长以及保证这些机关登记内容的准确性。该条第 4 款规定了被请求的缔约方除基于第 25 条第 4 款的事实（涉及被请求方的法律或适用的司法协助协定规定的情形）拒绝请求外，可以在以下情况下拒绝协作：一是被请求方认为请求所涉犯罪是政治犯罪或是与此有关的犯罪；二是被请求方认为执行该请求将损害其主权、安全、公共秩序或其他重大利益。该条第 3 款规定了适用被请求方的法律程序及例外情形，第 5 款规定了协助请求影响被请求方正在开展的刑事调查或诉讼程序情形下的延迟履行，第 6 款规定了拒绝或者延迟履行前的协商与部分准予执行，第 7 款规定了履行结果的及时告知，第 8 款规定了保密义务。该条第 9 款规定了请求方与被请求方的司法机关之间可以直接发送司法协助请求（含通过国际刑警组织发送的情形），并且具体规定了程序等方面的要求，以及告知欧洲委员会秘书长等要求。[2]

《联合国合作打击网络犯罪公约（草案）》第 46 条对于直接请求司法协

---

[1] 马呈元：《国际刑法论》，中国政法大学出版社 2013 年版，第 657-658 页。
[2] COE, Convention on Cybercrime, art. 27.

助的规定值得重视，直接请求司法协助虽然一定程度上契合了网络犯罪司法协助的时效性要求，但是减损他国主权的风险较为明显。根据欧洲委员会《网络犯罪公约》第27条第9款，请求方与被请求方的司法机关之间可以直接发送司法协助请求，也即允许越过主管机构（当局）直接开展司法协助，无形中可能导致被请求方处于不利的地位。如果司法机关直接应请求方的要求开展协助，可能会有损本国的司法主权；如果拒绝请求方的要求，则无疑违背了条约义务。因此，是否允许直接请求司法协助并不只是刑事程序上的问题，也关系着各国对于他国代为行使刑事诉讼程序的容让程度。如何进一步协调及时打击网络犯罪和有效维护国家主权，仍是网络犯罪司法协助领域需要探索的命题。

### 四、网络犯罪程序法合作

部分网络犯罪国际立法对程序法事项的国际合作进行了规定，主要涉及以下几点：第一，被存储计算机数据的快速保全；第二，被保全通信数据的快速披露；第三，通信数据即时收集方面的互助；第四，内容数据拦截方面的互助等。核心在于各个国际文件或国家立法对于跨境访问数据的规定，并基于跨境数据访问共识的基础上，构建层次化的协作机制。

在网络犯罪国际立法中，跨境访问数据是最受争议的问题之一，各国的理解与立场不尽相同。依据联合国毒品和犯罪问题办公室的调查，和远程取证工具文书一样，超过三分之一的答复国没有回答调查问卷中关于"跨境"访问权是否存在的问题。在那些作出了答复的国家中，一半以上表示这种权力确实存在。[1]此章节所讨论的跨境访问数据是指网络犯罪国际立法中所规定的，某一缔约方无须经过另一缔约方允许，在后者境内进行数据访问的刑事程序措施。

欧洲委员会《网络犯罪公约》第29条规定了已存储计算机数据的快速保全、第30条规定了已存储通信数据的快速披露、第31条规定了与访问已存储计算机数据有关的相互协助、第32条规定了经同意或对公开的已存储的计算机数据越境访问、第33条规定了与实时收集通信数据有关的相互协助、第34条规定了与内容数据拦截有关的相互协助。《阿拉伯打击信息技术犯罪公约》第37条规定了快速保护信息系统存储的信息、第38条规定了快速披露受保护用户的跟踪信息、第39条规定了与访问已存储信息技术信息有关的合作和双

---

[1] 参见联合国毒品和犯罪问题办公室：《网络犯罪综合研究（草案）》，第159页。

边协助、第 40 条规定了信息技术信息的跨国获取、第 41 条规定了与快速收集用户跟踪信息有关的合作和双边协助、第 42 条规定了与内容有关信息的合作和双边协助。《联合国合作打击网络犯罪公约（草案）》第 50 条规定了快速保全电子信息、第 51 条规定了加快披露已保全的通信数据、第 53 条规定了实时收集通信数据方面的互助、第 54 条规定了收集电子信息方面的互助。《东南非共同市场网络犯罪示范法》第 46 条规定了快速保全已存储的内容数据、计算机数据或通信数据，第 47 条规定了快速披露已存储的内容数据、计算机数据或通信数据，第 48 条规定了访问已储存的计算机数据、内容数据或通信数据的相互协助，第 49 条规定了跨境访问已储存的计算机数据、内容数据或通信数据，第 50 条规定了实时收集通信数据的相互协助，第 51 条规定了拦截内容数据或计算机数据的相互协助。

对于打击网络犯罪的跨境数据访问，最具代表性的是 2018 年美国出台的《澄清合法使用境外数据法》[1]，该法案允许某一主权国家突破传统的地域主权限制，可以获得位于境外的数据。该法案明确要求国内服务提供者必须遵循搜查令，不管相关数据在哪里，只要该数据在服务商的持有、监管和控制之下。联邦刑事程序规则允许特定情形下电子存储媒体的远程获取，比如设备或信息的实际位置被技术手段隐藏了，等等。该法案授权美国执法部门在特定案件中通过电子通讯服务或远程计算机服务的提供者获取存储于境外的电子数据。该法案允许电子证据调取的双向性，但是，只有适格外国政府（Qualifying Foreign Government）可依据该法案调取位于美国境内的数据。[2]因此，该法案实际上突破了长期以来国际社会通行的刑事案件管辖权属地原则，将电子数据的刑事取证管辖从数据存储地模式转变为数据控制者模式。[3]美国、英国两国于 2019 年 10 月 4 日通过的"史上首份"双边数据分享协议，规定两国可以不经司法协助程序，允许执法部门直接向对方国家的科技公司要求数据。[4]与此同时，欧盟为了加速刑事调查中的电子证据调取，使成员方的调

---

〔1〕 Clarifying Lawful Overseas Use of Data Act, 载 https://www.congress.gov/bill/115th-congress/house-bill/4943，最后访问时间：2022 年 7 月 28 日。

〔2〕 王立梅："论跨境电子证据司法协助简易程序的构建"，载《法学杂志》2020 年第 3 期。

〔3〕 梁坤："基于数据主权的国家刑事取证管辖模式"，载《法学研究》2019 年第 2 期。

〔4〕 Applying the CLOUD Act to the U.S.-U.K. Bilateral Data Access Agreement, 载 https://www.lawfareblog.com/applying-cloud-act-us-uk-bilateral-data-access-agreement，最后访问时间：2022 年 7 月 28 日。

查机关可以直接向服务提供者要求提供电子证据,提出了《欧洲议会和欧洲理事会关于刑事犯罪电子证据的调取令和保全令的规定的提案》[1]。欧盟在《电子证据条例》中确立的电子服务属地管辖原则,解决了互联网中电子证据存储位置不特定等因素对欧盟成员方当局取证活动造成的不便,该条例还引入了具有约束力的欧洲数据生成令和欧洲数据保护令,并规定只能用于刑事诉讼,包括预审和审判阶段。

上述立法趋势表明,各国都在探索跨境数据访问的国际合作机制。这些问题直接影响到电子证据的可采信、是否在其他国家实施了相关的计算机滥用犯罪、根据国际法搜集电子证据是否合法的问题,以及是否影响和侵犯他国主权的问题。对此有学者提出:"应通过国际协商和合作,在遵循国家主权、网络空间主权原则和平等保护原则的基础上,谨慎地探索建立境外电子数据远程勘验规则体系。"[2]

### ■ 课后思考题

1. 请总结归纳网络犯罪国际立法的模式分歧并进行分析。
2. 论述网络犯罪国际立法的必然性。
3. 试论述制定网络犯罪国际立法的中国立场。

---

[1] Proposal for a Regulation of the European Parliament and of the Council on European Production and Preservation Orders for Electronic Evidence in Criminal Matters,载 https://www.europarl.europa.eu/doceo/document/A-9-2020-0256_EN.html,最后访问时间:2022年7月28日。

[2] 梁坤:"跨境远程电子取证制度之重塑",载《环球法律评论》2019年第2期。

中 编

# 各 论

# 第五章
# 非法侵入计算机信息系统罪

  网络并非法外之地。随着计算机的普及和计算机技术尤其是互联网技术等迅速发展，不法分子利用计算机技术侵入有关系统，攫取涉密信息、破坏网络安全或谋取非法利益，严重损害国家安全、公共安全或个人信息安全。国家互联网应急中心的统计显示，2013年1月以来，中国互联网遭受世界各地黑客入侵和破坏的次数达几百万次之多，中国计算机网络和计算机信息系统的安全时刻面临着重大打击和挑战。

  非法侵入计算机信息系统罪，正是随着计算机信息技术的不断发展而出现的一种新型犯罪。作为一种新型网络犯罪，其在全国各地呈现不断涌现的态势。例如，程某因为兴趣爱好，自2017年底起通过使用摩托罗拉TETRACPS软件进行功能设置，用"写频"方法，帮助他人将5部废旧对讲机接入上海市公安局350MHZTETRA数字集群无线通信网[1]，用于收听公安指令。又如，在四川省北川羌族自治县的蒋某，从2016年12月底至2017年1月20日，为了方便其代办交通违章处理事宜而谋取不正当利益，在其前妻杨某位于北川羌族自治县的家中，一方面利用白色小米手机下载"四川公安交警警务平台"，另一方面从他人处获取zdzb交警账号及密码，用于登录四川公安交警警务平台查询车辆状态及驾驶人信息共计642次。后经鉴定，该平台属于国家事务类网站。

  上述案例中程某和蒋某的行为，均构成了非法侵入计算机信息系统罪。那么如何理解非法侵入计算机信息系统罪？我们将从非法侵入计算机信息系统罪

---

  [1] TETRA系统即TETRA数字集群通信系统，是一种基于数字时分多址（tdma）技术的无线集群移动通信系统，是欧洲电信标准协会ETSI制定的数字集群移动通信标准，这一标准与传统的模拟集群系统相比，具有业务质量好、频谱效率高等优点，应用相当广泛。TETRA由于其标准具有开放性，便于进行研究开发，成为中国发展数字集群移动通信系统的首选，目前已经被公共安全、铁路、交通等部门和大型企业广泛采用，用于指挥、调度、数据传输等业务。

的罪名释义、司法适用、疑案解读等视角予以系统诠释。

## 第一节 非法侵入计算机信息系统罪的罪名释义

### 一、历史沿革与规范梳理

非法侵入计算机信息系统是"黑客"常见的行为方式之一。实际上，我国《计算机信息系统安全专用产品分类原则》就将"黑客"解释为对计算机信息系统进行非授权访问的人员。1994年2月18日，国务院颁布的《计算机信息系统安全保护条例》第2条就对计算机信息系统的含义作出了规定。即"计算机信息系统"是指由计算机及其相关的和配套的设备、设施（含网络）构成的，按照一定的应用目标和规则对信息进行采集、加工、存储、传输、检索等处理的人机系统。至于"计算机信息系统安全"的含义，国际上将其定义为："为数据处理系统建立和采取的技术和管理的安全保护，保护计算机硬件、软件、数据不因偶然或恶意的原因而遭到破坏、更改、显露。"[1]

为加强对非法侵入计算机信息系统犯罪行为的规制，1997年3月14日修订的《刑法》就将本罪纳入其中，即"违反国家规定，侵入国家事务、国防建设、尖端科学技术领域的计算机信息系统的，处三年以下有期徒刑或者拘役"。

2015年，在《刑法修正案（九）》中，增加单位犯罪条款，即在《刑法》第285条中增加一款作为第4款："单位犯前三款罪的，对单位判处罚金，并对其直接负责的主管人员和其他直接责任人员，依照各该款的规定处罚。"

### 二、非法侵入计算机信息系统罪及其构成要件

（一）主体要件

本罪主体通常是一般主体，即凡是年满16周岁、具有刑事责任能力的自然人均可成为本罪主体。本罪主体通常具有一定的计算机专业知识和娴熟的计算机操作技能，如计算机程序设计人员，计算机管理、操作、维护保养人员等。不过，司法实践中一些触犯非法侵入计算机信息系统罪的犯罪嫌疑人在计算机专业知识、技能方面并不突出。譬如本章引言所提及的蒋某。这是因为随

---

[1] 皮勇：《网络犯罪比较研究》，中国人民公安大学出版社2005年版，第100页。

着计算机和网络通信技术的发展，操作、运用相关技术越来越便捷，这客观上大大降低了网络犯罪的门槛。

另外，值得人们思考的是，单位能否成为本罪的主体呢？在《刑法修正案（九）》出台之前，单位能否成为本罪主体在学理上存在争议。在司法实践中，企业之间因市场竞争而实施的不同程度地侵入相关计算机信息系统的情形并不少见，譬如，公司员工根据公司决议实施了侵入相关计算机信息系统的行为，其性质显然属于单位行为。《刑法修正案（九）》的出台很好地回应了上述现象，其中增设的《刑法》第285条第4款的规定，"单位犯前三款罪的，对单位判处罚金，并对其直接负责的主管人员和其他直接责任人员，依照各该款的规定处罚"。可见，单位可以成为非法侵入计算机信息系统罪的主体。

最后，值得思考的是，境外人员实施此类行为是否构成本罪主体，应当如何追责？这是一个尚未完成的重要课题，其关涉司法管辖权、犯罪人所在地法律等诸多不确定因素，需要我们进一步深入探索。

（二）主观要件

本罪的主观罪过表现为故意。即行为人明知自己的行为违反国家规定，在未获得合法授权的情况下非法侵入国家重要计算机信息系统会造成相应危害后果，而希望或放任这种结果发生。那么，过失侵入国家重要的计算机信息系统的，是否构成本罪的罪过形态？

我国刑法理论界普遍认为此罪主观形态只能是故意，因此对于过失能否构成本罪并不存在争议。基本理由如下：我国刑法的原则是处罚故意犯罪，根据《刑法》第15条第2款的规定，只有法律明确规定了过失犯罪的，才能追究该过失行为的刑事责任。因此，对于本罪而言，过失不能成为主观罪过形态。至于行为人实施本罪的动机和目的则呈现多样化，如好奇、泄愤、报复、炫技等，这些对本罪的构成影响不大。

（三）客观要件

本罪的客观要件表现为行为人实施了违反国家规定侵入国家重要计算机信息系统的行为。关于本罪客观要件，详细阐释如下。

一是"违反国家规定"，即违反我国关于计算机信息系统管理的各项法律、法规，包括但不限于《网络安全法》《数据安全法》《个人信息保护法》《计算机信息系统安全保护条例》《全国人民代表大会常务委员会关于维护互联网安全的决定》《国务院办公厅关于利用计算机信息系统开展审计工作有关问题的通知》《互联网信息服务管理办法》《计算机病毒防治管理办法》《商用密码管理条例》《计算机信息网络国际联网安全保护管理办法》等。

二是"国家重要的计算机信息系统",即国家事务、国防建设、尖端科学技术领域的计算机信息系统。

三是实施了非法侵入国家重要计算机信息系统的行为。所谓"非法侵入",是指未取得国家有关主管部门依法授权或批准,径自通过计算机终端侵入国家重要计算机信息系统或者进行数据截收、窃取等行为。在司法实践中,犯罪嫌疑人常常利用自己所掌握的计算机知识和技术,通过非法手段获取计算机口令或者许可证明后,冒充合法使用者进入国家重要计算机信息系统。

至于具体行为方式,主要包括但不限于以下方面:冒用合法用户身份侵入、利用黑客技术乘虚而入[1]、利用计算机安全技术破解计算机信息系统安全措施而进入、利用系统天窗侵入、利用管理漏洞进入等。

(四) 客体要件

本罪的客体是国家重要领域和要害部门的计算机信息系统安全。我国《刑法》第 285 条以列举的方式列明了三类计算机信息系统为本罪的犯罪对象,即国家事务、国防建设、尖端科学技术领域的计算机信息系统。那么,对该三类信息系统的外延内涵的界定变得尤为重要。

众所周知,"计算机信息系统"是指由计算机及其相关的和配套的设备、设施(含网络)构成的,按照一定的应用目标和规则对信息进行采集、加工、存储、传输、检索等处理的人机系统。随着电子通信技术的发展,国家重要部门(如国防安全部门)都普遍建立了本部门、本系统的计算机信息系统。这些计算机信息系统几乎都属于《网络安全法》规定的国家关键信息基础设施,其正常运行对于保障国家安全、经济发展和保护人民生命财产安全等方面都起着基础性和关键性作用。这些计算机信息系统一旦被非法侵入,就可能对国家安全、公共安全和个人信息安全等造成严重的危害。

---

[1] 例如,主机服务器可以利用 Cookies 包含信息的任意性来筛选并经常性维护这些信息,判断在 HTTP 传输中的状态。参见李大中、周黎辉、焦嵩鸣编著:《计算机控制技术与系统》,中国电力出版社 2009 年版,第 38-44 页。

## 第二节　非法侵入计算机信息系统罪的司法适用

### 一、罪名适用规范

（一）法律规定

我国《刑法》第 285 条第 1 款规定了非法侵入计算机信息系统罪的处罚，即违反国家规定，侵入国家事务、国防建设、尖端科学技术领域的计算机信息系统的，处 3 年以下有期徒刑或者拘役。

（二）司法解释规定

最高人民法院、最高人民检察院《关于办理危害计算机信息系统安全刑事案件应用法律若干问题的解释》第 9 条、第 10 条的具体规定如下。

该解释第 9 条规定：明知他人实施《刑法》第 285 条、第 286 条规定的行为，具有下列情形之一的，应当认定为共同犯罪，依照《刑法》第 285 条、第 286 条的规定处罚：

（1）为其提供用于破坏计算机信息系统功能、数据或者应用程序的程序、工具，违法所得 5000 元以上或者提供 10 人次以上的；

（2）为其提供互联网接入、服务器托管、网络存储空间、通讯传输通道、费用结算、交易服务、广告服务、技术培训、技术支持等帮助，违法所得 5000 元以上的；

（3）通过委托推广软件、投放广告等方式向其提供资金 5000 元以上的。

实施前款规定行为，数量或者数额达到前款规定标准 5 倍以上的，应当认定为《刑法》第 285 条、第 286 条规定的"情节特别严重"或者"后果特别严重"。

该解释第 10 条规定，对于是否属于《刑法》第 285 条、第 286 条规定的"国家事务、国防建设、尖端科学技术领域的计算机信息系统""专门用于侵入、非法控制计算机信息系统的程序、工具""计算机病毒等破坏性程序"难以确定的，应当委托省级以上负责计算机信息系统安全保护管理工作的部门检验。司法机关根据检验结论，并结合案件具体情况认定。

### 二、罪与非罪的界限

第一，本罪的设立是出于对国家事务、国防建设、尖端科学技术领域的计算机信息系统安全的特殊保护。只有侵入这些国家特殊领域的计算机信息系统，才构成犯罪。对侵入其他领域的计算机信息系统的，不构成本罪。

第二，本罪虽然是行为犯，但是对于情节显著轻微危害不大的，可以不以犯罪论处。但是，对这些行为可以根据《治安管理处罚法》等规定给予相应行政处罚。例如，我国《治安管理处罚法》第29条规定："有下列行为之一的，处五日以下拘留；情节较重的，处五日以上十日以下拘留：（一）违反国家规定，侵入计算机信息系统，造成危害的；（二）违反国家规定，对计算机信息系统功能进行删除、修改、增加、干扰，造成计算机信息系统不能正常运行的；（三）违反国家规定，对计算机信息系统中存储、处理、传输的数据和应用程序进行删除、修改、增加的；（四）故意制作、传播计算机病毒等破坏性程序，影响计算机信息系统正常运行的。"《治安管理处罚法》第18条规定，单位违反治安管理的，对其直接负责的主管人员和其他直接责任人员依照本法的规定处罚。其他法律、行政法规对同一行为规定给予单位处罚的，依照其规定处罚。

### 三、本罪与其他罪的区别

（一）本罪与破坏计算机信息系统罪的区别

根据《刑法》第286条的规定，破坏计算机信息系统罪是指违反国家规定，对计算机信息系统功能或计算机信息系统中存储、处理或者传输的数据和应用程序进行破坏，或者故意制作、传播计算机病毒等破坏性程序，影响计算机系统正常运行，后果严重的行为。比较而言，两者主要区别如下。

第一，两者犯罪对象不同。本罪犯罪对象是国家事务、国防建设、尖端科学技术领域的计算机信息系统；破坏计算机信息系统罪的犯罪对象则无此特殊限定。

第二，两者行为方式不同。本罪行为方式相对和平，一般不会导致信息系统本身的破坏，而破坏计算机信息系统犯罪则要求对计算机信息系统功能进行删除、修改、增加、干扰，造成计算机信息系统不能正常运行。

第三，两者犯罪既遂、未遂标准不同。本罪是行为犯，实施非法侵入达到情节严重就构成本罪，不需要造成特定的后果。而破坏计算机信息系统罪是结果犯，必须达到"后果严重"的危害结果才能构成犯罪。

（二）本罪与非法获取计算机信息系统数据罪、非法控制计算机信息系统罪的区别

根据《刑法》第285条的规定，所谓非法获取计算机信息系统数据、非

法控制计算机信息系统罪，是指违反国家规定，侵入国家事务、国防建设、尖端科学技术领域以外的计算机信息系统或者采用其他技术手段，获取该计算机信息系统中存储、处理或者传输的数据，情节严重的行为。司法实践中区分上述犯罪主要从以下方面考量。

第一，两者保护的犯罪客体（或法益）不同。本罪保护的客体限于国家特殊领域的计算机信息系统，而非法获取计算机信息系统数据罪、非法控制计算机信息系统罪保护的客体主要是除国家层面以外的计算机信息系统，即一般的计算机信息系统和数据。

第二，两者的行为方式表现不同。本罪表现方式通常为单一的侵入行为，而非法获取计算机信息系统数据罪、非法控制计算机信息系统罪的表现方式则呈现多样化且行为的程度较深，不单是侵入，还包括以控制等方式获取数据。

（三）本罪与提供侵入、非法控制计算机信息系统程序、工具罪的区别

第一，两者客体不同。本罪侵害客体是国家重要领域的计算机信息系统的安全，提供侵入、非法控制计算机信息系统程序、工具罪侵害的客体是国家对计算机信息系统的监管秩序。

第二，两者的行为方式表现不同。本罪主要表现为对国家重要领域的计算机信息系统实施了侵入行为，而提供侵入、非法控制计算机信息系统程序、工具罪则表现为行为人为他人提供相关程序或工具，为他人实施非法侵入、控制计算机信息系统提供的帮助行为。

## 第三节 非法侵入计算机信息系统罪的疑案分析

### 一、案件概要

孙某某、王某某、商某某曾从事阿里巴巴诚信通业务，欲获取最新企业名称录入阿里巴巴诚信通客户管理系统以从中获利。后经孙某某和王某某协商，由王某某从淘宝网购置相关非法采集软件。

2016年3月底，被告人孙某某、商某某经商议，由商某某找到金华市金东区傅村镇市场监督管理所协管员即被告人沈某某，要求其将上述采集软件安装至傅村镇市场监督管理所的办公电脑中并许以好处费。2016年4月10日，被告人沈某某趁单位无人之机，擅自开启傅村镇市场监督管理所302、303办公室内的两台办公电脑，并登录QQ和商某某建立远程连接，后由王某某操

作,将名为"浙江工商企业自助系统采集工具"的非法采集软件安装在该两台电脑上,从而侵入博村镇市场监督管理所使用的"浙江省名称自主查询申报系统"。后被告人孙某某等人利用该软件,输入经王某某测试所得该系统的账号和密码,获取该系统内注册企业信息40余条。

2016年4月,被告人王某某使用装有"浙江工商企业自助系统采集工具"非法采集软件的笔记本电脑,通过东阳市千祥市场监督管理所的Wi-Fi,侵入千祥市场监督管理所使用的"浙江省名称自主查询申报系统",输入经王某某测试所得该系统的账号和密码,获取该系统内注册企业信息100余条。后由被告人孙某某对上述信息进行筛选,并和王某某按比例对上述信息分别录入。[1]

## 二、案件解读

本案中孙某某、王某某、商某某、沈某某等人的行为如何定性,是否构成非法侵入计算机信息系统罪?这在司法实践中存在一定争议,争议焦点在于"浙江省名称自主查询申报系统"是否属于国家事务领域的计算机信息系统。

所谓国家事务,简言之,即为国家利益、公共利益之故,承担全国公共机构的指导、协调、监督、落实等具体工作,例如,指导和协调中央国家机关精神文明建设、社会治安综合治理、市场依法治理等社会事务管理工作。

所谓计算机信息系统,是指由计算机及其相关的和配套的设备、设施(含网络)构成的,按照一定的应用目标和规则对信息进行采集、加工、存储、传输、检索等处理的人机系统,即信息管理与信息系统。

本案中,孙某某、王某某、商某某、沈某某等人合谋使用装有"浙江工商企业自助系统采集工具"非法采集软件的笔记本电脑,侵入"浙江省名称自主查询申报系统",而"浙江省名称自主查询申报系统"属于国家和政府市场监督管理治理信息管理的有机组成部分,属于国家事务领域计算机信息系统。

因此,综上分析,孙某某、王某某、商某某、沈某某等人的行为,应构成非法侵入计算机信息系统罪。

### ■ 课后思考题

**材料**:2010年3月至5月,被告人范某某伙同被告人文某利用计算机上

---

[1] 案号为(2017)浙07刑终656号。

互联网，通过后门程序进入最高人民检察院渎职侵权检察厅网站（服务器地点位于北京市朝阳区酒仙桥）后台，修改网页源代码（在网站源文件上植入"黑链代码"），对网站主页进行修改，以提高其他网站在搜索引擎的排名，从而达到非法获利的目的。二被告人获利共计 6000 元。本案中，范某某、文某自 2010 年 3 月起，多次利用计算机互联网，通过后门程序进入包括最高人民检察院渎职侵权检察厅网站、长沙市质量技术监督局、青海省质量监督总站等十余家政府和企业网站后台，通过更改网页源代码的方式，为其他网站提升搜索排名率。最高人民检察院渎职侵权检察厅网站属于《刑法》第 285 条规定中的国家事务的计算机信息系统，故二被告人入侵该网站的行为构成非法侵入计算机信息系统罪。

至于该二人进入十余家普通网站并修改网页源代码的行为，应当如何认定？如何界定非法控制计算机信息系统行为？所谓"非法控制"，比较常见的是行为人利用网站漏洞将木马植入网站上，在用户访问网站时利用客户端漏洞将木马移植到用户计算机上，或在互联网上传播捆绑有木马的程序或文件。当用户访问网站时，该程序会通知黑客，报告所在的 IP 地址及预设的端口。黑客收到上述信息后，再利用这个潜伏在其中的程序，可以任意地修改计算机的参数设定、复制文件、窥视整个硬盘的内容等，从而达到控制计算机的目的。本案中，二被告人通过在论坛购买网站"权限"，在登录目标网站后，植入在网上购买的后门程序设定属于自己的"权限"，便于随时登录，为"客户"添加黑链。二被告人的上述行为严重影响了网站的正常运营和使用，实现了对上述网站的非法控制。

**思考题 1**：根据材料并结合本章内容，试论述非法侵入计算机系统罪是否不要求情节严重，换言之，只要实施非法侵入行为即构成非法侵入计算机系统罪？如果情节较轻，如何处理为宜？

**思考题 2**：材料中提及的最高人民检察院渎职侵权检察厅网站是否属于国家事务网站？非法侵入计算机信息系统罪的犯罪对象是国家事务、国防建设、尖端科学技术领域的计算机信息系统，如何理解这三大领域的计算机信息系统？其范围如何界定？请阐述自己的观点和理据。

# 第六章
# 非法获取计算机信息系统数据罪

2016年3月23日,央视财经频道《经济与法》栏目播出了一起案件,即"网店商家钱被盗,究竟谁是无形之贼"的故事,引发社会强烈反响。事情回溯到2014年,孟某某通过网络认识了会编写木马程序的吕某某。两人商议一起盗取他人支付宝获利,分工如下:吕某某编写木马程序,孟某某负责传播,得手后吕某某获利20%。其后,吕某某发现其编写的木马程序会被360软件查杀,故而吕某某找到在某软件公司上班的姜某某帮忙,姜某某遂利用工作之便对该程序申请360软件免查杀认证,每次认证姜某某可以获得1000元。该案犯罪过程如下:第一步,孟某某将通过认证的木马程序交给庄某某进行传播;第二步,庄某某伪装成买家在与淘宝卖家沟通过程中将该程序以图片形式发送给卖家;第三步,一旦卖家点击图片,该木马程序就被成功安装在卖家电脑上,庄某某再以货物不符合要求等理由申请退款,该木马程序便在卖家操作退款的过程中成功获取卖家支付宝账号和密码;第四步,由孟某某等人出面将卖家支付宝账户里的钱转出实施盗窃。

本案是一起典型的通过传播木马程序获取他人支付宝账号信息等数据,从而实施盗窃行为的犯罪活动。其中,姜某某的行为具有特殊之处,其作为软件公司的工作人员,主观方面系明知吕某某找他申请认证的程序是木马程序,为了谋取不正当利益,仍帮助吕某某申请360软件的认证免杀。但是,他仅帮助吕某某的木马程序申请认证,并没有参与盗窃牟利。那么,本案中姜某某的行为是构成非法获取计算机信息系统数据罪、盗窃罪,还是构成侵犯公民个人信息罪?本案是否涉及罪数问题?

如何正确合理回应上述问题,这就需要对非法获取计算机信息系统数据罪的犯罪构成等予以系统研究。本章将从非法获取计算机信息系统数据罪的罪名释义、司法适用、疑案解读等视角予以系统诠释。

# 第六章　非法获取计算机信息系统数据罪

## 第一节　非法获取计算机信息系统数据罪的罪名释义

### 一、历史沿革与规范梳理

我国《刑法》第 285 条仅对非法侵入国家事务、国防建设、尖端科学技术领域的计算机系统的行为作出了规定，而当前攻击侵入的绝大多数是普通的计算机系统和网站，因此，不少危害严重的侵入行为缺乏相应的刑罚处罚依据。为此，《刑法修正案（七）》在《刑法》第 285 条中增加了第 2 款和第 3 款，增加的条文主要是非法获取计算机信息系统数据、非法控制计算机信息系统罪和提供侵入、非法控制计算机信息系统程序、工具罪。

本罪属于选择性罪名，即非法获取计算机信息系统数据、非法控制计算机信息系统罪。为了更加详细阐述，本节特就非法获取计算机信息系统数据罪展开论述。

我国《刑法》第 285 条第 2 款规定："违反国家规定，侵入前款规定以外的计算机信息系统或者采用其他技术手段，获取该计算机信息系统中存储、处理或者传输的数据，或者对该计算机信息系统实施非法控制，情节严重的，处三年以下有期徒刑或者拘役，并处或者单处罚金；情节特别严重的，处三年以上七年以下有期徒刑，并处罚金。"

2015 年，《刑法修正案（九）》中增加单位犯罪条款，即在《刑法》第 285 条中增加一款作为第 4 款："单位犯前三款罪的，对单位判处罚金，并对其直接负责的主管人员和其他直接责任人员，依照各该款的规定处罚。"

### 二、非法获取计算机信息系统数据罪及其构成要件

根据《刑法》第 285 条的规定，非法获取计算机信息系统数据、非法控制计算机信息系统罪，是指违反国家规定，侵入国家事务、国防建设、尖端科学技术领域以外的计算机信息系统或者采用其他技术手段，获取该计算机信息系统中存储、处理或者传输的数据，情节严重的行为。本罪主要构成要件如下。

（一）主体要件

本罪主体通常是一般主体，特殊情况下单位也可构成本罪。即凡是年满 16 周岁、具有刑事责任能力的人均可成为本罪的主体。一般来说，犯本罪的

行为人大多具有一定的关于计算机、网络等方面的知识技能，能够比较熟练地运用计算机信息系统和计算机网络。

至于单位可否构成本罪的犯罪主体，《刑法修正案（九）》出台后，在司法实践中便无异议。《刑法修正案（九）》增设的《刑法》第285条第4款规定："单位犯前三款罪的，对单位判处罚金，并对其直接负责的主管人员和其他直接责任人员，依照各该款的规定处罚。"因此，单位当然可以成为非法获取计算机信息系统数据罪的主体。

（二）主观要件

本罪的犯罪主观罪过特征表现为故意，即行为人明知是侵入计算机信息系统或以其他技术手段获取计算机信息系统数据的行为，仍然决意为之。

另外，值得我们思考的是，过失获取计算机信息系统数据的行为是否构成本罪的罪过形态？我国刑法理论界普遍认为，此罪主观形态只能是故意。根据《刑法》第15条第2款的规定，只有法律明确规定了过失犯罪的，才能追究该过失行为的刑事责任。加之本罪的行为特征，要求行为人未经依法授权或超越授权违反国家规定实施相关行为，显然行为人对其犯罪行为是明知且追求或不排斥危害后果的发生。因此，对于本罪而言，过失不能成为主观罪过形态。

（三）客观要件

本罪的客观要件是指行为人违反国家规定，侵入国家事务、国防建设、尖端科学技术领域以外的计算机信息系统或者采用其他技术手段，获取该计算机信息系统中存储、处理或者传输的数据，情节严重的行为。详细阐释如下。

本罪的成立，首先要求行为人必须违反国家规定。根据《刑法》第96条对"违反国家规定"含义的明示，违反国家规定，是指违反全国人民代表大会及其常务委员会制定的法律和决定，国务院制定的行政法规、规定的行政措施、发布的决定和命令。涉及网络犯罪的国家规定，包括但不限于《网络安全法》《数据安全法》《个人信息保护法》《计算机信息系统安全保护条例》《全国人民代表大会常务委员会关于维护互联网安全的决定》《国务院办公厅关于利用计算机信息系统开展审计工作有关问题的通知》《互联网信息服务管理办法》《计算机病毒防治管理办法》《商用密码管理条例》《计算机信息网络国际联网安全保护管理办法》等。在司法实践中，这是一个重要的辩点，辩护律师经常针对被告人是否直接违反上述国家规定展开辩护。

其次，要求行为人实施了侵入国家事务、国防建设、尖端科学技术领域以外的计算机信息系统或者采用其他技术手段,获取该计算机信息系统中存储、处理或者传输数据的行为。

最后,所谓"侵入",是指未取得国家有关主管部门依法授权或者超越授权,获得删除、增加、修改、获取计算机信息系统存储、处理或者传输数据的权限。[1]简言之,侵入的后果即获取部分或者全部操作权限。在网络犯罪实践中,行为人通常利用自己所掌握的计算机知识和技术,通过非法手段获取口令或者许可证明后,冒充合法使用者进入国家重要计算机信息系统。

司法实践中常见的侵入形式包括:一是通过技术手段破坏他人计算机信息系统的安全防护措施;二是通过扫描、测试计算机信息系统的漏洞植入木马软件而侵入系统;三是通过黑客软件获取他人计算机信息系统账号、密码而侵入系统;四是将自己的计算机直接违规与他人计算机信息系统联网而侵入他人系统等。所谓"其他技术手段",是指侵入以外的手段。实践中比较常见的是通过"钓鱼网站"的形式获取计算机系统存储、处理、传输数据,以及通过反向编译他人手机 App 软件的方式破解手机 App 软件相关信息的行为。[2]

(四) 客体要件

本罪客体是复杂客体,通常是指计算机信息系统的安全(计算机信息系统的安全管理秩序),计算机存储、处理、传输数据的安全等。

本罪的行为对象,是指《刑法》第 285 条第 1 款规定外的计算机信息系统中处理、存储、传输的数据。本罪的计算机信息系统,是指国家事务、国防建设、尖端科学技术领域以外的计算机信息系统。"计算机信息系统中存储、处理或者传输的数据",是指存放在信息系统中的数据,包括图片、文字、影音资料、程序或者软件等。它们的状态是处于存储状态或者正被有关人员编辑、传输等。

## 第二节　非法获取计算机信息系统数据罪的司法适用

### 一、罪名适用规范

(一) 法律规定

根据我国《刑法》第 285 条第 2 款规定,违反国家规定,侵入前款规定以

---

[1] 喻海松:《网络犯罪二十讲》,法律出版社 2018 年版,第 30 页。
[2] 参见郭某、刘某非法获取计算机信息系统数据案,案号为 (2016) 沪 0105 刑初 1027 号。

外的计算机信息系统或者采用其他技术手段，获取该计算机信息系统中存储、处理或者传输的数据，情节严重的情形，应适用非法获取计算机信息系统数据的罪名。

（二）司法解释规定

最高人民法院、最高人民检察院《关于办理危害计算机信息系统安全刑事案件应用法律若干问题的解释》第 1 条的规定，回应了《刑法》第 285 条第 2 款规定中"情节严重"的认定。情节是否严重，是判断罪与非罪的重要标准。

此外，2012 年最高人民法院研究室《关于利用计算机窃取他人游戏币非法销售获利如何定性问题的研究意见》载明，利用计算机窃取他人游戏币非法销售获利行为，目前宜以非法获取计算机信息系统数据罪定罪处罚。[1]

## 二、罪与非罪的界限

本罪是否构成犯罪，应主要考量以下因素：

第一，行为人是否触犯了涉及网络犯罪的国家规定，包括但不限于《网络安全法》《数据安全法》《个人信息保护法》《计算机信息系统安全保护条例》《全国人民代表大会常务委员会关于维护互联网安全的决定》《国务院办公厅关于利用计算机信息系统开展审计工作有关问题的通知》《互联网信息服务管理办法》《计算机病毒防治管理办法》《商用密码管理条例》《计算机信息网络国际联网安全保护管理办法》等。假如行为人的行为没有违反国家规定，或行为人本就对普通计算机信息系统中存储、传输的数据有相应处理、使用权利，则该行为不构成犯罪。

第二，行为对象是否属于普通计算机信息系统的数据。假如行为人获取的数据属于国家事务、国防建设、尖端科学技术领域三个特定计算机信息系统中与国家秘密相关的特殊数据，那么该行为则有可能同时构成非法侵入计算机信息系统罪以及其他关于国家秘密的特定信息犯罪。

第三，行为的情节是否达到严重的程度。假如行为人获得的计算机信息数据只是一些无用的图片、文档资料或者获得的计算机信息相关数据量非常少，则该行为属于违法活动，但不构成犯罪。关于"情节严重"的判断标准主要参照最高人民法院、最高人民检察院《关于办理危害计算机信息系统安全刑事

---

[1] 参见何帆编著：《刑法注释书》，中国民主法制出版社 2021 年版，第 773 页。

案件应用法律若干问题的解释》之规定。

### 三、本罪与其他罪的区别

（一）本罪与破坏计算机信息系统罪的区别

破坏计算机信息系统罪，是指违反国家规定，对计算机信息系统中存储、处理或者传输的数据和应用程序进行删除、修改、增加，后果严重的行为。两罪有明显的区别。

一是犯罪行为不同。本罪为非法获取计算机信息系统数据的行为，后罪则为删除、修改、增加计算机信息系统数据和应用程序等行为。

二是行为对象不同。本罪的行为对象为普通计算机信息系统中的数据，后罪侵犯的是最广泛意义上的计算机信息系统（包括特定领域的计算机信息系统）中的数据和程序。

三是犯罪成立要求不同。本罪要求情节严重，后罪要求是"后果严重"，此处的"后果"是指计算机信息系统的正常运转和功能受到毁损。

（二）本罪与非法控制计算机信息系统罪的区别

一是行为对象不同。本罪针对的是普通计算机信息系统中存储、处理或传输的数据，并不涉及计算机信息系统功能和实际运行；而后罪针对普通计算机信息系统本身，对计算机系统功能和运行进行了非法控制。

二是行为方式不同。本罪系非法获取计算机信息系统数据的行为，后罪表现为非法控制计算机信息系统的行为。

## 第三节 非法获取计算机信息系统数据罪的疑案分析

### 一、案件概要

2015年3月，被告人郭某、刘某开发了"Wi-Fi万能通""Wi-Fi万能助手"两款手机App软件，后上传至应用市场供他人下载使用。在开发上述App软件过程中，因没有共享Wi-Fi密码数据资源，二人合谋，由被告人刘某反向编译被害单位掌门公司的"Wi-Fi万能钥匙"手机App软件，分析出该软件向数据服务器的请求数据信息，再将自己的两款手机App软件进行模拟伪装，伪装成"Wi-Fi万能钥匙"向掌门公司数据库服务器发送请求信息，从而非法获取掌门公司数据库返回的共享Wi-Fi热点密码数据，供自己的软件客户使用。经上海辰星电子数据司法鉴定中心司法鉴定,被告人郭某、刘某非法获取密码数据241万余组。2016年1月14日,被告人郭某、刘某被公安机关抓获,二人如实供述了上述犯罪事实。案发后,被告人郭某、刘某在家属帮助下赔偿了被害单位的经济损失,并取得了谅解。

## 二、案件解读

本案中,被告人郭某、刘某反向编译他人手机 App 软件,破解他人手机 App 软件向数据库服务器请求数据信息,将自己的手机 App 软件进行模拟伪装,并向被破解手机 App 软件数据库服务器发送请求信息,以此获取他人计算机信息系统数据。由此带来的问题是,反向编译 App 软件获取他人计算机数据如何定罪?

法院生效裁判认为,根据《刑法》第285条第2款的规定,违反国家规定,侵入除国家事务、国防建设、尖端科学技术领域以外的计算机信息系统或者采用其他技术手段,获取该计算机信息系统中存储、处理或者传输的数据,情节严重的行为,构成非法获取计算机信息系统数据罪。本案中被告人郭某、刘某的行为构成本罪。

就主观要件而言:两名被告人主观上具有非法获取计算机信息系统数据的故意。两名被告人到案后均供述,当刘某提出通过反向编译掌门公司的软件从而获取掌门公司的热点密码数据时,郭某也表示同意。获取掌门公司的热点密码数据没有得到掌门公司的授权。可见,两名被告人明知其行为会发生危害掌门公司计算机信息系统安全的结果,却为了实现自身营利目的,采用技术手段非法获取掌门公司的共享 Wi-Fi 热点密码数据。

就客观要件而言:被告人采用的是反向编译的技术手段非法获取掌门公司的共享 Wi-Fi 热点密码数据。被告人郭某、刘某正是通过反向编译被害单位掌门公司"Wi-Fi 万能钥匙"手机 App 软件,分析出该软件向数据服务器的请求数据信息,从而将自己的两款手机 App 软件模拟伪装成"Wi-Fi 万能钥匙"软件向掌门公司数据库服务器发送请求信息,使得掌门公司误以为是自己的手机 App 软件在调用 Wi-Fi 热点密码数据,从而非法获取掌门公司数据库的 Wi-Fi 热点密码数据。该行为符合非法获取计算机信息系统数据罪的客观行为要件。

此外,构成该罪必须达到情节严重的程度。最高人民法院、最高人民检察院《关于办理危害计算机信息系统安全刑事案件应用法律若干问题的解释》第1条第1款规定,"非法获取计算机信息系统数据或者非法控制计算机信息系统，具有下列情形之一的，应当认定为刑法第二百八十五条第二款规定的'情节严重'：（一）获取支付结算、证券交易、期货交易等网络金融服务的身份认证信息十组以上的；（二）获取第（一）项以外的身份认证信息五百组以上的；（三）非法控制计算机信息系统二十台以上的；（四）违法所得五千元以上或者造成经济损失一万元以上的；（五）其他情节严重的情形。实施前款规定行为，具有下列情形之一的，应当认定为刑法第二百八十五条第二款规定的'情节特别严重'：（一）数量或者数额达到前款第（一）项至第（四）项规定标准五倍以上的；（二）其他情节特别严重的情形"。本案中，被告人郭某、刘某非法获取掌门公司的热点密码数据达到241万余组，属于该罪"情节严重"的情形。

综上，被告人郭某、刘某违反国家规定，采用反向编译的技术手段，非法获取计算机信息系统中存储的数据，经司法鉴定机构鉴定，非法获取密码数据241万余组，其行为已构成非法获取计算机信息系统数据罪，且情节严重，依法应处3年以上7年以下有期徒刑，并处罚金。

> **延伸阅读**
>
> "反向编译"也称为计算机软件源代码还原工程，是指通过对他人软件的目标程序源代码进行逆向分析、研究，以推导出他人的软件产品所使用的思路、原理、结构、算法、处理过程、运行方法等设计要素，特定情况下甚至推导还原出源程序代码，从而作为自己开发软件的参考，或者直接用于自己的软件产品中。

## ■ 课后思考题

**材料1**：2009年2月起，浙江省云和县的陶某向网民"铁血"购得一套针对"通吃"游戏的木马程序并在互联网上进行传播，先后获取了数百个"通吃"游戏玩家的用户账号、密码等信息并伺机进行操控。同年6月20日下午，陶某在自己住处通过传播盗号木马获取到网民张某在"通吃"游戏中的用户名及密码等信息。随后，陶某利用对方下线的机会，冒用张某的用户名及密码登录"通吃"游戏系统，将张某名下账号内60亿"扎啤"（游戏道具）以故意输掉的方式变卖给买家方某，从中牟利18.98万元，造成张某重大经济损失。经鉴定，张某游戏账户内的60亿"扎啤"价值33万元。2009年11月6日，浙江省云和县人民法院对该案作出判决。法院认为：被告人陶某为谋取经济利益，违反国家有关计算机信息系统安全保护制度，利用木马程序非法获取计算机信息系统数据进行倒卖，非法获利，造成他人财产损失，情节严重，其行为已构成非法获取计算机信息系统数据罪。判处陶某有期徒刑1年6个月，缓刑2年，并处罚金100 000元。违法所得189 800元，予以追缴。

**材料2**：2013年10月初，被告人朱某从网上下载针对动景公司UC系统的扫描程序，并于同年10月8日至18日，将其于2012年底事先从网上下载的含有大量UC系统账户密码的数据包中的数据导入该程序进行扫描，对动景公司UC系统进行了1800万余次用户登录尝试攻击，非法获取动景公司UC系统用户账号及密码30万余组，非法登录部分账户后获取动景公司UC系统账户内U点。2013年10月18日，公安机关将被告人朱某抓获归案，并从其住处缴获作案工具笔记本电脑两台、硬盘两个。另查明：在本案审理过程中，被告人朱某的家属代其自愿退赔被害单位动景公司6000元。广东省广州市天河区人民法院一审判决如下：(1)被告人朱某犯非法获取计算机信息系统数据罪，判处有期徒刑3年3个月，并处罚金4000元。(2)被告人朱某家属代为退赔的6000元，发还被害单位动景公司。(3)缴获的作案工具笔记本电脑两台、硬盘两个予以没收。

**思考题1**：根据材料1和材料2所述，并结合本章内容，试分析计算机信息系统数据的法律属性。争议点：有观点认为计算机信息系统数据不具有财产属性。有观点认为否认计算机信息系统数据的财产属性会轻纵罪犯，因为对于窃取数额特别巨大的虚拟财产行为，依照非法获取计算机信息系统数据罪最高只能判处7年有期徒刑，而普通盗窃行为则可能判处无期徒刑。

**思考题2**：根据材料1和材料2所述，材料1和材料2中陶某和朱某的行为是否构成盗窃罪，或者同时构成非法获取计算机信息系统数据罪和盗窃罪？如果构成非法获取计算机信息系统数据罪和盗窃罪，应当如何处罚？

# 第七章
# 非法控制计算机信息系统罪

随着信息通信技术和网络应用的迅猛发展,计算机系统用户数量持续快速增长。截至2021年2月3日,中国互联网络信息中心(CNNIC)在北京发布第47次《中国互联网络发展状况统计报告》。该报告显示,截至2020年12月,我国网民规模达9.89亿,较2020年3月增长8540万,互联网普及率达70.4%。在网络快速发展的同时,信息网络违法犯罪也持续大幅上升。公共信息安全和网络监察部门提出,当前我国计算机网络安全形势十分严峻,计算机系统被植入病毒、木马程序、后门、天窗等破坏性程序的案件大幅增加,给网络安全带来极大隐患。

例如,2018年6月,重庆市巴南区公安分局破获了一起以徐某为首的专门攻击赌博网站、游戏"私服"服务器的团伙型网络犯罪。徐某本人嗜好赌博,并非技术高手,那么其如何成为黑客的?事情要从网络赌博说起。2017年,徐某在某赌博网站赢了1万余元后却无法提款。发现被骗后,徐某不敢报警求助,萌发学习黑客技术进行报复的想法。其先后加入了几十个与黑客技术相关的群,购买相关软件和硬件在网上自学黑客知识,最终掌握部分黑客技术。随后就黑掉以前拒付彩金、害他输钱的多个赌博网站。赌博网站的幕后老板知其行为后,纷纷愿意花钱请徐某攻击行业竞争对手。徐某随之组建4人黑客团伙,攻击博彩网站和游戏"私服"[1]。他们通过帮助他人打击商业对手以及向攻击过的网站勒索网络服务费获利。经调查,徐某在1年半的时间内获

---

[1] 严格意义上的所谓"私服"是指一个没有得到网络游戏制作商的法定许可而私自存在并运营的服务器,它在技术和服务实力上都和正式的官方服务器不具有可比性,因为这些技术和服务的存在就是不合法的。2002年年中,由韩国开发的游戏"传奇"服务端程序泄露,同年9月,该游戏的"私服"在中国迅速蔓延,半年间,500多家"私服"同时运营,其中不少"私服"已逐渐形成规模。这致使"传奇"玩家被严重分流,收入下滑,而拥有传奇"私服"的网络商大块朵颐。代理公司盛大公司苦不堪言,并因此以韩方无法解决技术困难而拒绝支付分成费用,最终"传奇"游戏没落。

利100余万元，其行为符合非法控制计算机信息系统罪的构成要件。[1]

实际上，在司法实践中如何合理适用非法控制计算机信息系统罪仍然存在一些争议。本章将从非法控制计算机信息系统罪的罪名释义、司法适用、疑案解读等视角予以系统诠释。

## 第一节 非法控制计算机信息系统罪的罪名释义

### 一、历史沿革与规范梳理

我国《刑法》第285条仅对非法侵入国家事务、国防建设、尖端科学技术领域的计算机系统的行为作出了规定，而当前绝大多数攻击侵入的是普通的计算机系统和网站。因此，《刑法修正案（七）》在《刑法》第285条中增加了一款作为第2款，规定了对一般的计算机信息系统的犯罪。

本罪是选择性罪名，非法获取计算机信息系统数据、非法控制计算机信息系统罪。我国《刑法》第285条第2款规定："违反国家规定，侵入前款规定以外的计算机信息系统或者采用其他技术手段，获取该计算机信息系统中存储、处理或者传输的数据，或者对该计算机信息系统实施非法控制，情节严重的，处三年以下有期徒刑或者拘役，并处或者单处罚金；情节特别严重的，处三年以上七年以下有期徒刑，并处罚金。"为了更加详细阐述，本节特就非法控制计算机信息系统罪展开论述。

2015年，在《刑法修正案（九）》中，增加单位犯罪条款，即在《刑法》第285条中增加一款作为第4款："单位犯前三款罪的，对单位判处罚金，并对其直接负责的主管人员和其他直接责任人员，依照各该款的规定处罚。"

### 二、非法控制计算机信息系统罪及其构成要件

非法控制计算机信息系统罪，是指对国家事务、国防建设、尖端科学技术领域以外的计算机信息系统实施非法控制，情节严重的行为。所谓非法控制计算机信息系统，通常是指未经过授权或者超越授权控制计算机信息系统执行特定操作；在非法侵入计算机信息系统后，并未破坏计算机信息系统功能和数

---

[1] 参见景然、方霞："赌博无法提款 男子自学成黑客攻击境外博彩网站日进万元"，载中国日报网，https://baijiahao.baidu.com/s?id=1617802387164632962&wfr=spider&for=pc，最后访问时间：2022年5月7日。

据，而是通过控制相关系统实施特定的操作获利。[1]本罪主要构成要件如下：

(一) 主体要件

本罪主体通常是一般主体。即凡是年满16周岁、具有刑事责任能力的自然人均可成为本罪的主体。

单位能否成为本罪的主体？这在学理上曾经存在争议。在《刑法修正案（九）》出台之后，这一问题便有了明确答案。根据《刑法修正案（九）》增设的《刑法》第285条第4款的规定，"单位犯前三款罪的，对单位判处罚金，并对其直接负责的主管人员和其他直接责任人员，依照各该款的规定处罚"。因此，单位可以成为非法控制计算机信息系统罪的主体。

(二) 主观要件

本罪的主观罪过心态是故意，即行为人明知未经授权或者超越授权通过侵入或者其他技术手段控制计算机信息系统违法而决意为之。我们认为，本罪的故意既包含直接故意，也包含间接故意。通说认为，过失非本罪主观罪过心态。

(三) 客观要件

本罪的成立，一是要求行为人必须违反国家规定。根据《刑法》第96条对"违反国家规定"含义的明示，违反国家规定，是指违反全国人民代表大会及其常务委员会制定的法律和决定，国务院制定的行政法规、规定的行政措施、发布的决定和命令。涉及网络犯罪的国家规定，包括但不限于《网络安全法》《数据安全法》《个人信息保护法》《计算机信息系统安全保护条例》《全国人民代表大会常务委员会关于维护互联网安全的决定》《国务院办公厅关于利用计算机信息系统开展审计工作有关问题的通知》《互联网信息服务管理办法》《计算机病毒防治管理办法》《商用密码管理条例》《计算机信息网络国际联网安全保护管理办法》等。

二是要求行为人实施了侵入国家事务、国防建设、尖端科学技术领域以外的计算机信息系统或者采用其他技术手段，控制该计算机信息系统的行为。"非法控制"的方式主要包括侵入或者其他技术手段，非法控制的本质在于未经授权或者超越权限。所谓"侵入"，是指未取得国家有关主管部门依法授权或者超越授权，获得删除、增加、修改、获取计算机信息系统存储、处理或者传输数据的权限。

---

[1] 参见喻海松：《网络犯罪二十讲》，法律出版社2018年版，第31页。

至于本罪中的"非法控制"行为,根据司法实践的统计和归纳,常见类型如下。

(1) 利用木马程序抓取"肉鸡"类。即行为人利用网站漏洞将木马植入网站,在用户访问网站时利用客户端漏洞将木马移植到用户计算机上,或在互联网上传播捆绑有木马的程序或文件。当用户连接到因特网时,这个程序就会通知黑客并报告用户的 IP 地址以及预先设定的端口。黑客利用这个潜伏的程序达到控制用户计算机的目的,可以任意地修改用户计算机的参数设定、复制文件以及窥视硬盘中的内容。木马程序与计算机病毒相比,计算机病毒只是破坏用户的信息,而木马控制计算机主要用于窃取用户的信息。[1]

(2) 利用木马程序盗取支付宝余额、电子商城余额或网络游戏账号类。即通过将该木马程序与游戏外挂捆绑发布、供他人下载的方式,将木马程序植入他人计算机信息系统,非法控制他人计算机信息系统,盗取被害人支付宝密码、游戏账号密码及电子商城虚拟币等财物。

(3) 非法破解手机获取数据、解锁手机账号类。即利用非法软件侵入相应智能手机,对原机主 ID 与手机绑定关系数据通过修改或删除来非法破解手机并以此获利。

(4) 挖矿类。即利用黑客软件漏洞扫描或工作便利,偷偷在他人电脑内安装外挂挖矿软件,通过远程控制计算机的 CPU 资源挖取虚拟币牟利。

(5) 非法控制摄像头窥探隐私类。即通过购买、交换、工作便利等方式非法获取被破解摄像头设备 ID 账号及密码,非法控制被害人摄像头以窥探他人隐私。

(6) 非法植入广告 SDK 获利类。开发广告 SDK 并向手机商提供广告 SDK 工具包,手机商将广告 SDK 工具包预装到智能手机系统中,并使广告 SDK 获取系统权限,根据存活率按安装台数或以广告费收入分成的方式向手机商支付费用。

(四) 客体要件

本罪客体,是指国家事务、国防建设、尖端科学技术领域以外的计算机信息系统的安全(主要指信息系统的完整性和保密性),即计算机信息系统的安全管理秩序。

---

[1] 参见黄太云:"《刑法修正案(七)》解读",载《人民检察》2009 年第 6 期。

## 第二节　非法控制计算机信息系统罪的司法适用

### 一、罪名适用规范

（一）法律规定

根据我国《刑法》第 285 条第 2 款的规定，违反国家规定，侵入前款规定以外的计算机信息系统或者采用其他技术手段，对该计算机信息系统实施非法控制，情节严重的，应适用非法控制计算机信息系统的罪名。

（二）司法解释规定

最高人民法院、最高人民检察院《关于办理危害计算机信息系统安全刑事案件应用法律若干问题的解释》第 1 条规定了该罪"情节严重"和"情节特别严重"的情形。

### 二、罪与非罪的界限

本罪是否构成犯罪，应主要考量以下因素：

第一，行为人是否违反国家规定。此处的"违反国家规定"是指违反国家关于保护计算机安全的规定，包括但不限于《网络安全法》《数据安全法》《个人信息保护法》《计算机信息系统安全保护条例》《全国人民代表大会常务委员会关于维护互联网安全的决定》《国务院办公厅关于利用计算机信息系统开展审计工作有关问题的通知》《互联网信息服务管理办法》《计算机病毒防治管理办法》《商用密码管理条例》《计算机信息网络国际联网安全保护管理办法》等。

第二，行为对象是否属于普通计算机信息系统。假如行为人控制国家事务、国防建设、尖端科学技术领域三个特定计算机信息系统，那么该行为则有可能同时构成非法侵入计算机信息系统罪以及其他关于国家秘密的特定信息犯罪。

第三，本罪的"控制"是指直接或间接地使用了控制权的行为。例如，取得网站管理员信息后的登录行为，以及在计算机上植入木马程序并控制这些计算机反向链接到某个中心控制服务器（如僵尸网络），或者控制这些计算机实施点击网站等操作。

第四，本罪要求情节必须达到严重的程度。假如行为人的行为未达到情节严重的程度，则该行为不构成犯罪。

### 三、本罪与其他罪的区别

（一）本罪与非法获取计算机信息系统数据罪的区别

一是行为对象不同。本罪针对的是普通计算机信息系统，关涉计算机信息系统功能和实际运行安全，而非法获取计算机信息系统数据罪主要针对计算机信息系统中存储、处理或传输中的数据。

二是行为方式不同。本罪表现为非法控制计算机信息系统的行为，非法获取计算机信息系统数据罪主要是指非法获取计算机信息系统数据的行为。

（二）本罪与破坏计算机信息系统罪的区别

破坏计算机信息系统罪是指违反国家规定，对计算机信息系统中存储、处理或者传输的数据和应用程序进行删除、修改、增加，后果严重的行为。两罪的区别表现为：

一是犯罪行为方式不同。本罪为非法控制计算机信息系统的行为，后罪则为删除、修改、增加计算机信息系统数据等行为。

二是行为对象不同。本罪针对普通计算机信息系统，后罪为任意计算机信息系统（包括特定领域的计算机信息系统）中的数据和程序。

三是犯罪成立要求不同。本罪要求情节严重，并不要求破坏计算机信息系统运行功能，后罪要求是"后果严重"，此处的"后果"是指计算机信息系统的正常运转和功能受到的毁损。

## 第三节 非法控制计算机信息系统罪的疑案分析

### 一、案件概要

自 2017 年 7 月开始，被告人张某某、彭某某、祝某、姜某某经事先共谋，为赚取赌博网站广告费用，在马来西亚吉隆坡市租住的公寓内，相互配合，对存在防护漏洞的目标服务器进行检索、筛查后，向目标服务器植入木马程序（后门程序）进行控制，再使用"菜刀"等软件链接该木马程序，获取目标服务器后台浏览、增加、删除、修改等操作权限，将添加了赌博关键字并设置自动跳转功能的静态网页，上传至目标服务器，提高赌博网站广告被搜索引擎命中概率。截至 2017 年 9 月底，被告人张某某、彭某某、祝某、姜某某链接被植入木马程序的目标服务器共计 113 台，其中部分网站服务器还被植入了含有赌博关键词的广告网页。后公安机关将被告人张某某、彭某某、祝某、姜某某抓获到案。公诉机关以破坏计算机信息系统罪对四人提起公诉。[1]

## 二、案件解读

本案被告人张某某、彭某某、祝某、姜某某及其辩护人在庭审中均对指控的主要事实予以承认；被告人张某某、彭某某、祝某及其辩护人提出，各被告人的行为仅是对目标服务器的侵入或非法控制，非破坏，应定性为非法侵入计算机信息系统罪或非法控制计算机信息系统罪，不构成破坏计算机信息系统罪。那么，张某某等人的行为究竟如何定性？

法院生效裁判认为，被告人张某某、彭某某、祝某、姜某某共同违反国家规定，对我国境内计算机信息系统实施非法控制，情节特别严重，其行为均已构成非法控制计算机信息系统罪，且系共同犯罪。南京市鼓楼区人民检察院指控被告人张某某、彭某某、祝某、姜某某实施侵犯计算机信息系统犯罪的事实清楚，证据确实、充分，但以破坏计算机信息系统罪予以指控不当。经查，被告人张某某、彭某某、祝某、姜某某虽对目标服务器的数据实施了修改、增加的侵犯行为，但未造成该信息系统功能实质性的破坏，或不能正常运行，也未对该信息系统内有价值的数据进行增加、删改，其行为不属于破坏计算机信息系统犯罪中的对计算机信息系统中存储、处理或者传输的数据进行删除、修改、增加的行为，应认定为非法控制计算机信息系统罪。部分被告人及辩护人提出相同定性的辩解、辩护意见，予以采纳。关于上诉人姜某某提出"量刑过重"的上诉理由及辩护人提出宣告缓刑的辩护意见，经查，该上诉人及其他被告人链接被植入木马程序的目标服务器共计113台，属于情节特别严重。一审法院依据本案的犯罪事实和上诉人的犯罪情节，对上诉人减轻处罚，量刑适当且与其他被告人的刑期均衡。综合上诉人犯罪行为的性质、所造成的后果及其社会危害性，不宜对上诉人适用缓刑。故对上诉理由及辩护意见，不予采纳。

---

[1] 本案系最高人民法院指导案例145号，即张某某等非法控制计算机信息系统案（最高人民法院审判委员会讨论通过，2020年12月29日发布）。

## ■ 课后思考题

**材料1：** 2015年4月，被告人梁某开始在网络上利用黑客程序扫描联网计算机的后台漏洞，通过远程植入病毒的方式抓捕"肉鸡"（可被远程控制的计算机服务器）。2015年7月，梁某开始将所控制的"肉鸡"出租给"ZZ小组"（某网络黑客组织代号）用于DDOS攻击，双方以出租的"肉鸡"所产生的流量结算出租费用。2016年2月14日至26日，吉林省某网络科技有限公司受到某黑客组织的DDOS攻击，造成了经济损失。经阿里云公司溯源调查，被告人梁某控制"肉鸡"的服务器参与了对吉林省某网络科技有限公司的网络攻击。自2015年7月11日至2016年3月13日，梁某共收到"ZZ小组"财务通转账65 500元。

**争议观点：** 被告人梁某及其辩护人观点：本案中梁某的主观目的是抓捕"肉鸡"出售流量获利。首先，其抓捕"肉鸡"的行为并没有破坏"肉鸡"的计算机信息系统，不构成破坏计算机信息系统罪。其次，其将"肉鸡"流量出售给"ZZ小组"的行为类似于市场上的一种交易行为，在没有证据证实其与"ZZ小组"就攻击吉林省某网络科技有限公司一事有过共谋，且在"ZZ小组"未到案，"ZZ小组"所实施的行为是否构成犯罪尚无证据支持的情况下，不能就此认定梁某与"ZZ小组"成立共犯，构成破坏计算机信息系统罪。

**检察院观点：** 被告人实施抓获"肉鸡"的目的不是控制，而是出租给"ZZ小组"用于干扰，且三名被告人明知"ZZ小组"租用"肉鸡"是为了对他人计算机系统进行干扰，造成系统不能正常运行。攻击即为干扰，而非控制行为，因此应以破坏计算机信息系统罪定罪处罚。

**法院观点：** 首先，在案证据不能证实原审被告人梁某、周某、李某实施了破坏计算机信息系统的行为。其次，依照最高人民法院、最高人民检察院《关于办理危害计算机信息系统安全刑事案件应用法律若干问题的解释》第9条的规定，明知他人实施构成破坏计算机信息系统罪的行为，为其提供用于破坏计算机信息系统功能、数据或者应用程序的程序、工具，违法所得5000元以上的，应当认定为共同犯罪。根据《刑法》第286条的规定，构成破坏计算机信息系统罪要求有破坏计算机信息系统的行为，同时要造成严重后果。本案中因吉林省某网络科技有限公司无法提供其因受到网络攻击造成直接经济损失的证据，也无法提供其受到攻击时在线用户、服务器不能正常运行时长的证据，现有证据不能认定吉林省某网络科技有限公司的计算机信息系统被破坏达到后果严重,故本案中计算机信息系统没有被破坏达到后果严重。且因"ZZ 小组"没有到案,在案证据不能认定"ZZ 小组"所实施的行为构成破坏计算机信息系统罪。因此不能认定三名被告人与"ZZ 小组"成立共同犯罪,构成破坏计算机信息系统罪。鉴于被告人梁某违反国家规定,远程植入木马程序,对他人计算机信息系统实施非法控制,给第三人用于网络攻击,借此收取费用,其行为均已构成非法控制计算机信息系统罪,且情节特别严重,应依法惩处,因此判决被告人梁某犯非法控制计算机信息系统罪。

**材料 2**:2015 年 10 月,被告人郑某因需要通过 GRE 考试赴美国读研,遂通过网络与被告人陈某取得联系,约定由郑某提供酬劳、陈某安排人员通过远程控制计算机的方式为其替考。2015 年 11 月 12 日,被告人刘某(系被告人陈某之妻)与郑某通过网络聊天工具取得联系,由刘某教授郑某如何下载、安装计算机远程控制软件,告知郑某在考场内的注意事项,并对次日将举行的考试进行计算机远程控制预演。同时,刘某通过网络聊天工具联系被告人田某,由田某开启、提供用于计算机远程控制的服务器和相关软件。2015 年 11 月 13 日,郑某根据刘某的授意,在位于北京 GRE 考场内的计算机上下载相应计算机远程控制软件插件,安装运行之后,由刘某在上海通过田某开启的服务器和提供的控制软件,对郑某的考试计算机实施控制后进行远程代考。考试结束后,刘某、陈某收取郑某支付的代考费用共计 5 万元。

**思考题 1**:根据材料 1,结合本章内容及你所掌握的刑法知识,试论述应当如何对本案的梁某的行为定罪及处罚。

**思考题 2**:根据材料 2,结合本章内容及你所掌握的刑法知识,试论述本案应当如何处理。

# 第八章
## 提供侵入、非法控制计算机信息系统程序、工具罪

随着信息时代的到来,各种新类型的网络犯罪也接踵而至。对提供侵入、非法控制计算机信息系统程序、工具的犯罪行为予以惩治是遏制网络黑产业的有效手段。

2017年11月,被告人李某通过网络从国外购买了"英雄联盟""GE"外挂,用于腾讯公司运营的"英雄联盟"游戏,可以使游戏玩家在游戏中获得"自动攻击""自动躲闪""自动补兵"等游戏功能,从而干扰游戏的原有节奏与进程。之后,其通过QQ群发送"GE"外挂购买链接,以日卡、周卡、月卡等形式在"丫发卡"平台上进行销售。自2018年3月至4月,被告人李某共销售"GE 订阅—月卡"364人次、"KEY 订阅—周卡"4182人次、"KEY 订阅—月卡"2215人次,共计销售6761人次,销售金额共计581 535.01元,获利7万余元。经鉴定,被告人李某销售的"GE"外挂属于破坏性程序。归案后,被告人李某如实供述上述事实。被告人李某自愿如实供述自己的罪行,承认指控的犯罪事实,愿意接受处罚,认罪认罚且签字具结。

在这起案件中,李某从事为他人提供专门用于侵入、非法控制计算机信息系统的程序、工具之行为,情节特别严重。那么,其行为是否已构成提供侵入、非法控制计算机信息系统程序、工具罪?如何正确理解并合理适用提供侵入、非法控制计算机信息系统程序、工具罪?司法实践中该罪认定中存在的法律适用争议,有必要深入分析和研究。本章将从提供侵入、非法控制计算机信息系统程序、工具罪的罪名释义、司法适用、疑案解读等视角予以系统诠释。

# 第一节 提供侵入、非法控制计算机信息系统程序、工具罪的罪名释义

## 一、历史沿革与规范梳理

欧洲委员会于2001年11月通过的《网络犯罪公约》是国际上第一个打击网络犯罪的公约。[1]我国的1979年《刑法》和后来通过的单行刑法并未规定有关网络犯罪的罪名。1997年《刑法》在第六章"妨害社会管理秩序罪"第一节"扰乱公共秩序罪"增加了关于网络犯罪的三个法条。[2]近年来,计算机信息系统类犯罪激增给我国刑法带来了相当严峻的挑战。我国立法部门在综合考量各方意见后,对计算机信息系统类犯罪给出了有力的回应,即在《刑法修正案(七)》原有条文的基础上进行增补和增设。具体而言,我国《刑法》第285条第3款规定了提供侵入、非法控制计算机信息系统程序、工具罪。本罪是2009年2月28日《刑法修正案(七)》第9条新增的内容,即"提供专门用于侵入、非法控制计算机信息系统的程序、工具,或者明知他人实施侵入、非法控制计算机信息系统的违法犯罪行为而为其提供程序、工具,情节严重的,依照前款的规定处罚"。

2015年,在《刑法修正案(九)》中,根据网络犯罪最新形势变化,本罪增加了单位犯罪条款,即在《刑法》第285条中增加一款作为第4款:"单位犯前三款罪的,对单位判处罚金,并对其直接负责的主管人员和其他直接责任人员,依照各该款的规定处罚。"

## 二、提供侵入、非法控制计算机信息系统程序、工具罪及其构成要件

提供侵入、非法控制计算机信息系统程序、工具罪,是指提供专门用于侵入、非法控制计算机信息系统的程序、工具,或者明知他人实施侵入、非法控制计算机信息系统的违法犯罪行为而为其提供程序、工具,情节严重的行为。

---

[1] 欧洲委员会《网络犯罪公约》是2001年11月由欧洲委员会的26个欧盟成员方以及美国、加拿大、日本和南非等30个国家的政府官员在布达佩斯共同签署的国际公约,自此《网络犯罪公约》成为全世界第一部针对网络犯罪行为所制定的国际公约。

[2] 参见解甡甡、王孔祥:"提供侵入、非法控制计算机信息系统程序、工具罪探析:《网络犯罪公约》与我国立法之比较",载《人民司法》2014年第1期。

本罪主要构成要件如下。

(一) 主体要件

本罪主体通常为一般主体，特殊情况下单位也可构成本罪。即凡是年满16周岁、具有刑事责任能力的人均可成为本罪的主体。

至于单位能否构成本罪的犯罪主体，根据《刑法修正案（九）》增设的《刑法》第285条第4款的规定，"单位犯前三款罪的，对单位判处罚金，并对其直接负责的主管人员和其他直接责任人员，依照各该款的规定处罚"。因此，单位可以成为提供侵入、非法控制计算机信息系统程序、工具罪的主体。

(二) 主观要件

本罪的主观罪过心态是故意，即行为人故意提供侵入、非法控制计算机信息系统的程序、工具而从中获利。本罪是否包括间接故意，在理论上存在一定的争议。例如，易琦、梁燕宏认为，本罪主观方面只可能存在直接故意，而不可能存在间接故意。[1]而苏家成对此就持不同的见解。[2]

我们认为，本罪的主观罪过可以包含间接故意。主要理由如下：第一，关于本罪的刑法条文并未明确规定提供侵入、非法控制计算机信息系统程序、工具罪只能为直接故意。第二，主观罪过是一种内在事实，从证据角度而言甚难证明。第三，行为人提供侵入、非法控制计算机信息系统的程序、工具，通常出于直接故意的罪过心态，但没有理由能够排除以下情形，即明知提供侵入、非法控制计算机信息系统的程序、工具会带来相应后果但放而任之不加制止的情形，此即间接故意之情形。至于过失，非本罪主观罪过心态。另外，行为人是否以营利为目的提供程序、工具不影响本罪的成立。

(三) 客观要件

一是行为特征，行为人实施了提供专门用于侵入、非法控制计算机信息系统的程序、工具的行为，或者明知他人实施侵入、非法控制计算机信息系统的违法犯罪行为而为其提供程序、工具，情节严重的行为。在这里，需提醒注意的是，构成本罪还需满足情节严重的构成条件，其中行为人提供程序和工具的数量，以及造成的危害结果等成为评价是否构成情节严重的因素。

---

[1] 参见易琦、梁燕宏："提供侵入、非法控制计算机信息系统程序、工具罪的司法认定"，载《中国检察官》2018年第4期。

[2] 参见苏家成："提供侵入、非法控制计算机信息系统程序、工具罪的认定"，载《人民司法》2013年第12期。

二是行为对象,所谓"专门用于非法侵入计算机信息系统的程序、工具",主要是指专门用于非法获取他人登录网络应用服务、计算机系统的账号、密码等认证信息以及智能卡等认证工具的计算机程序、工具;所谓专门用于非法控制计算机信息系统的程序、工具,主要是指可用于绕过计算机信息系统或者相关设备的防护措施,进而实施非法侵入或者获取目标系统中数据信息的计算机程序。[1]

另外,根据最高人民法院、最高人民检察院《关于办理危害计算机信息系统安全刑事案件应用法律若干问题的解释》第2条的规定,具有下列情形之一的程序、工具,应当认定为《刑法》第285条第3款规定的"专门用于侵入、非法控制计算机信息系统的程序、工具":

(1) 具有避开或者突破计算机信息系统安全保护措施,未经授权或者超越授权获取计算机信息系统数据的功能的;

(2) 具有避开或者突破计算机信息系统安全保护措施,未经授权或者超越授权对计算机信息系统实施控制的功能的;

(3) 其他专门设计用于侵入、非法控制计算机信息系统、非法获取计算机信息系统数据的程序、工具。

(四) 客体要件

本罪客体,是指计算机信息系统的安全管理秩序。在司法实践中,只有很少部分的案件属于单纯的以危害计算机信息系统为犯罪目的。常见的情形是通过对计算机信息系统的侵入、非法控制,使犯罪分子得以获取巨额的财货之利,包括游戏币、游戏装备、虚拟货币等特殊财物,也有直接获得金钱等财产性收益。本罪不是直接侵犯计算机信息系统的安全,而是通过提供以下两类程序、工具间接实现:一类是专门用于侵入、非法控制计算机信息系统的程序、工具;另一类程序和工具虽然不是专门用于侵入、非法控制计算机信息系统,但其功能可以被用于前述违法犯罪,行为人在明知使用者目的的前提下仍决意为其提供。

我们认为,除认识到上述内容之外,还需要进一步探究本罪客体包含的深层次内容,即信息系统数据本身的价值。因为不同信息系统数据关涉诸如个人信息安全、企业数据安全甚至国家安全等不同法益,这有可能会影响到案件的定性。

---

[1] 全国人大常委会法制工作委员会刑法室编:《中华人民共和国刑法·条文说明、立法理由及相关规定》,北京大学出版社2009年版,第592页。

## 第二节 提供侵入、非法控制计算机信息系统程序、工具罪的司法适用

### 一、罪名适用规范

（一）法律规定

根据我国《刑法》第285条第3款的规定，提供专门用于侵入、非法控制计算机信息系统的程序、工具，或者明知他人实施侵入、非法控制计算机信息系统的违法犯罪行为而为其提供程序、工具，情节严重的，应适用提供侵入、非法控制计算机信息系统程序、工具罪的罪名。

（二）司法解释规定

最高人民法院、最高人民检察院《关于办理危害计算机信息系统安全刑事案件应用法律若干问题的解释》第3条规定："提供侵入、非法控制计算机信息系统的程序、工具，具有下列情形之一的，应当认定为刑法第二百八十五条第三款规定的'情节严重'：

（一）提供能够用于非法获取支付结算、证券交易、期货交易等网络金融服务身份认证信息的专门性程序、工具五人次以上的；

（二）提供第（一）项以外的专门用于侵入、非法控制计算机信息系统的程序、工具二十人次以上的；

（三）明知他人实施非法获取支付结算、证券交易、期货交易等网络金融服务身份认证信息的违法犯罪行为而为其提供程序、工具五人次以上的；

（四）明知他人实施第（三）项以外的侵入、非法控制计算机信息系统的违法犯罪行为而为其提供程序、工具二十人次以上的；

（五）违法所得五千元以上或者造成经济损失一万元以上的；

（六）其他情节严重的情形。

实施前款规定行为，具有下列情形之一的，应当认定为提供侵入、非法控制计算机信息系统的程序、工具'情节特别严重'：

（一）数量或者数额达到前款第（一）项至第（五）项规定标准五倍以上的；

（二）其他情节特别严重的情形。"

## 二、罪与非罪的界限

本罪的构成要件比较明确,是划清本罪与非罪行为的界限。其中,是否达到"情节严重"是区别构成犯罪与否的关键所在。

对此,司法实践中的判断依据是最高人民法院、最高人民检察院《关于办理危害计算机信息系统安全刑事案件应用法律若干问题的解释》第3条的规定,即具有下列情形之一的,应当认定为《刑法》第285条第3款规定的"情节严重":

一是提供能够用于非法获取支付结算、证券交易、期货交易等网络金融服务身份认证信息的专门性程序、工具5人次以上的;

二是提供第一项以外的专门用于侵入、非法控制计算机信息系统的程序、工具20人次以上的;

三是明知他人实施非法获取支付结算、证券交易、期货交易等网络金融服务身份认证信息的违法犯罪行为而为其提供程序、工具5人次以上的;

四是明知他人实施第三项以外的侵入、非法控制计算机信息系统的违法犯罪行为而为其提供程序、工具20人次以上的;

五是违法所得5000元以上或者造成经济损失1万元以上的;

六是其他情节严重的情形。

## 三、本罪与非法侵入计算机信息系统罪、非法获取计算机信息系统数据、非法控制计算机信息系统罪之区别

首先,在司法实践中,本罪与非法侵入计算机信息系统罪、非法获取计算机信息系统数据、非法控制计算机信息系统罪联系紧密。本罪行为人常常为后面犯罪行为的实施提供程序、工具,从法律属性上属于帮助行为。

其次,就构成要件特征而言,本罪与非法侵入计算机信息系统罪、非法获取计算机信息系统数据、非法控制计算机信息系统罪的犯罪主体相同、犯罪主观心态相同;不同之处主要在于犯罪客体、犯罪对象和行为方式不同。例如,本罪客体是计算机信息系统的安全,非法侵入计算机信息系统罪的客体是国家事务、国防建设、尖端科学技术等国家重要领域和要害部门的计算机信息系统安全。再如,本罪的行为方式体现为提供专门用于侵入、非法控制计算机信息系统的程序、工具,体现为行为方式的间接性。而非法侵入计算机信息系统罪

的行为方式体现为实施了违反国家规定侵入国家重要计算机信息系统的行为；至于非法获取计算机信息系统数据罪的行为方式，则体现为实施了侵入国家事务、国防建设、尖端科学技术领域以外的计算机信息系统或者采用其他技术手段，获取该计算机信息系统中存储、处理或者传输数据的行为；而非法控制计算机信息系统罪体现为非法控制计算机信息系统的行为。这几个犯罪行为体现行为方式的直接性。

## 第三节 提供侵入、非法控制计算机信息系统程序、工具罪的疑案分析

### 一、案件概要

2016年9月至2017年8月，被告人李某、张某、席某、谢某在明知"奇迹MU"网络游戏一个客户端仅可以同时登录两个账号的情况下，未经授权，制作并通过网络向他人出售奇迹网络游戏的"奇迹NP多开外挂"多开程序，其中，被告人席某安排谢某开发及运维具有游戏运营商禁止的多开窗口功能的"奇迹NP多开外挂"，被告人席某将编写的外挂程序提供给被告人张某销售，张某、席某、谢某获得97 095元；被告人李某从被告人张某处购得上述程序后加价销售，获得11 935元，非法获利1989元。

为证实上述事实，公诉机关向法院移送了书证、鉴定意见、被告人供述等证据，据此认为，被告人李某、张某、席某、谢某提供专门用于侵入、控制计算机信息系统的程序、工具，情节严重；其中，张某、席某、谢某属情节特别严重，均应以提供侵入、非法控制计算机信息系统程序、工具罪追究刑事责任，张某、席某、谢某属共同犯罪，四被告人归案后均如实供述自己的罪行，依法可以从轻处罚，建议判处被告人李某有期徒刑6个月至1年，判处被告人张某、席某、谢某有期徒刑3年至5年。[1]

### 二、案件解读

本案中席某安排谢某开发及运维具有游戏运营商禁止的多开窗口功能的"奇迹NP多开外挂"，并将编写的外挂程序提供给被告人张某销售的行为如何

---

[1] 案号为（2018）苏0402刑初569号。

认定?

法院认为,被告人李某提供专门用于侵入、非法控制计算机信息系统的程序、工具,情节严重,公诉机关的指控成立,依法应处3年以下有期徒刑或者拘役,并处或者单处罚金;被告人张某、席某、谢某合伙提供用于侵入、非法控制计算机信息系统的程序、工具,情节特别严重,属共同犯罪,公诉机关的指控成立,依法应处3年以上7年以下有期徒刑,并处罚金。四被告人到案后均能如实供述自己的罪行,依法均可以从轻处罚。四被告人均具有悔罪表现,返退了违法所得,均可酌情从轻处罚。各辩护人与本院认定一致的辩护意见,本院予以采纳。关于被告人谢某的辩护人所提谢某是从犯的辩护意见,经查,被告人谢某负责开发及运维具有游戏运营商禁止的多开窗口功能的"奇迹NP多开外挂",在犯罪过程中与其他被告人分工不同,所起作用相当,不宜区分主从犯。

### ■ 课后思考题

**案例1**:陈某某提供侵入、非法控制计算机信息系统程序、工具案,非法获取计算机信息系统数据、非法控制计算机信息系统案

2015年6月至11月,陈某某为了非法牟利,编写了"y001邮箱密正软件""y002邮箱注册支付宝检测软件""y004支付宝邮箱找回登录密码软件""y005支付宝邮箱找回支付密码软件"等46种软件,上述软件具有避开或者突破计算机信息系统安全保护措施,未经授权或者超越授权获取计算机信息系统数据的功能,其中36种软件为可非法获取支付结算、证券交易、期货交易等网络金融服务身份认证信息的专门性程序、工具,上述软件被用于非法侵入由淘宝(中国)软件有限公司开发的支付宝网络金融服务信息系统;被告人陈某某通过易游网络平台进行销售上述46种软件的卡密累计985人次。另外,李某某为了非法牟利,代理了由被告人陈某某编写的上述部分软件,命名为"茌人"系列,通过易游网络平台进行销售,累计销售卡密307人次。危某某为了非法牟利,代理了由被告人陈某某编写的上述部分软件,命名为"草莓"系列,通过易游网络平台等网站进行销售,累计销售卡密85人次。朱某某为了非法牟利,代理了由被告人陈某某编写的上述部分软件,命名为"小骚"系列,通过易游网络平台进行销售,累计销售卡密72人次。同时,被告人朱某某还使用上述部分软件非法获取淘宝账号数据13 284组。宋某某为了非法牟

利,代理了由被告人陈某某编写的上述部分软件,命名为"小骚"系列,通过易游网络平台进行销售,累计销售卡密8人次。

**案例2:萧某某提供侵入、非法控制计算机信息系统程序、工具案**

2015年4月至11月,萧某某为牟取利益,在网上购买网站服务器,下载QQ钓鱼木马源码,搭建网络钓鱼木马平台,并通过平台内置的网络钓鱼模板自动钓鱼木马,在明知他人利用该钓鱼木马程序实施侵入、非法控制计算机信息系统的违法犯罪行为的情形下,而将以上钓鱼木马程序销售给他人。经查证,被告人萧某某通过销售钓鱼木马程序获取违法所得281 200元。

**思考题**:试论述陈某某、萧某某行为的司法认定,并系统探讨提供侵入、非法控制计算机信息系统程序、工具罪的构成要件。

# 第九章
# 破坏计算机信息系统罪

近年来,我国计算机犯罪呈逐年迅速上升趋势,其中破坏计算机信息系统型犯罪数量增长尤其迅猛,其中以"熊猫烧香"病毒最具代表性。

2006年10月,李某开始制作计算机病毒"熊猫烧香"[1],并请雷某对该病毒提修改建议。雷某认为该病毒会修改被感染文件的图标,且没有隐藏病毒进程、容易被发现,故建议李某对该病毒进行修改。李某经多次修改后,并未解决上述问题。2006年11月中旬,李某在互联网上叫卖该病毒,同时也请王某及其他网友帮助出售该病毒。随着病毒的出售和赠送,"熊猫烧香"病毒迅速在互联网上传播,由此导致自动链接李某个人网站www.krvkr.com的流量大幅上升。王某得知此情形后,主动提出为李某卖"流量",并联系被告人张某购买李某网站的"流量",所得收入由王某和李某平分。从2006年12月至2007年2月,李某获利145 149元,王某获利80 000元,张某获利12 000元。"熊猫烧香"病毒的传播,造成北京、上海、天津、山西、河北、辽宁、广东、湖北等省份众多单位和个人的计算机受到病毒感染,不能正常运行,同时也使众多游戏玩家的游戏装备、游戏币被盗。2007年2月4日李某等人因涉嫌犯破坏计算机信息系统罪被刑事拘留,同年3月14日被逮捕。[2]2007年9月26日,轰动全国的"熊猫烧香"病毒制造者李某涉嫌破坏计算机信息系统罪被判处有期徒刑4年。"熊猫烧香"病毒案是具有重要影响力和标杆性的案件。那么从本案引入,如何理解破坏计算机信息系统罪?本章将从破坏计算机信息系统罪的罪名释义、司法适用、疑案解读等视角予以系统诠释。

---

〔1〕"熊猫烧香"一度被列为2006年的"病毒之王"。它与"灰鸽子"不同,是一款拥有自动传播、自动感染硬盘能力和强大的破坏能力的病毒,它不但能感染系统exe, com, pif, src, html, asp等文件,还能中止大量的反病毒软件进程并且会删除扩展名为gho的文件。

〔2〕参见李某等破坏计算机信息系统案,案号为(2007)仙刑初字第350号。

## 第一节　破坏计算机信息系统罪的罪名释义

### 一、历史沿革与规范梳理

随着1997年《刑法》的颁布，计算机网络犯罪首次纳入我国刑法调控和规制的范围。现行《刑法》第285条第1款、第286条分别规定了非法侵入计算机信息系统罪和破坏计算机信息系统罪两个罪名。在当时，这是具有前瞻性的合理举措。

《刑法》第286条规定了破坏计算机信息系统罪，即"违反国家规定，对计算机信息系统功能进行删除、修改、增加、干扰，造成计算机信息系统不能正常运行，后果严重的，处五年以下有期徒刑或者拘役；后果特别严重的，处五年以上有期徒刑。

违反国家规定，对计算机信息系统中存储、处理或者传输的数据和应用程序进行删除、修改、增加的操作，后果严重的，依照前款的规定处罚。

故意制作、传播计算机病毒等破坏性程序，影响计算机系统正常运行，后果严重的，依照第一款的规定处罚"。

2015年，在《刑法修正案（九）》中，增加了单位犯罪条款，解决了单位犯罪主体问题，即在《刑法》第286条中增加一款作为第4款："单位犯前三款罪的，对单位判处罚金，并对其直接负责的主管人员和其他直接责任人员，依照第一款的规定处罚。"

### 二、破坏计算机信息系统罪及其构成要件

破坏计算机信息系统罪，是指违反国家规定，故意对计算机信息系统功能进行删除、修改、增加、干扰，造成计算机信息系统不能正常运行，后果严重的行为；或者故意对计算机信息系统中存储、处理或者传输的数据和应用程序进行删除、修改、增加的操作，后果严重的行为；或者故意制作、传播计算机病毒等破坏性程序，影响计算机系统正常运行，后果严重的行为。例如，李某制造的计算机病毒"熊猫烧香"，就属于严重影响计算机系统正常运行的破坏性程序。

关于本罪的罪名在学理上存在争议，主要有四种观点。一是"单罪名说"。这是大部分学者所持的观点，即本罪为破坏计算机信息系统罪。二是

"两罪名说"。有学者认为应将《刑法》第 286 条第 3 款独立一罪,即设立"故意制作、传播计算机病毒罪";[1]也有学者认为应划分为"破坏计算机互联网信息系统罪和制作、传播计算机病毒等破坏计算机互联网信息系统罪"两罪。[2] 三是"三罪名说"。有学者认为应将《刑法》第 286 条划分为"破坏计算机信息系统功能罪、破坏计算机系统数据、应用程序罪和制作、传播计算机破坏性程序罪"三个罪名。[3] 四是"多罪名说"。有学者认为应将《刑法》第 286 条划分为"破坏计算机网络信息系统罪、删除计算机网络信息系统数据罪、修改计算机网络信息系统数据罪、增加计算机网络信息系统数据罪、删除计算机网络信息系统应用程序罪、修改计算机网络信息系统应用程序罪、制作计算机病毒罪、传播计算机病毒罪"等。

我们主张第一种观点,即"单罪名说"。主要理由在于:第一,"单罪名说"更加简约实用。第二,破坏计算机信息系统罪的罪名表述并不会引起歧义,可以涵盖多种常见犯罪情形。

关于本罪的构成要件,阐释如下。

(一)主体要件

本罪主体通常为一般主体,特殊情况下单位也可构成本罪。凡是年满 16 周岁、具有刑事责任能力的自然人均可成为本罪的主体。

《刑法修正案(九)》增设了第 286 条第 4 款,单位亦可成为本罪的主体。

值得注意的是,随着计算机网络技术的普及,未成年人实施破坏计算机信息系统行为的现象大量增加。如何合理应对此种现象,值得我们进一步思考。

(二)主观要件

本罪的主观罪过心态是故意,不仅包括直接故意,也包括间接故意。即行为人明知自己的行为会影响计算机信息系统的正常运行及使用功能,或者直接导致该系统中存储的数据、应用的程序受到破坏,希望或者放任这种结果的发生。

(三)客观要件

本罪客观要件表现为行为人实施了破坏计算机信息系统的后果严重的行

---

[1] 皮勇:《网络犯罪比较研究》,中国人民公安大学出版社 2005 年版,第 132 页。
[2] 黄泽林:《网络犯罪的刑法适用》,重庆出版社 2005 年版,第 99-113 页。
[3] 苏惠渔主编:《刑法学》,中国政法大学出版社 2007 年版,第 698-700 页。

为。具体而言：第一，行为人对计算机信息系统功能进行删除、修改、增加、干扰，造成计算机信息系统不能正常运行，后果严重；第二，行为人对计算机信息系统中存储、处理、传输的数据、应用程序进行删除、修改、增加的操作，后果严重；第三，故意制作、传播计算机病毒等破坏性程序[1]，影响计算机系统正常运行，后果严重。

其中，在本罪第1款的规定中，列举了四种犯罪方法，即"删除、修改、增加、干扰"，因为几乎所有的犯罪方法在计算机技术操作中都可以用"删除、修改、增加、干扰"分步操作来完成。"删除"是指将计算机信息系统中的某一项，或多项不同的功能进行取消；"修改"是对系统中本身存在的应用程序用其他程序进行全部或者部分的改变，导致其应用功能被改变；"增加"是通过专业的技术手段将计算机信息系统涉及的功能增加；"干扰"同样是通过一定的专业技术手段将新的程序加入该系统中进行控制，以达到影响其正常运转的目的。

在司法实践当中，通常情况下本罪中破坏计算机信息系统的行为是以作为的形式存在的，但亦不能排除不作为的情况。因为实际上存在以下情形：虽然没有"违反国家规定"，然而在自己的职责范围之内对计算机进行操作时，行为人编制程序时出现了错误，从而对计算机系统内部数据等重要资源构成威胁，行为人明知此种情况却放任不予作为，最终导致危害结果的发生。

（四）客体要件

本罪的客体，是指计算机信息系统的安全，或者计算机信息系统的安全管理秩序。

本罪的行为对象，通常是计算机信息系统，具体包括"计算机信息系统功能、计算机信息系统中存储、处理、传输的数据和应用程序"。

## 第二节 破坏计算机信息系统罪的司法适用

### 一、罪名适用规范

（一）法律规定

根据《刑法》第286条的规定，违反国家规定，对计算机信息系统功能

---

[1] 最典型的破坏性程序是计算机病毒，是通过自我复制的一组计算机信息系统指令或者程序代码。

进行删除、修改、增加、干扰，造成计算机信息系统不能正常运行，后果严重的行为；或者对计算机信息系统中存储、处理或者传输的数据和应用程序进行删除、修改、增加的操作，后果严重的行为；或者制作、传播计算机病毒等破坏性程序，影响计算机系统正常运行，后果严重的行为。有上述行为之一的，适用破坏计算机信息系统罪的罪名。

（二）司法解释规定

最高人民法院、最高人民检察院《关于办理危害计算机信息系统安全刑事案件应用法律若干问题的解释》第4条、第5条的规定。具体而言：

第4条规定："破坏计算机信息系统功能、数据或者应用程序，具有下列情形之一的，应当认定为刑法第二百八十六条第一款和第二款规定的'后果严重'：

（一）造成十台以上计算机信息系统的主要软件或者硬件不能正常运行的；

（二）对二十台以上计算机信息系统中存储、处理或者传输的数据进行删除、修改、增加操作的；

（三）违法所得五千元以上或者造成经济损失一万元以上的；

（四）造成为一百台以上计算机信息系统提供域名解析、身份认证、计费等基础服务或者为一万以上用户提供服务的计算机信息系统不能正常运行累计一小时以上的；

（五）造成其他严重后果的。

实施前款规定行为，具有下列情形之一的，应当认定为破坏计算机信息系统'后果特别严重'：

（一）数量或者数额达到前款第（一）项至第（三）项规定标准五倍以上的；

（二）造成为五百台以上计算机信息系统提供域名解析、身份认证、计费等基础服务或者为五万以上用户提供服务的计算机信息系统不能正常运行累计一小时以上的；

（三）破坏国家机关或者金融、电信、交通、教育、医疗、能源等领域提供公共服务的计算机信息系统的功能、数据或者应用程序，致使生产、生活受到严重影响或者造成恶劣社会影响的；

（四）造成其他特别严重后果的。"

第 5 条规定:"具有下列情形之一的程序,应当认定为刑法第二百八十六条第三款规定的'计算机病毒等破坏性程序':

(一)能够通过网络、存储介质、文件等媒介,将自身的部分、全部或者变种进行复制、传播,并破坏计算机系统功能、数据或者应用程序的;

(二)能够在预先设定条件下自动触发,并破坏计算机系统功能、数据或者应用程序的;

(三)其他专门设计用于破坏计算机系统功能、数据或者应用程序的程序。"

至于何为"计算机病毒等破坏性程序",根据上述司法解释第 5 条的规定可以认定为《刑法》第 286 条第 3 款规定的"计算机病毒等破坏性程序"。

## 二、罪与非罪的界限

我们认定行为人的行为是否构成破坏计算机信息系统罪,除符合《刑法》第 286 条罪状描述的外观之外,关键要考虑以下因素。

第一,如何理解和认定"后果严重"?作为破坏计算机信息系统罪构成要件的"后果",是指现实已经发生的危害,还是也可以包括有造成实害发生可能的危险?将"结果"作为构成要件的内容之一是行为犯与结果犯的区别。因此,根据《刑法》第 286 条的规定,破坏计算机信息系统罪系结果犯而非危险犯,只能以现实的已经发生的危害来确定。根据法律用语习惯,"后果"一词通常是指实害结果,抽象危险一般通过罪状中行为具有危险性来表示,具体危险则一般明确使用"危险"一词。[1]根据《关于办理危害计算机信息系统安全刑事案件应用法律若干问题的解释》第 4 条的规定,其解释"后果严重"时,列举的均为实害后果,例如,破坏计算机信息系统功能、数据或者应用程序,具有下列情形之一的,应当认定为《刑法》第 286 条第 1 款和第 2 款规定的"后果严重":一是造成 10 台以上计算机信息系统的主要软件或者硬件不能正常运行的;二是对 20 台以上计算机信息系统中存储、处理或者传输的数据进行删除、修改、增加操作的;三是违法所得 5000 元以上或者造成经济损失 1 万元以上的;四是造成为 100 台以上计算机信息系统提供域名解析、身份认证、计费等基础服务或者为 1 万以上用户提供服务的计算机信息系统不能正常运行累计 1 小时以上的;五是造成其他严重后果的。反之,如果没

---

[1] 参见朱赫等:"破坏计算机信息系统案件法律适用研讨",载《人民检察》2015 年第 8 期。

有发生严重后果,则不能认定为犯罪。

第二,如何认定《刑法》第286条第2款规定的计算机信息系统数据和应用程序?根据《关于办理危害计算机信息系统安全刑事案件应用法律若干问题的解释》第11条的规定,"计算机信息系统"和"计算机系统",是指具备自动处理数据功能的系统,包括计算机、网络设备、通信设备、自动化控制设备等。而"计算机信息系统数据"与"计算机信息系统""计算机系统"是不同的概念。前者是静态的数据描述,而"计算机信息系统"是一个动态的数据系统,例如,在系统上实施一项操作,打开或关闭一个文件夹,都会在后台增加相应的操作记录,增加部分计算机信息系统数据。我们认为,本罪中的计算机信息系统数据和应用程序应限定在关系到计算机系统安全的数据和应用程序,而不包括与计算机系统安全无关的数据和应用程序。

### 三、本罪与非法控制计算机信息系统罪的区别

一是犯罪本质特征的不同。"破坏计算机信息系统罪"的本质特征是对计算机信息系统功能造成了实质性损坏,使计算机信息系统不能正常运行。"非法控制计算机信息系统罪"的本质特征是对计算机信息系统合法占用人或控制人的使用权或控制权进行了剥夺,使其不能按照"自己"的意志使用或控制计算机信息系统。

二是犯罪行为表现不同。本罪的行为表现包括:违反国家规定,故意对计算机信息系统功能进行删除、修改、增加、干扰,造成计算机信息系统不能正常运行,后果严重的行为;或者故意对计算机信息系统中存储、处理或者传输的数据和应用程序进行删除、修改、增加的操作,后果严重的行为;或者故意制作、传播计算机病毒等破坏性程序,影响计算机系统正常运行,后果严重的行为。而非法控制计算机信息系统罪,主要表现为未经授权或者超越授权控制计算机信息系统执行特定操作,在非法侵入计算机信息系统后并未破坏计算机信息系统功能和数据。

三是犯罪客体(或侵犯法益)的不同。本罪侵犯的客体是计算机信息系统的运行安全,保护的是各种计算机信息系统功能及计算机信息系统中存储、处理或者传输的数据和应用程序。而非法控制计算机信息系统罪侵犯的法益为计算机信息系统的保密性和控制性,保护的是计算机信息系统合法占用人、控制人的使用权或控制权。

四是犯罪成立要求不同。本罪要求后果严重(达到破坏计算机信息系统

运行功能的程度），而非法控制计算机信息系统罪则未有此要求。

## 第三节　破坏计算机信息系统罪的疑案分析

### 一、案件概要

2016年2月4日，长安子站回迁至西安市长安区西安邮电大学南区动力大楼房顶。李某利用协助子站搬迁之机私自截留子站钥匙并偷记子站监控电脑密码，此后至2016年3月6日，在被告人何某某的授意、指使下，被告人李某、张某某多次潜入长安子站内，利用棉纱堵塞采样器的方法，干扰子站内环境空气质量自动监测系统的数据采集功能。被告人李某还多次指使被告人张某1、张某2采用上述方法对子站自动监测系统进行干扰，造成该站自动监测数据多次出现异常，影响了国家环境空气质量自动监测系统的正常运行。为防止罪行败露，2016年3月7日、3月9日，在被告人李某的指使下，被告人张某1、张某2两次潜入长安子站内将监控视频删除。针对上述指控，检察机关提供了受案材料及侦破经过，现场勘查笔录及照片，刑事科学技术鉴定书及专家意见，搜查、提取笔录及扣押物品清单，辨认笔录和照片以及视听资料，物证，书证，证人证言，被告人的供述和辩解等证据。

检察机关认为，被告人李某、何某某、张某某、张某1、张某2违反国家规定，干扰国家环境空气质量自动监测系统正常运行，其行为已触犯《刑法》第286条之规定，应以破坏计算机信息系统罪追究五被告人的刑事责任。

李某和其辩护人认为：（1）李某等人堵塞采样器的行为，没有违反国家规定，不具有破坏计算机信息系统罪的违法性要件；（2）李某等人用棉纱堵塞采样器的行为，仅干扰了数据分析器的数据，而对采集器的采集、分析、传输等内在功能没有影响和破坏，进而对计算机信息系统也没有影响和破坏；（3）本案未达到严重后果。请求宣告李某无罪。其他几名被告人和其辩护人均主张其各自行为无罪。[1]

### 二、案件解读

对于本案中李某等人的行为如何定性，是否构成破坏计算机信息系统罪？

---

[1] 案号为（2016）陕01刑初233号。

本案是存在争议的。本案争议焦点在于：第一，被告人的行为是否违反国家规定？第二，被告人的行为是否破坏了计算机信息系统？第三，被告人的行为是否造成了严重后果？对此，一审法院给予翔实、充分且精彩的回应。

首先，各被告人的行为均违反了国家规定。《环境保护法》第68条规定禁止篡改、伪造或者指使篡改、伪造监测数据；《大气污染防治法》第126条规定禁止对大气环境保护监督管理工作弄虚作假；《计算机信息系统安全保护条例》第7条规定不得危害计算机信息系统的安全，均规定"构成犯罪的，依法追究刑事责任"。因此，《环境保护法》《大气污染防治法》《计算机信息系统安全保护条例》均规定了保护监测数据的真实性和计算机信息系统的安全性不受侵害等。本案五名被告人采取堵塞采样器的方法伪造或者指使伪造监测数据，弄虚作假，危害了计算机信息系统的安全，违反了上述国家法律规定。

其次，各被告人的行为属于破坏计算机信息系统。最高人民法院、最高人民检察院《关于办理危害计算机信息系统安全刑事案件应用法律若干问题的解释》第11条规定，计算机信息系统和计算机系统，是指具备自动处理数据功能的系统，包括计算机、网络设备、通信设备、自动化控制设备等。根据最高人民法院、最高人民检察院《关于办理环境污染刑事案件适用法律若干问题的解释》第10条第1款的规定，干扰环境质量监测系统的采样，致使监测数据严重失真的行为，属于破坏计算机信息系统。长安子站系国控环境空气质量自动监测站点，产生的监测数据经过系统软件直接传输至监测总站，通过环保部和监测总站的政府网站实时向社会公布，参与计算环境空气质量指数并实时发布。空气采样器是环境空气质量监测系统的重要组成部分。PM10、PM2.5监测数据作为环境空气综合污染指数评估中的最重要两项指标，被告人用棉纱堵塞采样器的采样孔或拆卸采样器的行为，必然造成采样器内部气流场的改变，造成监测数据失真，影响对环境空气质量的正确评估，属于对计算机信息系统功能进行干扰，造成计算机信息系统不能正常运行的行为。

最后，上述被告人的行为造成了严重后果，被告人的干扰行为造成了监测数据的显著异常。2016年2月至3月，长安子站颗粒物监测数据多次出现与周边子站变化趋势不符的现象。被告人堵塞采样器的行为足以造成监测数据的严重失真。上述数据的严重失真，与监测总站在例行数据审核时发现长安子站PM10数据明显偏低可以印证。失真的监测数据已实时发送至监测总站，并向社会公布。长安子站空气质量监测的小时浓度均值数据已经通过互联网实时发布。失真的监测数据已被用于编制环境评价的月报、季报。环境保护部在

2016年2月、3月及第一季度的全国74个重点城市空气质量排名工作中已采信上述虚假数据,已向社会公布并上报国务院,影响了全国大气环境治理情况评估,损害了政府公信力,误导了环境决策。据此,五名被告人干扰采样的行为造成了严重后果,符合《刑法》第286条规定的"后果严重"要件。

### ■ 课后思考题

**材料1**:2012年5月,南京某科技公司负责人张某委托黄某编写了名为"第一名"的软件,该软件利用百度根据网页点击量对关键词搜索结果进行排名的原理,通过自动点击相关网页的方式增加点击量,可对百度搜索关键词排序功能造成干扰。随后,张某以其公司名义经营该软件,并通过陶某对外销售,销售所得由张某与陶某按约定比例分成。经北京网络行业协会电子数据司法鉴定中心鉴定,"第一名"软件免费版会干扰搜索引擎对关键字搜索结果的正常排版。截至2012年11月案发,张某、陶某先后向南京某妇科医院、上海某信息公司等单位销售"第一名"软件,获取违法所得18 800元。

**材料2**:于某某、赵某某、张某均为"阿布黑客组织"成员,于某某任组长,赵某某为于某某小组中"3号攻击组"的攻击手之一,张某为于某某小组中"1号攻击组"的攻击手之一。被告人黎某提供"肉鸡"给"阿布黑客组织"从中牟利。自2015年10月起,于某某受命下达指令给"3号攻击组"命其打击注册在本市杨浦区的兴动公司开发的移动网络游戏"大庆麻将",指使攻击手赵某某等人使用黎某等人有偿提供给"阿布黑客组织"的"肉鸡",对兴动公司租用的阿里云、中国电信股份有限公司江苏分公司等处的服务器实施DDOS攻击,致服务器在遭到攻击后无法正常运行,由张某自2016年3月起负责监测"肉鸡"实用攻击流量以结算报酬。至2016年5月,于某某、赵某某、黎某、张某分别获取违法所得25万元、17万元、19万余元、9万元。

**材料3**:2004年12月至2006年1月,祁某编制了一种程序,此程序能够截取网络游戏"传奇"的用户账号程序,之后联系到陈某和曾某,三人进行了多次入侵浙江金华市公安局的网吧管理系统的活动,非法截取了大量网络游戏"传奇"的账号及用户的虚拟装备。然后三人在网站上出售。对此类案件,检察机关在适用法律条文上出现了问题,是适用《刑法》第286条还是第287条?由于还没有将游戏虚拟装备进行物化的案例,如果把虚拟装备作为像电话号码、汽车号码等无形财产来考虑,又不存在相应的司法解释,因此不能适用

《刑法》第287条，将嫌疑人的行为定性为盗窃。最后，经过多方考虑，检察机关以破坏计算机信息系统罪提起了公诉。

**材料4：** 在校大学生杨某利用一台笔记本电脑攻击某市某网站计算机信息系统，目的是证明自己具有攻击网站的能力。他破译了该网站部分工作人员的口令，然后又破译了500多个用户密码，并且在一台服务器内生成了一份文件并上载了其破译程序。本案中，杨某攻击网站后增加文件和上载破译软件，虽然是对计算机信息系统有"增加"行为，已经影响了计算机信息系统其他应用程序的运行速度，但是还不足以造成系统无法正常运行的后果。直到案发，该网站仍处于正常运行的状态，没有造成网站无法正常运行的严重后果。

**思考题1.** 试论述上述四个案例中张某、于某某、祁某和杨某的行为在司法上如何认定。

**思考题2.** 试论述利用计算机网络盗取现实以及虚拟财产，在司法上如何处理。

# 第十章
## 拒不履行信息网络安全管理义务罪

在数字经济时代，我们的生活与信息网络紧紧联系在一起，网络空间安全显得越发重要。本罪是为了应对网络空间安全风险而产生的。根据我国《网络安全法》的要求，网络运营者应采取有效的网络安全防护措施，否则或将受到法律追究。对于拒不履行信息网络安全管理义务，情节严重的行为，可能构成刑事犯罪。

在2015年7月至2016年12月30日，胡某为非法牟利，租用国内、国外服务器，自行制作并出租"土行孙""四十二"翻墙软件，为境内2000余名网络用户非法提供境外互联网接入服务。2016年3月、2016年6月上海市公安局浦东分局先后两次约谈被告人胡某，并要求其停止联网服务。2016年10月20日，上海市公安局浦东分局对被告人胡某利用上海丝洱网络科技有限公司擅自建立其他信道进行国际联网的行为，作出责令停止联网、警告，并处罚款15 000元，没收违法所得40 445.06元的行政处罚。被告人胡某拒不改正，于2016年10月至2016年12月30日，继续出租"土行孙"翻墙软件，违法所得共计236 167元。经鉴定，"土行孙"翻墙软件采用了gotunnel程序，可以实现代理功能，适用本地计算机通过境外代理服务器访问境外网站。2016年12月30日，被告人胡某经电话通知后主动至公安机关投案，到案后如实供述了上述犯罪事实。案发后，被告人胡某退出上述全部违法所得并预缴罚金款。为证实上述指控，公诉机关当庭宣读并出示相关工作情况、行政处罚决定书、鉴定意见等证据，据此认为应当以拒不履行信息网络安全管理义务罪追究被告人胡某的刑事责任，被告人有自首情节，提请法庭依法判处。

本案中胡某非法提供国际联网代理服务，拒不履行法律、行政法规规定的信息网络安全管理义务，经监管部门责令采取改正措施后拒不改正，情节严重，其行为已构成拒不履行信息网络安全管理义务罪。那么，如何理解拒不履行信息网络安全管理义务罪？本章将从拒不履行信息网络安全管理义务罪的罪名释义、司法适用、疑案解读等视角予以系统诠释。

## 第一节 拒不履行信息网络安全管理义务罪的罪名释义

### 一、历史沿革与规范梳理

随着现代工业科技大规模发展，各类新型社会风险大量出现，德国著名社会学家乌尔里希·贝克1986年在其著作《风险社会》[1]中提出了"风险社会"的概念。随着信息数字时代的迅猛发展，互联网和信息网络技术直接作用于人们的社会生产生活，通过互联网构建的网络空间已然成为人们生活的真实空间。在此背景下的网络空间安全已成为紧迫的现实需求。《刑法修正案（九）》的颁布将网络空间的刑法规制重点转向了网络服务提供者，增设了拒不履行信息网络安全管理义务罪来规制网络服务提供者的法律责任。这是由网络犯罪中网络服务提供者的实际地位和作用决定的。

我国《刑法》第286条之一规定的拒不履行信息网络安全管理义务罪，是《刑法修正案（九）》新增的罪名。本罪名的增设，首次明确网络服务提供者要对自己的相关不作为行为承担刑事责任。另外，其与《网络安全法》等相关法律法规紧密联结，这值得我们注意。因为《刑法》不仅是部门法，更是各部门法的保障法。

《刑法》第286条之一对本罪的规定如下："网络服务提供者不履行法律、行政法规规定的信息网络安全管理义务，经监管部门责令采取改正措施而拒不改正，有下列情形之一的，处三年以下有期徒刑、拘役或者管制，并处或者单处罚金：

（一）致使违法信息大量传播的；

（二）致使用户信息泄露，造成严重后果的；

（三）致使刑事案件证据灭失，情节严重的；

（四）有其他严重情节的。

单位犯前款罪的，对单位判处罚金，并对其直接负责的主管人员和其他直

---

[1]《风险社会》是后现代学社会理论的代表作。该书的英文版书名为"Risk: Towards a New Modernity"，由伦敦的Sage出版社于1992年出版，翻译者为Mark Ritter。中文版由译林出版社于2004年出版，中文书名为《风险社会》，译者为何博闻。

接责任人员，依照前款的规定处罚。

有前两款行为，同时构成其他犯罪的，依照处罚较重的规定定罪处罚。"

## 二、拒不履行信息网络安全管理义务罪的构成要件

拒不履行信息网络安全管理义务罪，是指网络服务提供者不履行法律、行政法规规定的信息网络安全管理义务，经监管部门责令采取改正措施而拒不改正，致使违法信息大量传播，或用户信息泄露并造成严重后果，或刑事案件证据灭失情节严重，或有其他严重情节的行为。本罪的主要特征表现如下：

（一）主体要件

本罪的犯罪主体是"网络服务提供者"。它是指通过信息网络向公众提供信息或者为获取网络信息等目的提供服务的机构，包括网络上的一切提供设施、信息和中介、接入等技术服务的个人用户、网络服务商以及非营利组织。根据其提供的"服务"不同，网络服务提供者具体可以分为网络接入服务提供者、网络平台服务提供者、网络内容及产品服务提供者。

根据最高人民法院、最高人民检察院《关于办理非法利用信息网络、帮助信息网络犯罪活动等刑事案件适用法律若干问题的解释》第1条之规定，"网络服务提供者"的具体范围包括提供下列服务的单位和个人：（1）网络技术服务提供者，即网络接入、域名注册解析等信息网络接入、计算、存储、传输服务提供者；（2）网络内容服务提供者，即信息发布、搜索引擎、即时通讯、网络支付、网络预约、网络购物、网络游戏、网络直播、网站建设、安全防护、广告推广、应用商店等信息网络应用服务提供者；（3）网络公共服务提供者，即电子政务、通信、能源、交通、水利、金融、教育、医疗等公共服务提供者。

（二）主观要件

本罪的主观罪过在学界是有争议的，大致有以下几类观点：

一是故意说，认为本罪行为的主观罪过是故意，"拒"是人为主观的拒绝行为，其中就包括直接故意和间接故意。网络服务提供者在明知自己不作为行为违反相关法律、法规规定，且在收到监管部门责令改正通知后仍不改正行

为，可能招致严重后果的情况下，仍然放任甚或希望严重后果产生的行为。[1]

二是过失说。如果将该罪理解为故意犯罪，那么其与《刑法》第287条之二的"帮助信息网络犯罪活动罪"的关系就成了问题。[2]

我们认为，"故意说"更加合理，因为本罪法条使用了"经监管部门责令采取改正措施而拒不改正"这样的规定，过失心态不可能存在"拒不改正"的问题。

(三) 客观要件

本罪的具体构成要件行为事实，表现为行为人不履行信息网络安全管理义务，经监管部门责令采取改正措施而拒不改正，行为人具有符合《刑法》第286条之一第1款规定的四种情形之一。作为本罪的行为事实，必须同时满足以下三方面条件：

第一，不履行信息网络安全管理义务。本罪是一个纯正不作为的义务犯，只能由不作为构成。

第二，经监管部门责令采取改正措施而拒不改正。

第三，符合《刑法》第286条之一第1款规定的四种情形之一：即致使违法信息大量传播；致使用户信息泄露，造成严重后果；致使刑事案件证据灭失，情节严重；有其他严重情节。有其他严重情节，显然属于兜底性规定，是指除前述三种情况以外的其他拒不履行信息网络安全管理义务，且情节严重的情形。

所谓"法律、行政法规规定的信息网络安全管理义务"，是指国家对于"网络服务提供者"在履行网络安全管理义务的相关规定。例如，《网络安全法》中相关规定[3]，国务院关于《计算机信息网络国际联网安全保护管理办

---

[1] 参见张明楷：《刑法学》，法律出版社2016年版，第1050页。

[2] 参见邹兵建："'明知'未必是'故犯'——论刑法'明知'的罪过形式"，载《中外法学》2015年第5期；李本灿："拒不履行信息网络安全管理义务罪的两面性解读"，载《法学论坛》2017年第3期。

[3] 根据《网络安全法》第21条的规定，包括网络服务提供者在内的网络运营者的一般安全管理义务是："国家实行网络安全等级保护制度。网络运营者应当按照网络安全等级保护制度的要求，履行下列安全保护义务，保障网络免受干扰、破坏或者未经授权的访问，防止网络数据泄露或者被窃取、篡改：(一) 制定内部安全管理制度和操作规程，确定网络安全负责人，落实网络安全保护责任；(二) 采取防范计算机病毒和网络攻击、网络侵入等危害网络安全行为的技术措施；(三) 采取监测、记录网络运行状态、网络安全事件的技术措施，并按照规定留存相关的网络日志不少于六个月；(四) 采取数据分类、重要数据备份和加密等措施；(五) 法律、行政法规规定的其他义务。"

法》第 10 条的规定[1]等。

所谓"监管部门",是指代表政府参与网络监管的主要职能部门。如通信管理部门、互联网新闻宣传管理部门、公安部门、文化部门、广播电影电视管理部门和新闻出版部门等。

本罪是结果犯,但何为结果中的"致使违法信息大量传播""严重后果""情节严重"和"其他严重情节",目前没有明确的规定,这有待于法律或司法解释作出界定。本罪的难点和重点在于:如果构成本罪的同时又构成其他犯罪的,依照处罚较重的规定定罪处罚,不实行数罪并罚。这在理论上是有争议的。

(四)客体要件

本罪侵犯的客体是有关国家网络安全的管理制度,即国家要求网络服务提供者应当遵循的权利义务规范体系构成的国家网络安全管理制度。

## 第二节 拒不履行信息网络安全管理义务罪的司法适用

### 一、罪名适用规范

我国《刑法》第 286 条之一规定了拒不履行信息网络安全管理义务罪,最高人民法院、最高人民检察院《关于办理非法利用信息网络、帮助信息网络犯罪活动等刑事案件适用法律若干问题的解释》中则进一步作出了明确的界定,同时对认定标准进行了细化规定。

(一)网络服务者的界定

根据司法解释,提供下列服务的单位和个人,应当认定为《刑法》第 286 条之一第 1 款规定的"网络服务提供者":(1)网络接入、域名注册解析等信

---

[1]《计算机信息网络国际联网安全保护管理办法》第 10 条规定:"互联单位、接入单位及使用计算机信息网络国际联网的法人和其他组织应当履行下列安全保护职责:(一)负责本网络的安全保护管理工作,建立健全安全保护管理制度;(二)落实安全保护技术措施,保障本网络的运行安全和信息安全;(三)负责对本网络用户的安全教育和培训;(四)对委托发布信息的单位和个人进行登记,并对所提供的信息内容按照本办法第五条进行审核;(五)建立计算机信息网络电子公告系统的用户登记和信息管理制度;(六)发现有本办法第四条、第五条、第六条、第七条所列情形之一的,应当保留有关原始记录,并在 24 小时内向当地公安机关报告;(七)按照国家有关规定,删除本网络中含有本办法第五条内容的地址、目录或者关闭服务器。"所谓"网络监管",是指网络营运监管、网络内容监管、网络版权监管、网络经营监管、网络安全监管、网络经营许可监管等。

息网络接入、计算、存储、传输服务；(2) 信息发布、搜索引擎、即时通讯、网络支付、网络预约、网络购物、网络游戏、网络直播、网站建设、安全防护、广告推广、应用商店等信息网络应用服务；(3) 利用信息网络提供的电子政务、通信、能源、交通、水利、金融、教育、医疗等公共服务。

(二) 关于"监管部门责令采取改正措施"的认定

根据司法解释，《刑法》第286条之一第1款规定的"监管部门责令采取改正措施"，是指网信、电信、公安等依照法律、行政法规的规定承担信息网络安全监管职责的部门，以责令整改通知书或者其他文书形式，责令网络服务提供者采取改正措施。而认定"经监管部门责令采取改正措施而拒不改正"，则应当综合考虑监管部门责令改正是否具有法律、行政法规依据，改正措施及期限要求是否明确、合理，网络服务提供者是否具有按照要求采取改正措施的能力等因素进行判断。

(三) 关于"致使违法信息大量传播"的认定

根据司法解释，拒不履行信息网络安全管理义务，具有下列情形之一的，应当认定为《刑法》第286条之一第1款第1项规定的"致使违法信息大量传播"：(1) 致使传播违法视频文件200个以上的；(2) 致使传播违法视频文件以外的其他违法信息2000个以上的；(3) 致使传播违法信息，数量虽未达到第(1)项、第(2)项规定标准，但是按相应比例折算合计达到有关数量标准的；(4) 致使向2000个以上用户账号传播违法信息的；(5) 致使利用群组成员账号数累计3000以上的通讯群组或者关注人员账号数累计3万以上的社交网络传播违法信息的；(6) 致使违法信息实际被点击数达到5万以上的；(7) 其他致使违法信息大量传播的情形。

(四) 关于"造成严重后果"的认定

根据司法解释，拒不履行信息网络安全管理义务，致使用户信息泄露，具有下列情形之一的，应当认定为《刑法》第286条之一第1款第2项规定的"造成严重后果"：(1) 致使泄露行踪轨迹信息、通信内容、征信信息、财产信息五百条以上的；(2) 致使泄露住宿信息、通信记录、健康生理信息、交易信息等其他可能影响人身、财产安全的用户信息5000条以上的；(3) 致使泄露第(1)项、第(2)项规定以外的用户信息5万条以上的；(4) 数量虽未达到第(1)项至第(3)项规定标准，但是按相应比例折算合计达到有关数量标准的；(5) 造成他人死亡、重伤、精神失常或者被绑架等严重后果的；

(6) 造成重大经济损失的；(7) 严重扰乱社会秩序的；(8) 造成其他严重后果的。

（五）关于"情节严重"的认定

根据司法解释，拒不履行信息网络安全管理义务，致使影响定罪量刑的刑事案件证据灭失，具有下列情形之一的，应当认定为《刑法》第286条之一第1款第3项规定的"情节严重"：(1) 造成危害国家安全犯罪、恐怖活动犯罪、黑社会性质组织犯罪、贪污贿赂犯罪案件的证据灭失的；(2) 造成可能判处5年有期徒刑以上刑罚犯罪案件的证据灭失的；(3) 多次造成刑事案件证据灭失的；(4) 致使刑事诉讼程序受到严重影响的；(5) 其他情节严重的情形。

（六）关于"有其他严重情节"的认定

根据司法解释，拒不履行信息网络安全管理义务，具有下列情形之一的，应当认定为《刑法》第286条之一第1款第4项规定的"有其他严重情节"：(1) 对绝大多数用户日志未留存或者未落实真实身份信息认证义务的；(2) 二年内经多次责令改正拒不改正的；(3) 致使信息网络服务被主要用于违法犯罪的；(4) 致使信息网络服务、网络设施被用于实施网络攻击，严重影响生产、生活的；(5) 致使信息网络服务被用于实施危害国家安全犯罪、恐怖活动犯罪、黑社会性质组织犯罪、贪污贿赂犯罪或者其他重大犯罪的；(6) 致使国家机关或者通信、能源、交通、水利、金融、教育、医疗等领域提供公共服务的信息网络受到破坏，严重影响生产、生活的；(7) 其他严重违反信息网络安全管理义务的情形。

## 二、本罪与其他罪的区别

在司法实践中，网络服务提供者拒不履行信息网络安全管理义务的行为，因为本罪属于不作为犯罪，在犯罪链条中有可能在符合基础犯罪（拒不履行信息网络安全管理义务罪）的同时，违反其他刑法规范，构成其他犯罪。

例如，根据具体情况，其有可能同时违反我国《刑法》第120条之三规定（宣扬恐怖主义、极端组织的犯罪），第307条规定的帮助毁灭、伪造证据罪，第311条规定的拒绝提供间谍犯罪、恐怖主义、极端主义犯罪证据罪，第364条规定的传播淫秽物品罪，第398条规定的故意或者过失泄露国家秘密罪等罪名。

在司法实践中，根据我国《刑法》第 286 条之一第 3 款的规定，"有前两款行为，同时构成其他犯罪的，依照处罚较重的规定定罪处罚"，即从一重罪定罪处罚。

然而，上述操作在学理上是存在争议的，例如，有前两款行为同时构成其他犯罪的依照处罚较重的规定定罪处罚，其正当性依据何在？如何解释其中所涉有罪不罚的问题？这值得大家进一步探讨和思考。

## 第三节　拒不履行信息网络安全管理义务罪的疑案分析

### 一、案件概要

快播公司成立于 2007 年 12 月 26 日。快播公司持有网络文化经营许可证，至案发之日没有取得互联网视听节目服务许可。王某为快播公司的法定代表人，负责快播公司经营和管理工作。快播公司通过免费提供 QSI（QVOD Server Install，即 PQVOD 资源服务器程序）和 QVOD Player（快播播放器程序或客户端程序）的方式，为网络用户提供网络视频服务，任何人（被快播公司称为"站长"）均可通过 QSI 发布自己所拥有的视频资源。具体方法是："站长"选择要发布的视频文件，使用资源服务器程序生成该视频文件的特征码（hash 值），导出包含 hash 值等信息的链接。"站长"把链接放到自己或他人的网站上，即可通过快播公司中心调度服务器（运行 P2P Tracker 调度服务器程序）与点播用户分享该视频。这样，快播公司的中心调度服务器在"站长"与用户、用户与用户之间搭建了一个视频文件传输的平台。为提高热点视频下载速度，快播公司搭建了以缓存调度服务器（运行 Cache Tracker 缓存调度服务器程序）为核心的平台，通过自有或与运营商合作的方式，在全国各地不同运营商处设置缓存服务器 1000 余台。在视频文件点播次数达到一定标准后，缓存调度服务器即指令处于适当位置的缓存服务器（运行 Cache Server 程序）抓取、存储该视频文件。当用户再次点播该视频时，若下载速度慢，缓存调度服务器就会提供最佳路径，供用户建立链接，向缓存服务器调取该视频，提高用户下载速度。部分淫秽视频因用户的点播、下载次数较高而被缓存服务器自动存储，这更加速了淫秽视频的下载、传播。

2012 年 8 月，深圳网监对快播公司进行检查，针对该公司未建立安全保护管理制度、未落实安全保护技术措施等问题，给予行政警告处罚，并责令整改。随后,深圳网监将违法关键词和违法视频网站链接发给快播公司,要求采取措施过滤屏蔽。于是快播公司成立了信息安全组,开展了不到一周的突击工作,于8月8日投入使用"110"不良信息管理平台,截至9月26日共报送色情过滤类别的不良信息15 836个。但在深圳网监验收合格后,信息安全组原有4名成员或离职或被调到其他部门,"110"平台工作基本搁置,检查屏蔽工作未再有效进行。2013年8月5日,深圳市南山区广播电视局执法人员对快播公司开展调查,在牛某某在场的情况下,执法人员登录www.kuaibo.com,进入快播"超级雷达"(一种发现周边快播用户观看网络视频记录的应用),很快便找到了可播放的淫秽视频。牛某某现场对此予以签字确认。但快播公司随后仅提交了一份整改报告。10月11日,深圳市南山区广电局认定快播公司擅自从事互联网视听节目服务,提供的视听节目含有诱导未成年人违法犯罪和渲染暴力、色情、赌博、恐怖活动的内容,对快播公司予以行政处罚。此后,快播公司的"110"平台工作依然搁置,检查屏蔽工作依然没有有效落实。快播公司直接负责的主管人员王某、吴某、张某某、牛某某,在明知快播公司擅自从事互联网视听节目服务、提供的视听节目含有色情等内容的情况下,未履行监管职责,放任淫秽视频在快播公司控制和管理的缓存服务器内存储并被下载,导致大量淫秽视频在网上传播。

2013年年底,为了规避版权和淫秽视频等法律风险,在王某的授意下,张某某领导的技术部门开始对快播缓存服务器的存储方式进行调整,将原有的完整视频文件存储变为多台服务器的碎片化存储,将一部视频改由多台服务器共同下载,每台服务器保存的均是32M大小的视频文件片段,用户点播时需通过多台服务器调取链接,集合为可完整播放的视频节目。另查,快播公司盈利主要来源于广告费、游戏分成、会员费和电子硬件等,快播事业部是快播公司盈利的主要部门。[1]

## 二、案件解读

对于本案中王某等人的行为如何定性,是构成拒不履行信息网络安全管理义务罪、帮助信息网络活动罪还是传播淫秽物品牟利罪,抑或无罪?本案具有典型样本分析意义。

第一,本案是否因技术中立而可认定无罪?在第一次开庭审理中,本案被

---

[1] 案号为(2015)海刑初字第512号、(2016)京01刑终592号。

告人及其辩护人提出了技术无罪的辩护理由，认为快播公司只是提供视频播放软件，是软件技术提供商。技术无罪，被告人不应对他人上传的淫秽视频承担刑事责任。对此，我们需要首先回顾一下技术中立的含义。"技术中立"是1984年美国联邦最高法院在环球电影制片公司诉索尼公司案中确立的一个法律原则。根据该原则，如果产品可能被广泛用于合法的、不受争议的用途，即能够具有实质性的非侵权用途，即使制造商和销售商知道其设备可能被用于侵权，也不能推定其故意帮助他人侵权并构成帮助侵权。然而适用技术中立原则的前提是制造商或者销售商只是单纯的技术设备提供者，并不能干预设备的实际使用。然而，快播公司并非单纯提供视频播放器。根据法院认定的事实，快播公司在提供视频软件技术的同时，还利用该技术建立了一个视频发布、传播和分享的平台。正是通过这个平台聚集的流量，快播公司通过广告等方式得以牟利。因此，快播公司具有网络视频软件提供者和网络视频内容管理者的双重角色，具有对网络安全的管理义务。所以，技术中立原则不适用快播公司案件。

第二，本案应当如何定罪？根据起诉书所指控的基本事实，本案实际上存在典型的罪数现象，因其行为涉及传播淫秽物品牟利罪、传播淫秽物品罪、拒不履行信息网络安全管理义务罪、帮助信息网络犯罪活动罪。根据一审判决内容，可以得知一审法院之所以最终选择传播淫秽物品牟利罪而排除其他罪名，主要原因是其他罪名的构成要件均不能全面评价本案犯罪事实。

如果我们进一步分析，即从刑法罪数理论分析，在《刑法修正案（九）》中设立了拒不履行网络安全管理义务罪以后，发生明知他人制作、复制、出版、贩卖、传播的是淫秽电子信息，允许或者放任他人在自己所有、管理的网站或者网页上发布的，属于拒不履行网络安全管理义务罪和传播淫秽物品牟利罪的想象竞合。然而，根据《刑法》第286条之一第3款的规定，应当依照处罚较重的规定定罪处罚。

### ■ 课后思考题

**思考题**：关于本罪与其他信息网络犯罪的关系问题。《刑法》第286条之一第3款规定，实施本罪的同时构成其他犯罪的，依照处罚较重的规定定罪处罚。由此需要准确理解和把握本罪与其他犯罪尤其是信息网络犯罪的关系。请阐述本罪与非法利用信息网络罪、帮助信息网络犯罪活动罪的关系。

# 第十一章
## 非法利用信息网络罪

在数字经济时代,数据驱动或影响我们的生活。我们可以通过网络信息平台购物、工作和进行其他有意义的活动,也可以利用网络信息的便利进行非法的活动。当然,后者显然是我国法律禁止的。

2017年7月至2019年2月,黄某某使用昵称为"刀剑阁"的微信,在朋友圈发布其拍摄的管制刀具图片、视频和文字信息合计12 322条,用以销售管制刀具,并从中非法获利。陶某某、李某某、陶某、曾某某在微信朋友圈发布从他人的微信朋友圈转载的管制刀具图片、视频和文字信息,数量分别为6677条、16 540条、15 210条、5316条,用以销售管制刀具,并从中非法获利。2018年5月至7月,宋某某(已判刑)先后三次通过微信联系陶某某,购买管制刀具。陶某某通过微信与黄某某联系,由黄某某直接发货给宋某某,被告人陶某某从中赚取差价。宋某某购得刀具后实施了故意伤害致人死亡的犯罪行为。黄某某违法所得329元,陶某某违法所得858元。

那么,在本案中黄某某的行为如何认定?这关涉非法利用信息网络罪。本章将从非法利用信息网络罪的罪名释义、司法适用、疑案解读等视角予以系统诠释。

## 第一节 非法利用信息网络罪的罪名释义

### 一、历史沿革与规范梳理

自20世纪90年代至今,网络犯罪经历了"犯罪对象""犯罪工具""犯罪空间"三个阶段的发展,网络犯罪行为的社会危害风险日趋严重。《关于办理非法利用信息网络、帮助信息网络犯罪活动等刑事案件适用法律若干问题的解释》实际上坚持了对非法利用信息网络罪等网络犯罪活动应遵循"打早打小"的刑事政策。

《刑法修正案（九）》增设非法利用信息网络罪，有针对性地对尚处于预备阶段的网络犯罪行为独立入罪处罚。我国《刑法》第287条之一规定，利用信息网络实施下列行为之一，情节严重的，处3年以下有期徒刑或者拘役，并处或者单处罚金：（1）设立用于实施诈骗、传授犯罪方法、制作或者销售违禁物品、管制物品等违法犯罪活动的网站、通讯群组的；（2）发布有关制作或者销售毒品、枪支、淫秽物品等违禁物品、管制物品或者其他违法犯罪信息的；（3）为实施诈骗等违法犯罪活动发布信息的。单位犯前款罪的，对单位判处罚金，并对其直接负责的主管人员和其他直接责任人员，依照第1款的规定处罚。有前两款行为，同时构成其他犯罪的，依照处罚较重的规定定罪处罚。

需要引起注意的是，我国《网络安全法》第46条和第67条是对非法利用信息网络行为的行政罚则，行为描述上同本罪维持一致，也同样规定了单位责任。

### 二、非法利用信息网络罪及其构成要件

非法利用信息网络罪，是指利用信息网络设立用于实施诈骗，传授犯罪方法，制作或者销售违禁物品、管制物品等违法犯罪活动的网站、通讯群组，或发布有关制作或者销售毒品、枪支、淫秽物品等违禁物品、管制物品或者其他违法犯罪信息，或为实施诈骗等违法犯罪活动发布信息，情节严重的行为。非法利用信息网络罪的主要构成要件如下。

（一）主体要件

本罪主体为一般主体，即年满16周岁具有刑事责任能力的自然人。根据我国《刑法》第287条之一第4款之规定，单位也属于构成本罪的主体。

（二）主观要件

本罪的行为人在主观上明知建立网络信息平台、通讯群组等是为了制造销售毒品等国家违禁物品或是被用作传授犯罪、组织诈骗等违规违法的行为，或是散布淫秽视频或者枪支毒品等违法资讯的，或是其使用信息网络就是为进行诈骗活动等违法犯罪行为，追求或放任危害结果的发生。因此，本罪的主观罪过为故意。

### （三）客观要件

本罪客观要件表现为利用信息网络实施准备违法犯罪活动，情节严重的行为。具体行为方式包括以下几种：（1）设立用于实施诈骗，传授犯罪方法，制作或者销售违禁物品、管制物品等违法犯罪活动的网站、通讯群组的；（2）发布有关制作或者销售毒品、枪支、淫秽物品等违禁物品、管制物品或者其他违法犯罪信息的；（3）为实施诈骗等违法犯罪活动发布信息，情节严重的。

本罪的实质是对网络犯罪预备行为独立入罪，实现预备行为实行化。因此，认定非法利用信息网络罪，只应要求行为人实施了相应的网上行为，即所设立的网站、通讯群组用于实施违法犯罪活动，或者所发布的信息内容有关违法犯罪或者为实施诈骗等违法犯罪活动。

关于用于实施违法犯罪活动的网站、通讯群组的界定。对此，可以从网站、通讯群组的设立目的与设立后主要从事的活动两个方面加以判断。具体而言，以实施诈骗，传授犯罪方法，制作或者销售违禁物品、管制物品等违法犯罪活动为目的设立或者设立后主要实施诈骗，传授犯罪方法，制作或者销售违禁物品、管制物品等违法犯罪活动的网站、通讯群组，应当认定为"用于实施诈骗，传授犯罪方法，制作或者销售违禁物品、管制物品等违法犯罪活动的网站、通讯群组"。

关于设立用于实施违法犯罪活动的网站、通讯群组的行为的认定。这里的设立有关网站、通讯群组应包括为自己和为他人设立网站、通讯群组两种情形。从司法实践来看，将建立完整的网站、通讯群组进而转交给他人的行为认定为设立网站、通讯群组，应无问题。但是网络犯罪的特点是分工细化、各管一段，实践中不少人不从事建立网站、通讯群组的完整工作，仅从事其中的一个环节。因此，为他人设立上述网站、通讯群组提供互联网接入、服务器托管、网络存储空间、通讯传输通道等帮助的，也应当认定为"设立用于实施诈骗，传授犯罪方法，制作或者销售违禁物品、管制物品等违法犯罪活动的网站、通讯群组"。

关于发布信息的认定。司法实践中，有些行为人为逃避打击，不直接发布信息，而是发布信息的链接地址、截屏，或者将包含信息的文件放到网盘等存储空间后发布访问账号、密码。例如，传播淫秽色情案件中，行为人将大量淫秽色情视频文件存入网盘后，在网上售卖网盘账号、密码。实际上，此种情形与直接发布信息并无差异，应当认定为"发布信息"。

本罪需要达到"情节严重"才构成本罪，何为"情节严重"，这有待于司法解释作出进一步规定。根据当前司法实践，通常需要根据设立网站、发布信息的数量，通讯群组人数，违法所得金额以及从下游实行行为的危害后果等方面把握。

（四）客体要件

本罪侵犯的客体是国家的网络安全管理制度。

## 第二节 非法利用信息网络罪的司法适用

### 一、罪名适用规范

（一）法律规定

《刑法修正案（九）》增设非法利用信息网络罪，有针对性地对尚处于预备阶段的网络犯罪行为独立入罪处罚。我国《刑法》第287条之一对非法利用信息网络罪进行了具体规定。

我国《网络安全法》第46条规定，任何个人和组织应当对其使用网络的行为负责，不得设立用于实施诈骗，传授犯罪方法，制作或者销售违禁物品、管制物品等违法犯罪活动的网站、通讯群组，不得利用网络发布涉及实施诈骗，制作或者销售违禁物品、管制物品以及其他违法犯罪活动的信息。

（二）司法解释规定

1. 最高人民法院、最高人民检察院《关于办理非法利用信息网络、帮助信息网络犯罪活动等刑事案件适用法律若干问题的解释》

该解释第10条对"情节严重"作出了界定。该条规定，非法利用信息网络，具有下列情形之一的，应当认定为《刑法》第287条之一第1款规定的"情节严重"：（1）假冒国家机关、金融机构名义，设立用于实施违法犯罪活动的网站的；（2）设立用于实施违法犯罪活动的网站，数量达到3个以上或者注册账号数累计达到2000个以上的；（3）设立用于实施违法犯罪活动的通讯群组，数量达到5个以上或者群组成员账号数累计达到1000个以上的；（4）发布有关违法犯罪的信息或者为实施违法犯罪活动发布信息，具有下列情形之一的：一是在网站上发布有关信息100条以上的；二是向2000个以上用户账号发送有关信息的；三是向群组成员数累计达到3000个以上的通讯群组发送有关信息的;四是利用关注人员账号数累计达到3万以上的社交网络传播有关信息的;五是违法所得1万元以上的;六是2年内曾因非法利用信息网络、帮助信息网络犯罪活动、危害计算机信息系统安全受过行政处罚,又非法利用信息网络的;七是其他情节严重的情形。

该解释第11条则对认定行为人明知他人利用信息网络实施犯罪的具体情形作出了规定:一是经监管部门告知后仍然实施有关行为的;二是接到举报后不履行法定管理职责的;三是交易价格或者方式明显异常的;四是提供专门用于违法犯罪的程序、工具或者其他技术支持、帮助的;五是频繁采用隐蔽上网、加密通信、销毁数据等措施或者使用虚假身份,逃避监管或者规避调查的;六是为他人逃避监管或者规避调查提供技术支持、帮助的;七是其他足以认定行为人明知的情节严重情形。

该解释第12条则规定了"情节严重"的认定标准,即为3个以上对象提供帮助的;支付结算金额20万元以上的;以投放广告等方式提供资金5万元以上的;违法所得1万元以上的;2年内曾因非法利用信息网络、帮助信息网络犯罪活动、危害计算机信息系统安全受过行政处罚,又帮助信息网络犯罪活动的;被帮助对象实施的犯罪造成严重后果的、其他情节严重的情形。

2. 《关于办理电信网络诈骗等刑事案件适用法律若干问题的意见(二)》

该解释第9条规定,明知他人利用信息网络实施犯罪,为其犯罪提供下列帮助之一的,可以认定为最高人民法院、最高人民检察院《关于办理非法利用信息网络、帮助信息网络犯罪活动等刑事案件适用法律若干问题的解释》第12条第1款第7项规定的"其他情节严重的情形":(1)收购、出售、出租信用卡、银行账户、非银行支付账户、具有支付结算功能的互联网账号密码、网络支付接口、网上银行数字证书5张(个)以上的;(2)收购、出售、出租他人手机卡、流量卡、物联网卡20张以上的。

3. 最高人民法院、最高人民检察院《关于办理组织、强迫、引诱、容留、介绍卖淫刑事案件适用法律若干问题的解释》

该解释第8条第2款规定,利用信息网络发布招嫖违法信息,情节严重的,依照《刑法》第287条之一的规定,以非法利用信息网络罪定罪处罚。同时构成介绍卖淫罪的,依照处罚较重的规定定罪处罚。

4. 最高人民法院《关于审理毒品犯罪案件适用法律若干问题的解释》

该解释第14条规定,利用信息网络,设立用于实施传授制造毒品、非法生产制毒物品的方法,贩卖毒品,非法买卖制毒物品或者组织他人吸食、注射毒品等违法犯罪活动的网站、通讯群组，或者发布实施前述违法犯罪活动的信息，情节严重的，应当依照《刑法》第287条之一的规定，以非法利用信息网络罪定罪处罚。实施《刑法》第287条之一、第287条之二规定的行为，同时构成贩卖毒品罪、非法买卖制毒物品罪、传授犯罪方法罪等犯罪的，依照处罚较重的规定定罪处罚。

## 二、罪与非罪的界限

（一）是否符合构成要件规定

非法利用信息网络罪是主体为一般主体。是否年满16周岁且具有刑事责任能力；行为人主观上是否存在故意利用信息网络实施准备违法犯罪活动；客观上是否侵害了国家网络安全管理制度等，符合以上特征的才可能构成犯罪，不符合则不构成犯罪。

（二）是否达到情节严重

根据《刑法》第287条之一第1款的规定，非法利用信息网络的入罪以"情节严重"为标准。因此，罪与非罪的界定应当考虑情节是否严重。根据司法实践，认定"情节严重"的要素主要包括以下方面：

一是传播的广度。具体包括设立网站、发布信息数量和访问数量。很多从事诈骗活动的犯罪分子会申请很多近似的域名而指向相同的网站。例如，针对工商银行（icbc.com.cn）制作钓鱼网站，犯罪分子将网站内容托管到服务器后会申请诸如 icbc.com、icdc.cn 等近似于工商银行域名的虚假域名指向网站后台，即使某一虚假域名被发现注销，还会有其他域名正常工作。并且，网站被点击数、注册账号数可以反映网站的传播面，也可以作为认定"情节严重"的标准。此外，群组个数和成员账号数也可以作为认定"情节严重"的标准。至于有关信息，宜以发布信息的条数、实际点击数以及向用户账号发送信息数作为认定"情节严重"的标准。

二是违法所得数额。从实践来看，非法利用信息网络设立网站、通讯群组或者发布信息，其目的之一在于获取广告费、会员注册费或者其他违法所得。故而可以考虑以违法所得数额作为衡量"情节严重"与否的标准。

值得注意的是，不少非法利用信息网络的行为是跨境实施，对于发生在境外的犯罪活动，取证和管辖都存在诸多困难之处。

### 三、本罪与其他罪的区别

本罪与帮助信息网络犯罪活动罪和诈骗罪的区别如下。

(1) 本罪与帮助信息网络犯罪活动罪之区别。

第一,本罪旨在对网络犯罪预备行为独立入罪,实现网络犯罪预备行为的实行化;帮助信息网络犯罪活动罪旨在对网络犯罪的帮助行为独立入罪,实现网络犯罪帮助行为正犯化。

第二,本罪只要求行为人实施了法律规定的相应网络支持行为,例如,通过设立网站、通讯群组用于实施违法犯罪活动,或者所发布的信息内容有关违法犯罪或为实施诈骗等违法犯罪活动。而帮助信息网络犯罪活动罪通常须以被帮助对象的行为构成犯罪为前提。

第三,为他人非法利用信息网络设立网站、通讯群组或者发布信息,以及为他人实施诈骗等违法犯罪活动发布信息,虽然也属于帮助信息网络犯罪活动罪的情形,但其本质上是在非法利用信息网络。

(2) 本罪与诈骗罪之关系。

本罪的构成要件与诈骗罪构成要件有本质的不同。但是,在司法实践中,从犯罪形态而论,由于本罪的实质属于预备行为的正犯化,因此常常与诈骗罪在罪数形态、共犯形态上存在诸多关联。此处予以阐明。

如果行为人明知他人即将从事诈骗活动,仍为其犯罪活动提供信息技术帮助,譬如建立网络平台、通讯群组以及帮助传播诈骗信息的,则其行为同时满足非法利用信息网络罪和诈骗罪(共同犯罪形态中的帮助犯)要件,构成想象竞合犯。根据《刑法》第287条之一第3款的规定,应当依照处罚较重的规定定罪处罚。

如果行为人为了实施诈骗行为,而且利用信息网络发布诈骗信息,骗得财物数额、发布信息数量较大或者情节严重的,同时符合本罪和诈骗罪的犯罪构成的,同样构成想象竞合犯。

## 第三节 非法利用信息网络罪的疑案分析

### 一、案件概要

2016年10月,被告人谭某某、张某共同出资注册羽源公司(已注销)。同年12月,为获取非法利益,被告人谭某某、张某商定在网络上从事为他人发送刷单获取佣金的诈骗信息业务，即通过阿里旺旺向不特定的淘宝用户发送信息，信息内容大致为"亲，我是×××，最近库存压力比较大，请你来刷单，一单能赚10—30元，一天能赚几百元，详情加×××"。通常每100个人添加上述信息里的号码，谭某某、张某即可从要其发送诈骗信息的上家处获取平均约5000元的费用。谭某某、张某雇用被告人秦某某及周某某、王某某、唐某某等人具体负责发送诈骗信息。被告人张某主要负责购买阿里旺旺账号、软件、租赁电脑服务器等，并经常到羽源公司处理事务；被告人秦某某主要负责招揽、联系有发送诈骗信息需求的上家，接收上家支付的费用，及带领周某某、王某某、唐某某等人发送诈骗信息。

2016年12月至2017年3月，被告人谭某某、张某通过上述方式共非法获利约80余万元，被告人秦某某在此期间以工资的形式非法获利约2万元。被害人王某青、洪某某因添加被告人谭某某、张某等人组织发送的诈骗信息中的QQ号后，分别被骗31 000元和30 049元。

## 二、案件解读

本案应如何定罪处罚，是构成非法利用信息网络罪，还是帮助信息网络犯罪活动罪？沭阳县人民法院经审理认为，被告人谭某某、张某、秦某某以非法获利为目的，明知他人利用信息网络实施犯罪，仍为其犯罪提供广告推广帮助，情节严重，侵犯了国家对正常信息网络环境的管理秩序，其行为均已构成帮助信息网络犯罪活动罪。依照《刑法》第25条第1款，第26条第1款、第4款，第27条，第67条第3款，第64条，第287条之二第1款之规定，判决：(1)被告人张某犯帮助信息网络犯罪活动罪，判处有期徒刑2年1个月，并处罚金10万元；被告人谭某某犯帮助信息网络犯罪活动罪，判处有期徒刑1年10个月，并处罚金8万元；被告人秦某某犯帮助信息网络犯罪活动罪，判处有期徒刑1年4个月，并处罚金3万元。(2)追缴被告人谭某某、张某违法所得73.7万元，被告人秦某某违法所得2万元。

一审宣判后，被告人张某、谭某某向宿迁市中级人民法院提出上诉。宿迁市中级人民法院经审理认为，一审判决认定的主要事实清楚，证据确实、充分，但认定被告人谭某某、张某、秦某某的行为构成帮助信息网络犯罪活动罪，定性不准确，应认定三名被告人的行为构成非法利用信息网络罪，遂对罪名依法予以改判，以非法利用信息网络罪判处张某、谭某某、秦某某1年4个月到2年1个月不等的有期徒刑，并处罚金。

## ■ 课后思考题

**材料**：2017年2月起，被告人储某某建立"松江同乐网络信息分享群"主群、二群、三群及"松江信息分享群"，用于卖淫女与嫖客联系，并向加入"松江同乐网络信息分享群"主群、二群、三群的卖淫女收取每月每群100元的群费。在此期间，杨某某通过"松江同乐网络信息分享群"与卖淫女许某某结识并进行卖淫嫖娼活动。至案发，"松江同乐网络信息分享群"主群、二群、三群及"松江信息分享群"的群成员分别达487人、500人、500人及100人。2017年7月19日，被告人储某某被公安机关抓获。

**思考题**：被告人储某某利用信息网络发布卖淫嫖娼违法活动信息，情节严重，其行为是否构成非法利用信息网络罪？

# 第十二章
# 帮助信息网络犯罪活动罪

随着警方打击电信网络诈骗犯罪力度的不断加大,帮助信息网络犯罪活动罪已成为打击的重点之一,尤其是在公安机关开展的以打击、治理、惩戒开办贩卖银行卡、手机卡违法犯罪为主要内容的"断卡"集中收网行动中,一大批涉嫌帮助信息网络犯罪活动罪人员落网。

从2019年2月底开始,蒙某在明知倒卖他人实名制电话卡可能被不法分子用于网络诈骗违法犯罪的情况下,仍以每张150元至180元不等的价格在广西宾阳县批量出售。其通过虚假身份在网上购买电话卡以货到付款的方式邮寄至上林县顺丰快递点,再由被告人王某某有偿到上林县顺丰快递点帮忙领取包含电话卡的快递包裹。同年3月29日,公安机关在上林县抓获王某某,并从其随身携带的快递包裹内查获241张电话卡。同日,公安机关又在蒙某住所广西宾阳县搜出660张电话卡、手机等涉案物品。至被抓获时,被告人蒙某共获取违法所得5万元。[1]蒙某刻意逃避监管,交易价格或者交易方式明显异常,结合宾阳县打击电信网络诈骗违法犯罪的高压态势和被告人的认知能力,根据《关于办理非法利用信息网络、帮助信息网络犯罪活动等刑事案件适用法律若干问题的解释》第11条的规定,可以认定其明知他人利用信息网络实施犯罪仍提供帮助。

那么如何理解帮助信息网络犯罪活动罪?本章将从帮助信息网络犯罪活动罪的罪名释义、司法适用、疑案解读等视角予以系统诠释。

---

[1] 参见蒙某、王某某帮助信息网络犯罪活动案,案号为(2019)桂0126刑初535号。

## 第一节　帮助信息网络犯罪活动罪的罪名释义

### 一、帮助信息网络犯罪活动罪的概念

帮助信息网络犯罪活动罪，是针对明知他人利用信息网络实施犯罪，为其犯罪提供互联网接入、服务器托管、网络存储、通讯传输等技术支持，或者提供广告推广、支付结算等帮助的行为，情节严重独立入罪。

### 二、帮助信息网络犯罪活动罪的构成要件

（一）主体要件

帮助信息网络犯罪活动罪主体为一般主体。即年满16周岁具有刑事责任能力的自然人。单位也可成为帮助信息网络犯罪活动罪的主体。

（二）主观要件

帮助信息网络犯罪活动罪在主观方面只能由故意构成，过失不构成帮助信息网络犯罪活动罪。

（三）客观要件

帮助信息网络犯罪活动罪客观要件表现在明知他人利用信息网络实施犯罪，为其犯罪提供互联网接入、服务器托管、网络存储、通讯传输等技术支持，或者提供广告推广、支付结算等帮助，情节严重的行为。

所谓"明知"，是指知道或者应当知道；所谓"互联网接入"，是指通过特定的信息采集与共享的传输通道，利用相关传输技术完成用户与IP广域网的高带宽、高速度的物理连接；所谓"服务器托管"，是指为了提高网站的访问速度，将服务器及相关设备托管到具有完善机房设施、高品质网络环境、丰富带宽资源和运营经验以及可对用户的网络和设备进行实时监控的网络数据中心内，以此使系统达到安全、可靠、稳定、高效运行的目的；所谓"网络存储"，是指将存储设备通过标准的网络拓扑结构连接到一群计算机上，目的在于帮助解决迅速增加存储容量的需求，简单地说，就是将电脑上的东西存放在网络上。网络存储结构大致分为三种：直连式存储、网络存储设备和存储网络；所谓"通讯传输"，是指由一地向另一地进行信息的传输与交换，简单地说，就是信息的传递或传输。随着社会生产力的发展，人们对传递消息的要求也越来越高。

帮助信息网络犯罪活动罪是结果犯，需要达到"情节严重"才能构成。何为"情节严重"，有待于法律或司法解释作出更为明确的规定。构成帮助信息网络犯罪活动罪的同时又构成其他犯罪的，依照处罚较重的规定定罪处罚，不实行数罪并罚。

（四）客体要件

帮助信息网络犯罪活动罪侵犯的客体是有关国家网络安全的管理制度。

## 第二节　帮助信息网络犯罪活动罪的司法适用

### 一、罪名适用规范

（一）法律规定

《刑法》第287条之二规定，明知他人利用信息网络实施犯罪，为其犯罪提供互联网接入、服务器托管、网络存储、通讯传输等技术支持，或者提供广告推广、支付结算等帮助，情节严重的，处3年以下有期徒刑或者拘役，并处或者单处罚金。单位犯前款罪的，对单位判处罚金，并对其直接负责的主管人员和其他直接责任人员，依照第1款的规定处罚。有前两款行为，同时构成其他犯罪的，依照处罚较重的规定定罪处罚。

（二）司法解释等规范性文件

1. 最高人民法院、最高人民检察院《关于办理非法利用信息网络、帮助信息网络犯罪活动等刑事案件适用法律若干问题的解释》

该解释第11条对"行为人明知他人利用信息网络实施犯罪"的认定作出了规定，即具有下列情形之一的即可构成：（1）经监管部门告知后仍然实施有关行为的；（2）接到举报后不履行法定管理职责的；（3）交易价格或者方式明显异常的；（4）提供专门用于违法犯罪的程序、工具或者其他技术支持、帮助的；（5）频繁采用隐蔽上网、加密通信、销毁数据等措施或者使用虚假身份，逃避监管或者规避调查的；（6）为他人逃避监管或者规避调查提供技术支持、帮助的；（7）其他足以认定行为人明知的情形。

该解释第12条则明确规定符合以下情形则可认定为"情节严重"：（1）为3个以上对象提供帮助的；（2）支付结算金额20万元以上的；（3）以投放广告等方式提供资金5万元以上的；（4）违法所得1万元以上的；（5）2年内曾因非法利用信息网络、帮助信息网络犯罪活动、危害计算机信息系统安全受过行政处罚,又帮助信息网络犯罪活动的;(6)被帮助对象实施的犯罪造成严重后果的;(7)其他情节严重的情形。

2.《关于办理电信网络诈骗等刑事案件适用法律若干问题的意见(二)》

该解释第 7 条对何为"帮助"行为作出了界定,即(1)收购、出售、出租信用卡、银行账户、非银行支付账户、具有支付结算功能的互联网账号密码、网络支付接口、网上银行数字证书的;(2)收购、出售、出租他人手机卡、流量卡、物联网卡的。

该解释第 9 条对"其他情节严重的情形"也进行了列举式规定,即(1)收购、出售、出租信用卡、银行账户、非银行支付账户、具有支付结算功能的互联网账号密码、网络支付接口、网上银行数字证书 5 张(个)以上的;(2)收购、出售、出租他人手机卡、流量卡、物联网卡 20 张以上的。

## 二、罪与非罪的界限

从目前的司法实践看,在认定行为人是否构成帮助信息网络犯罪活动罪时,应重点考虑以下几个方面。

其一,帮助行为的具体情况。例如,帮助行为是否违反法律的禁止性规定,是否属于专门从事帮助违法犯罪的活动或者提供专门用于非法犯罪活动的程序、工具。

其二,行为人是否有逃避监管或者规避调查的行为。例如,是否长期使用隐蔽上网、加密通信、销毁证据等措施或者使用虚假身份。

其三,相关业务被用于违法犯罪的程度。例如,相关业务是否广泛地被用于违法犯罪。

其四,行为人的认知能力和既往经历。考察其是否存在经监管部门告知后仍然实施有关行为或者接到举报后仍不履行法定管理职责之情形。

其五,获利的情况。例如,收取相关费用是否有明显异常之情形。

## 三、本罪与其他罪的关系

在司法实践中,对于为他人搭建、制作、出售、出租网站、平台用于信息网络犯罪活动的行为的定性差异较大。有以非法利用信息网络罪定罪的,也有以帮助信息网络犯罪活动罪定罪的。主要因为这两个罪名联系紧密,但也有所区别。本节主要探讨非法利用信息网络罪与帮助信息网络犯罪活动罪之间的关系。

第一，在罪数形态上，两者有法条竞合之可能，主要理由如下：两者均有"设立用于实施违法犯罪活动的网站"的情形，帮助信息网络犯罪活动罪之实质，乃是帮助行为的正犯化。[1]我国《刑法》第287条之二规定："明知他人利用信息网络实施犯罪，为其提供互联网接入、服务器托管、网络存储、通信传输等技术支持，或者提供广告推广、支付结算等帮助，情节严重的，处三年以下有期徒刑或者拘役，并处或者单处罚金。"就犯罪形态而言，帮助行为与非法利用信息网络罪中的为他人设立用于违法犯罪网站和通讯群组的预备行为，均属为他人网络技术支持之行为。就这个意义上而言，二者属于法条竞合的关系。

第二，两者又有本质的不同。根据共同犯罪理论，帮助信息网络犯罪活动罪是将帮助犯的行为正犯化，其需以被帮助的实行行为构成犯罪为前提。相较而言，非法利用信息网络罪则不需要考虑实行行为是否构成犯罪，其实质上是预备行为的正犯化。

第三，两者核心内容不同。非法利用信息网络罪的核心在于传播信息，只要实施了发布违法犯罪信息的行为，就成立非法利用信息网络罪（预备犯），而帮助信息网络犯罪活动罪的核心是为他人利用信息网络实施犯罪提供技术支持与帮助。

## 第三节 帮助信息网络犯罪活动罪的疑案分析

### 一、案件概要

2018年5月28日，被告人侯某某、刘某某在我国台湾地区受人指派，带领被告人刘某民、蔡某某等进入我国大陆地区到银行办理银行卡，用于电信网络诈骗等违法犯罪活动。刘某民、蔡某某明知开办的银行卡可能用于电信网络诈骗等犯罪活动，但为了高额回报，依然积极参加。当日下午，几人抵达杭州机场，后乘坐高铁来到金华市区并入住酒店。当晚，侯某某、刘某某告知其他人办理银行卡时需谎称系来我国大陆地区投资，并交代了注意事项及具体操作细节。5月29日上午，在金华多家银行网点共开办了12张银行卡，并开通网银功能。据查，2018年5月14日至18日，被告人侯某某、刘某某就曾以同样

---

[1] 张明楷教授认为，本罪不属于帮助犯的正犯化。详细论证参见张明楷：《刑法学》，法律出版社2016年版，第1051页。

的方式在金华市区义乌两地办理银行卡,并带回我国台湾地区。

## 二、案件解读

本案中被告人为他人实施信息网络犯罪提供开办银行卡帮助、情节严重的行为,是否构成帮助信息网络犯罪活动罪?

浙江省金华市婺城区人民法院判决认为:被告人侯某某、刘某某、蔡某某、刘某民明知开办的银行卡可能用于实施电信网络诈骗等犯罪行为,仍到我国大陆地区帮助开办银行卡,情节严重,其行为均已构成帮助信息网络犯罪活动罪。以帮助信息网络犯罪活动罪判处被告人侯某某、刘某某有期徒刑1年2个月,并处罚金1万元;判处被告人蔡某某、刘某民有期徒刑9个月,并处罚金5000元。该判决已发生法律效力。

### ■ 课后思考题

**材料**:被告人赵某经营的网络科技有限公司的主营业务为第三方支付公司网络支付接口代理。赵某在明知申请支付接口需要提供商户营业执照、法人身份证等五证信息和网络商城备案域名,且明知非法代理的网络支付接口可能被用于犯罪资金走账和洗钱的情况下,仍通过事先购买的企业五证信息和假域名备案在第三方公司申请支付账号,以每个账号收取2000元至3500元不等的接口费将账号卖给他人,并收取该账号入账金额3‰左右的利润。2016年11月17日,被害人赵某被骗600万元。其中,被骗资金50万元经他人账户后转入在第三方某股份有限公司开户的某贸易有限公司商户账号内,该商户账号由被告人赵某通过上述方式代理。浙江省义乌市人民法院判决认为:被告人赵某明知他人利用信息网络实施犯罪,为其犯罪提供支付结算的帮助,其行为已构成帮助信息网络犯罪活动罪。被告人赵某到案后如实供述自己的罪行,依法可以从轻处罚。以帮助信息网络犯罪活动罪判处被告人赵某有期徒刑7个月,并处罚金3000元。

**思考题**:材料中的判决是否妥当?帮助信息网络犯罪活动罪是将帮助犯的行为正犯化是否具有合理性,请尝试分析。

# 下 编
# 程序论

# 第十三章
# 网络犯罪案件的管辖

管辖问题是办理网络犯罪案件中各地反映较多、较为集中的问题,主要涉及犯罪地的具体确定、涉及多地案件的管辖争议、并案处理、公安机关与检察机关、审判机关管辖的协调、异地管辖,等等。刑事管辖解决的是刑事案件的"起点""入口"问题,只有明确了案件的管辖问题,犯罪的侦查、起诉与审判才具有合法性与合理性。网络犯罪由于在"犯罪地"以及"行为地""结果地"上具有抽象性质,导致了传统的刑事司法管辖的基础在网络空间受到巨大挑战。因此,了解网络犯罪案件的刑事诉讼程序首先要从管辖开始。

## 第一节 刑事案件管辖的一般规定

刑事管辖是指公安机关、检察机关和审判机关等在直接受理刑事案件上的权限划分以及审判机关系统内部在审理第一审刑事案件上的权限划分。

管辖分为立案管辖和审判管辖,审判管辖又分为普通管辖和专门管辖,普通管辖又进一步分为级别管辖、地域管辖和指定管辖。而在所有案件中地域管辖都是重点以及难点,下文主要是对地域管辖进行分析。所谓地域管辖是指同级人民法院之间,在审判第一审刑事案件上的权限划分。

### 一、犯罪地法院管辖

《刑事诉讼法》第 25 条规定,刑事案件由犯罪地的人民法院管辖。如果由被告人居住地的人民法院审判更为适宜的,可以由被告人居住地的人民法院管辖。这一规定表明,在我国,确定刑事案件地区管辖的原则有两个:犯罪地和被告人居住地。但两者在地区管辖中的地位并不是并列的,而是以犯罪地作为确定地区管辖的基本原则,被告人居住地作为确定地区管辖的辅助性原则。

刑事案件原则上应由犯罪地的人民法院管辖。这里所说的犯罪地,一般是指犯罪行为发生地,以非法占有为目的的财产犯罪,犯罪地包括犯罪行为发生地和犯罪分子实际取得财产的犯罪结果发生地。对"犯罪地"作出较为明确界定的目的,主要是为了避免滋生地方保护主义,防范个别地方的办案机关以追究犯罪为名插手经济纠纷,有碍法律的公正实施。但是根据当前犯罪行为复杂化和犯罪地易变化的特点,《关于实施刑事诉讼法若干问题的规定》第 2 条明确规定,《刑事诉讼法》规定的"犯罪地",包括犯罪行为的发生地和结果发生地。同时,2021 年修订后的《最高人民法院关于适用〈中华人民共和国刑事诉讼法〉的解释》也在第 2 条第 1 款明确规定,"犯罪地包括犯罪行为地和犯罪结果地"。

### 二、被告人居住地法院管辖

刑事案件如果由被告人居住地的人民法院审判更为适宜的,可以由被告人居住地的人民法院管辖;单位犯罪的刑事案件由犯罪地的人民法院管辖。如果由被告单位住所地的人民法院管辖更为适宜的,可以由被告单位住所地的人民法院管辖。这是法律和司法解释对地区管辖所作的一项辅助性的规定。这里所说的被告人居住地,包括被告人的户籍所在地、居所地。至于什么是"更为适宜的",则要根据案件和被告人的具体情况来决定。例如,被告人流窜作案,主要犯罪地难以确定,而居住地群众更为了解其犯罪情况的;案件发生在两个地区交界的地方,犯罪地的管辖境界不明确,致使犯罪地的管辖法院难以确定的;被告人在居住地民愤更大,当地群众强烈要求在其居住地审判的;可能对被告人适用缓刑或者判处管制,而应当在被告人居住地进行监督改造和考察的等,都适宜由被告人居住地的人民法院管辖。

## 第二节 网络犯罪案件的一般地域管辖

随着互联网技术的不断发展,各行各业都开始自发地与互联网进行融合,人们的日常生活与工作已经牢固地与互联网"捆绑"在一起。在司法领域,互联网与信息化的应用已经逐步深入,电子化的办公、自动化的审判管理、智能化的公开系统等工程都已启动,大幅提升了审判机关的司法能力与司法效率。然而,互联网的应用也给社会治理提出了新的问题。在刑事司法领域,利用互联网或针对互联网的犯罪呈现"井喷式"增长,极大地损害了社会利益与公民的人身财产权,如何对网络犯罪进行有效治理是当前刑事司法面临的一大难题。

刑事管辖解决的是刑事案件的"起点""入口"问题，只有明确了案件管辖，犯罪的侦查、起诉与审判才具有合法性与合理性。网络犯罪，由于其在"犯罪地"以及"行为地""结果地"上具有抽象性质，导致了传统的刑事司法管辖的基础在网络空间受到巨大挑战。

## 一、我国有关网络犯罪犯罪地的相关法律规定

为了便于比较，本部分将采用表格形式对我国有关网络犯罪犯罪地的相关法律规定进行展示。

表 13-1　网络犯罪犯罪地的具体规定

| 法律文件名称 | 具体规定 |
| --- | --- |
| 最高人民法院、最高人民检察院、公安部《关于办理信息网络犯罪案件适用刑事诉讼程序若干问题的意见》 | 2.……信息网络犯罪案件的犯罪地包括用于实施犯罪行为的网络服务使用的服务器所在地，网络服务提供者所在地，被侵害的信息网络系统及其管理者所在地，犯罪过程中犯罪嫌疑人、被害人或其他涉案人员使用的信息网络系统所在地，被害人被侵害时所在地以及被害人财产遭受损失地等…… |
| 《公安机关办理刑事案件程序规定》 | 第17条　针对或者利用计算机网络实施的犯罪，用于实施犯罪行为的网络服务使用的服务器所在地，网络服务提供者所在地，被侵害的网络信息系统及其管理者所在地，以及犯罪过程中犯罪嫌疑人、被害人使用的网络信息系统所在地，被害人被侵害时所在地和被害人财产遭受损失地公安机关可以管辖 |
| 《最高人民法院关于适用〈中华人民共和国刑事诉讼法〉的解释》 | 第2条第2款　针对或者主要利用计算机网络实施的犯罪，犯罪地包括用于实施犯罪行为发生地的网络服务使用的服务器所在地，网络服务提供者所在地，被侵害的信息网络系统及其管理者所在地，犯罪过程中被告人、被害人使用的信息网络系统所在地，以及被害人被侵害时所在地和被害人财产遭受损失地等 |
| 《关于办理网络赌博犯罪案件适用法律若干问题的意见》 | 第4条　……"犯罪地"包括赌博网站服务器所在地、网络接入地，赌博网站建立者、管理者所在地，以及赌博网站代理人、参赌人实施网络赌博行为地等 |
| 《关于办理电信网络诈骗等刑事案件适用法律若干问题的意见》 | 第5条（一）　……"犯罪行为发生地"包括用于电信网络诈骗犯罪的网站服务器所在地，网站建立者、管理者所在地，被侵害的计算机信息系统或其管理者所在地，犯罪嫌疑人、被害人使用的计算机信息系统所在地，诈骗电 |

续表

| 法律文件名称 | 具体规定 |
| --- | --- |
|  | 话、短信息、电子邮件等的拨打地、发送地、到达地、接受地，以及诈骗行为持续发生的实施地、预备地、开始地、途经地、结束地。<br>"犯罪结果发生地"包括被害人被骗时所在地，以及诈骗所得财物的实际取得地、藏匿地、转移地、使用地、销售地等 |
| 《关于办理电信网络诈骗等刑事案件适用法律若干问题的意见（二）》 | 第1条　电信网络诈骗犯罪地，除《最高人民法院、最高人民检察院、公安部关于办理电信网络诈骗等刑事案件适用法律若干问题的意见》规定的犯罪行为发生地和结果发生地外，还包括：<br>（一）用于犯罪活动的手机卡、流量卡、物联网卡的开立地、销售地、转移地、藏匿地；<br>（二）用于犯罪活动的信用卡的开立地、销售地、转移地、藏匿地、使用地以及资金交易对手资金交付和汇出地；<br>（三）用于犯罪活动的银行账户、非银行支付账户的开立地、销售地、使用地以及资金交易对手资金交付和汇出地；<br>（四）用于犯罪活动的即时通讯信息、广告推广信息的发送地、接受地、到达地；<br>（五）用于犯罪活动的"猫池"（Modem Pool）、GOIP设备、多卡宝等硬件设备的销售地、入网地、藏匿地；<br>（六）用于犯罪活动的互联网账号的销售地、登录地 |
| 《关于办理利用信息网络实施黑恶势力犯罪刑事案件若干问题的意见》 | 第14条　利用信息网络实施的黑恶势力犯罪案件管辖依照《关于办理黑社会性质组织犯罪案件若干问题的规定》和《关于办理信息网络犯罪案件适用刑事诉讼程序若干问题的意见》的有关规定确定，坚持以犯罪地管辖为主、被告人居住地管辖为辅的原则 |

如表13-1所示，针对司法实践中不断出现的新问题，我国通过司法解释的形式逐步增加针对或者利用计算机网络犯罪的管辖规定，确立相对宽泛的管辖模式，基本上建立起与案件有关的地方都有管辖权的管辖模式。

## 二、我国有关网络犯罪犯罪地的立法特点

综合法律条文来看，我国立法对犯罪地采取了列举式的规定方法，这些犯罪地主要呈现以下特点。

## （一）列举尽可能全面

但凡与网络犯罪行为有关的地域都是犯罪地，例如，网站建立者、管理者所在地，犯罪过程中犯罪分子、被害人使用的计算机信息系统所在地，等等。

## （二）以"人的所在地"和"设备所在地"作为管辖地确定依据

诸如被侵害的计算机信息系统的管理者所在地，被害人被侵害时所在地等是以"人的所在地"为依据进行列举。例如，网络接入地，实施犯罪行为的网站服务器所在地，犯罪嫌疑人使用的计算机信息系统所在地等是以"设备所在地"为依据进行列举。

## （三）规定的犯罪地具有针对性

比如，《办理网络赌博犯罪案件适用法律若干问题的意见》中的犯罪地包括赌博网站代理人、参赌人实施网络赌博行为地；《关于办理电信网络诈骗等刑事案件适用法律若干问题的意见》主要是针对电信网络诈骗犯罪行为进行的打击，因而它将诈骗电子邮件的拨打地、接受地，以及诈骗行为持续发生的实施地和诈骗所得财物的实际取得地等认定为犯罪地，而其后又通过《关于办理电信网络诈骗等刑事案件适用法律若干问题的意见（二）》对电信网络诈骗犯罪的"犯罪行为地"和"犯罪结果地"进一步扩展，形成了一种全覆盖的管辖模式。

### 三、存在的实践难题

尽管各个立法都想要把网络犯罪的管辖规定得具体一些，以避免因为立法原则化产生管辖冲突，但实践中，这些具体的规定在一定程度上起到了适得其反的效果。总结在实践中存在的关于网络犯罪一般地域的问题，包括以下几个方面。

## （一）管辖权竞合现象加剧

按照确定管辖地的传统做法，只要与犯罪行为或犯罪结果相关的地点都可以被视为犯罪地。然而这在确定网络犯罪的管辖地时未必行得通。网络犯罪呈现出明显的地域广的特点，与犯罪行为相关的地点相较于传统犯罪会不断增多。犯罪地种类和数量过于庞大，网络犯罪嫌疑人似乎没有亲力亲为，但是通过网络作为其行动"触角"的延伸，原理与犯罪地一致，都是犯罪的各种变相行为，那么，触及之处皆为犯罪行为地。更有甚者，扩大的地域管辖甚至引发了主权冲突。例如，《关于办理电信网络诈骗等刑事案件适用法律若干问的意见》规定的犯罪地就至少有 50 个，而且像"诈骗行为持续发生的途经地"更是可以将犯罪地无限增多。立法对犯罪地不停地做扩张解释，这势必加剧管辖权冲突。

实践中，针对管辖权竞合这一问题，通常由共同的上级机关作出协调，让某一侦查机关为主进行侦查，并要求其他侦查机关从旁积极协助。不过，对于一些重大刑事案件，相关机关因为各种原因匆忙结案，或者可能互相推诿以至于延误侦查时机。犯罪治理的社会效果会因此大打折扣，侦查效率也会受到影响。大量的网络电信诈骗案件便是明证，例如，数额巨大、人数众多的犯罪往往是蜻蜓点水，破案效果大打折扣。一些侦查部门要么抓几个下线了事，要么托词于种种"困难理由"迟迟不破案。于是，一些案件以指定管辖的方式成为最终解决方案。可以看到，公安部门指定管辖的案件时不时地进入人们的视野，但毕竟绝对数量有限，难以遏制网络犯罪猖獗的社会形势。此外，类似于电子邮件的发送地这样的地点与主要犯罪行为的联系并不是那么密切，而且在实践中这些地域几乎没有发挥过作用。由此可见，诸如此类的规定不仅不会解决问题，还会加剧管辖权的竞合。虽然立法中越来越多的犯罪地在一定程度上可以填补"真空地带"，但往往难以穷尽。可以想象，按照这种立法思路，随着科技的进步和社会的发展，法律中的犯罪地将会越来越冗杂，而真正发挥作用的犯罪地却屈指可数。

（二）"设备所在地"规定未产生预期效果

上述几个含有网络犯罪管辖规定的文件中，以"设备所在地"为依据确定的犯罪地包括用于实施犯罪行为的网站服务器所在地，网络接入地，犯罪嫌疑人使用的计算机信息系统所在地，被侵害的计算机信息系统所在地等。

法律上的管辖是以某种相对稳定的联系作为基础的，一旦网络法律行为与这些传统的管辖基础失去了联系，如何将物理空间的管辖权规则适用于网络空间就成了一道难题。以网络服务器所在地为例，管辖权的确定是以地域为基础的，服务器所在地相对稳定，理论上"服务器所在地"可以将网络空间和物理空间对接起来。表面上似乎可以与传统的属地理论相契合，实则不然。一个用户访问互联网时会经过多个服务器才能够获取信息，这些服务器可以跨越境内不同省市，也可以跨越国境。所以将"服务器所在地"作为网络空间与物理空间的联系点仍然不能够明确管辖权归属。更何况，结合近年来各地发布的网络犯罪典型案例来看，司法机关似乎没有以服务器所在地为标准确定管辖权,而是仍然以"人的所在地"为标准确定管辖权归属。实务中,似乎"忘记"了这些规定,"设备所在地"规定常常处于"休眠"状态,没有对实践产生预期作用。

## 第三节 网络犯罪案件中特殊情况的处理原则

### 一、管辖异议的处理原则

《关于办理信息网络犯罪案件适用刑事诉讼程序若干问题的意见》第3条对涉及多地的网络犯罪案件的管辖原则和网络犯罪案件管辖争议的处理原则作出了规定。《刑事诉讼法》第26条规定:"几个同级人民法院都有管辖权的案件,由最初受理的人民法院审判。在必要的时候,可以移送主要犯罪地的人民法院审判。"据此,针对涉及多个公安机关的刑事案件的立案侦查问题,《公安机关办理刑事案件程序规定》第21条第1款规定:"几个公安机关都有权管辖的刑事案件,由最初受理的公安机关管辖。必要时,可以由主要犯罪地的公安机关管辖。"考虑到涉及多地的网络犯罪案件可能存在管辖争议,《关于办理信息网络犯罪案件适用刑事诉讼程序若干问题的意见》进一步重申了此类案件管辖争议的处理原则,并对后续提请批准逮捕、移送审查起诉、提起公诉事宜进行了明确规定:"有多个犯罪地的信息网络犯罪案件,由最初受理的公安机关或者主要犯罪地公安机关立案侦查。有争议的,按照有利于查清犯罪事实、有利于诉讼的原则,协商解决;经协商无法达成一致的,由共同上级公安机关指定有关公安机关立案侦查。需要提请批准逮捕、移送审查起诉、提起公诉的,由立案侦查的公安机关所在地的人民检察院、人民法院受理。"

但是网络犯罪的特点就表明,"最初受理地"原则势必受到挑战。"以最初受理地为主,以主要犯罪地为辅"是处理管辖异议的一项重要原则。但是受到办案能力的制约,最初受理地的司法机关不一定适合行使管辖权。由于针对网络犯罪案件而言,网络犯罪的侦查难度之大,最初受理地的司法机关未必有与之相匹配的办案能力。除此之外,由于网络犯罪所跨地域较广,不同地区办案部门在人力、物力等方面的调动与配合若不及时有效,势必降低侦查效率。例如,轰动全国的"徐玉玉案"由于涉案人员多、作案地域广、侦查难度大,最高人民检察院公诉厅指导山东检察机关公诉部门介入侦查,引导取证,就事实认定、证据收集完善固定、法律适用等问题提出指导意见,保证了案件顺利办理。本案中山东省临沂市罗庄区属于最初受理地,若不是受到上级的技术援助,该案的处理就无法顺利进行。

## 二、并案处理原则

网络案件的并案侦查是指基于网络犯罪的表现形态复杂多样,同一犯罪嫌疑人可能在不同地方实施多个网络犯罪或者以共同犯罪的形态出现并存在层级关系或关联关系,从而对存在关联的相关网络犯罪一并打击的方式或策略。如网络销售枪支犯罪团伙可能分别从不同的人员或者犯罪团伙手中购买枪支配件,对存在关联的相关网络犯罪一并打击可以提高案件侦破率。网络犯罪中关于并案管辖的相关规定如表13-2所示。

表13-2 网络犯罪并案管辖的相关规定

| 法律文件名称 | 具体规定 |
| --- | --- |
| 《关于办理利用信息网络实施黑恶势力犯罪刑事案件若干问题的意见》 | 第15条 公安机关可以依法对利用信息网络实施的黑恶势力犯罪相关案件并案侦查或者指定下级公安机关管辖,并案侦查或者由上级公安机关指定管辖的公安机关应当全面调查收集能够证明黑恶势力犯罪事实的证据,各涉案地公安机关应当积极配合。并案侦查或者由上级公安机关指定管辖的案件,需要提请批准逮捕、移送审查起诉、提起公诉的,由立案侦查的公安机关所在地的人民检察院、人民法院受理 |
| 《关于办理信息网络犯罪案件适用刑事诉讼程序若干问题的意见》 | 4. 具有下列情形之一的,公安机关、人民检察院、人民法院可以在其职责范围内并案处理:(1)一人犯数罪的;(2)共同犯罪的;(3)共同犯罪的犯罪嫌疑人、被告人还实施其他犯罪的;(4)多个犯罪嫌疑人、被告人实施的犯罪行为存在关联,并案处理有利于查明全部案件事实的。<br>对为信息网络犯罪提供程序开发、互联网接入、服务器托管、网络存储、通讯传输等技术支持,或者广告推广、支付结算等帮助,涉嫌犯罪的,可以依照第一款的规定并案侦查。<br>10. 犯罪嫌疑人被多个公安机关立案侦查的,有关公安机关一般应当协商并案处理,并依法移送案件。协商不成的,可以报请共同上级公安机关指定管辖…… |
| 《关于办理电信网络诈骗等刑事案件适用法律若干问题的意见》 | 第5条(三) 具有下列情形之一的,有关公安机关可以在其职责范围内并案侦查:1. 一人犯数罪的;2. 共同犯罪的;3. 共同犯罪的犯罪嫌疑人还实施其他犯罪的;4. 多个犯罪嫌疑人实施的犯罪存在直接关联,并案处理有利于查明案件事实的 |

续表

| 法律文件名称 | 具体规定 |
|---|---|
| 《关于办理电信网络诈骗等刑事案件适用法律若干问题的意见（二）》 | 第2条 为电信网络诈骗犯罪提供作案工具、技术支持等帮助以及掩饰、隐瞒犯罪所得及其产生的收益，由此形成多层级犯罪链条的，或者利用同一网站、通讯群组、资金账户、作案窝点实施电信网络诈骗犯罪的，应当认定为多个犯罪嫌疑人、被告人实施的犯罪存在关联，人民法院、人民检察院、公安机关可以在其职责范围内并案处理 |

从表13-2可以看出，我国关于网络犯罪并案侦查的规定体现出以下两个特点：第一，同指定管辖一样，公安机关以并案方式启动刑事司法程序后，检察机关、审判机关接着开展后续工作。第二，提高办案效率是初衷。并案的四个具体情形是以"人数"和"罪数"作为并案的起点，以"本罪"和"他罪"作为并案的终点。当一个人的人身自由被某地司法机关限制，这种限制便具有排他性，其他地方的司法机关无法重复限制其人身自由。所以从方便取证的角度看，一人犯数罪或共同犯罪的数人犯数罪的情形适用并案处理具有合理之处。数人分别实施的有直接关联的不同犯罪行为，也就是我们通常所说的多层级链条类犯罪，网络犯罪利益链条化突出，并案处理有利于集中力量及时有效地惩治网络犯罪。由于单一事实会产生起诉不可分的效果，司法机关对于单一事实的一部分追诉，其效力及于该单一事实之全部，因此这种刑事诉讼客体的单一性会产生起诉不可分，又顺带产生管辖权不可分的效果。如此一来，将数人犯同罪的情形纳入并案管辖的范畴具有正当性。总而言之，并案处理有利于整合资源及时打击犯罪，提高诉讼效率。

但从实践角度看，"有利于查明案件事实"条款也存在隐患。"徐玉玉案"就是一起典型的并案处理问题。被告人陈某某等人分别在江西省九江市、新余市、广西壮族自治区钦州市、海南省海口市等地实施了多起诈骗活动，并导致一人死亡。陈某某还以非法方法获取公民个人信息。对于这种数人犯数罪的情况，公安机关采取了并案侦查，侦查完毕后由山东省临沂市罗庄区人民检察院提起公诉，后由山东省临沂市中级人民法院一审。该案的被告人所涉犯罪地非常广，最终还是由山东省临沂市有关机关并案处理。如果以法律规定中的"有利于查明案件事实"为依据，山东省临沂市未必是最好的选择。该案被告人实施的多起诈骗活动均在江西、广西、海南等南方地区，这也就意味着在这些地方的侦查机关可以收集到更多的犯罪证据。虽然山东省临沂市罗庄区也是犯罪地，但在这里能收集到的证据远不如其他地方多。此外，具体办案部门在审查起诉过程中受到上级的指导，这说明该机关打击网络犯罪的能力较弱，所以通过适用并案侦查条款将陈某某等人的诈骗案、侵犯公民个人信息案由山东省临沂市有关机关处理，从办案效率上讲未必是最好的选择。

与"徐玉玉案"有关联的杜某某侵犯公民个人信息一案亦由山东省临沂市有关机关并案处理。经法庭审理查明，2016年4月初，被告人杜某某非法获取2016年山东省高考考生个人信息64万余条。后杜某某向陈某某出售上述信息10万余条，获利14 100元。陈某某通过其向杜某某购得的上述信息，组织多人实施电信诈骗活动，拨打诈骗电话1万余次，骗取他人钱款共计20余万元，并造成徐玉玉死亡。根据上述事实，徐玉玉的死亡和杜某某的犯罪行为不存在直接的因果关系，换句话说，山东省临沂市罗庄区不是杜某某侵犯公民个人信息一案的犯罪地。杜某某之所以在该地受审，是因为本案和徐玉玉案存在某种"直接关联"，属于所谓的"上游犯罪"。然而，据报道该案调查取证难度大、进度慢，这显然不利于查明案件事实。并案处理虽然在处理有重大社会影响的案件中能够起到积极作用，但这一做法并没有明确的理论依据，在实践中也潜伏着深层次的矛盾。网络犯罪跨地域广、侦查难度大、社会危害大，并案处理方式也很有可能经常被使用。日积月累，这些深层次的矛盾终会浮现，所以对于并案处理问题值得我们提前重视，防患于未然。

### 三、指定管辖处理原则

实践中，对于极个别具有特殊情况的网络犯罪案件，如犯罪嫌疑人与本地有关部门有密切联系，有必要指定其他地方公安机关立案侦查。我国关于网络犯罪指定管辖的相关规定如表13-3所示。

表13-3 网络犯罪指定管辖原则的规定

| 法律文件名称 | 具体规定 |
| --- | --- |
| 《关于办理网络赌博犯罪案件适用法律若干问题的意见》 | 第4条 ……公安机关对侦办跨区域网络赌博犯罪案件的管辖权有争议的，应本着有利于查清犯罪事实、有利于诉讼的原则，认真协商解决。经协商无法达成一致的，报共同的上级公安机关指定管辖。对即将侦查终结的跨省（自治区、直辖市）重大网络赌博案件，必要时可由公安部商最高人民法院和最高人民检察院指定管辖。|

续表

| 法律文件名称 | 具体规定 |
| --- | --- |
| | 为保证及时结案，避免超期羁押，人民检察院对于公安机关提请审查逮捕、移送审查起诉的案件，人民法院对于已进入审判程序的案件，犯罪嫌疑人、被告人及其辩护人提出管辖异议或者办案单位发现没有管辖权的，受案人民检察院、人民法院经审查可以依法报请上级人民检察院、人民法院指定管辖，不再自行移送有管辖权的人民检察院、人民法院 |
| 《关于办理利用信息网络实施黑恶势力犯罪刑事案件若干问题的意见》 | 第15条　公安机关可以依法对利用信息网络实施的黑恶势力犯罪相关案件并案侦查或者指定下级公安机关管辖，并案侦查或者由上级公安机关指定管辖的公安机关应当全面调查收集能够证明黑恶势力犯罪事实的证据，各涉案地公安机关应当积极配合。并案侦查或者由上级公安机关指定管辖的案件，需要提请批准逮捕、移送审查起诉、提起公诉的，由立案侦查的公安机关所在地的人民检察院、人民法院受理。<br>第16条　人民检察院对于公安机关提请批准逮捕、移送审查起诉的利用信息网络实施的黑恶势力犯罪案件，人民法院对于已进入审判程序的利用信息网络实施的黑恶势力犯罪案件，被告人及其辩护人提出的管辖异议成立，或者办案单位发现没有管辖权的，受案人民检察院、人民法院经审查，可以依法报请与有管辖权的人民检察院、人民法院共同的上级人民检察院、人民法院指定管辖，不再自行移交。对于在审查批准逮捕阶段，上级检察机关已经指定管辖的案件，审查起诉工作由同一人民检察院受理。人民检察院、人民法院认为应当分案起诉、审理的，可以依法分案处理。<br>第17条　公安机关指定下级公安机关办理利用信息网络实施的黑恶势力犯罪案件的，应当同时抄送同级人民检察院、人民法院。人民检察院认为需要依法指定审判管辖的，应当协商同级人民法院办理指定管辖有关事宜 |
| 《关于办理信息网络犯罪案件适用刑事诉讼程序若干问题的意见》 | 3. 有多个犯罪地的信息网络犯罪案件，由最初受理的公安机关或者主要犯罪地公安机关立案侦查。有争议的，按照有利于查清犯罪事实、有利于诉讼的原则，协商解决；经协商无法达成一致的，由共同上级公安机关指定有关公安机关立案侦查。需要提请批准逮捕、移送审查起诉、提起公诉的，由立案侦查的公安机关所在地的人民检察院、人民法院受理。<br>8. 对于具有特殊情况，跨省（自治区、直辖市）指定异地公安机关侦查更有利于查清犯罪事实、保证案件公正处理的重大信息网络犯罪案件，以及在境外实施的信息网络犯罪案件，公安部可以商最高人民检察院和最高人民法院指定侦查管辖。 |

续表

| 法律文件名称 | 具体规定 |
| --- | --- |
|  | 9. 人民检察院对于审查起诉的案件，按照刑事诉讼法的管辖规定，认为应当由上级人民检察院或者同级其他人民检察院起诉的，应当将案件移送有管辖权的人民检察院，并通知移送起诉的公安机关。人民检察院认为需要依照刑事诉讼法的规定指定审判管辖的，应当协商同级人民法院办理指定管辖有关事宜 |
| 《关于办理电信网络诈骗等刑事案件适用法律若干问题的意见》 | 第5条 ……（四）对因网络交易、技术支持、资金支付结算等关系形成多层级链条、跨区域的电信网络诈骗等犯罪案件，可由共同上级公安机关按照有利于查清犯罪事实、有利于诉讼的原则，指定有关公安机关立案侦查。<br>（五）多个公安机关都有权立案侦查的电信网络诈骗等犯罪案件，由最初受理的公安机关或者主要犯罪地公安机关立案侦查。有争议的，按照有利于查清犯罪事实、有利于诉讼的原则，协商解决。经协商无法达成一致的，由共同上级公安机关指定有关公安机关立案侦查。<br>（六）在境外实施的电信网络诈骗等犯罪案件，可由公安部按照有利于查清犯罪事实、有利于诉讼的原则，指定有关公安机关立案侦查。<br>（七）公安机关立案、并案侦查，或因有争议，由共同上级公安机关指定立案侦查的案件，需要提请批准逮捕、移送审查起诉、提起公诉的，由该公安机关所在地的人民检察院、人民法院受理。<br>对重大疑难复杂案件和境外案件，公安机关应在指定立案侦查前，向同级人民检察院、人民法院通报…… |

如表13-3所示，我国在网络犯罪指定管辖的问题上，立法主要表现出三个特点：第一，适用指定管辖的案件范围有限定。有四种案件可以适用，即有多个犯罪地且对最初受理地有争议的案件，多层级链条、跨区域的案件，避免超期羁押且发现无管辖权的案件，有特殊情况的跨省（自治区、直辖市）重大案件。第二，适用指定管辖时，以"有利于查清犯罪事实、有利于诉讼"为原则。当侦查案件时出现管辖权争议，就以该原则为指引，用行政命令确定管辖地。第三，公安机关启动刑事司法程序后，相应的检察机关、审判机关接着展开后续工作。一旦某一案件被公安机关立案侦查，需要提请批准逮捕、移送审查起诉和提起公诉的，由该公安机关所在地的人民检察院、人民法院受理。

然而在具体实践当中，我国关于指定管辖的运用仍然存在许多障碍。

首先，适用指定管辖的案件范围被架空。表13-3所列举的四部法律文件中，用了相当多的篇幅规定了适用指定管辖的案件种类。然而，涉及多个犯罪地、多层级、跨区域已经是网络犯罪案件常态化表现，这完全契合网络犯罪地域广的特征，再加上管辖权竞合时有发生，最初受理地很容易存在争议等原因，在打击网络犯罪时指定管辖的适用率必然高于传统犯罪。此外，有特殊情况的跨省（自治区、直辖市）重大案件也适用指定管辖。这里的"特殊情况"和"重大"该如何把握，立法同样没有明确。可以毫不夸张地说，当前所有的网络犯罪案件都有机会被指定管辖。所以说，适用指定管辖的案件范围看似有限定，实际上还是漫无边际。

其次，"有利于查清犯罪事实、有利于诉讼"原则某种程度上助长了指定管辖的适用"热情"。可以说，指定管辖应当是地域管辖适用不能的权宜之计，在特殊情况下才能适用，不能经常被使用。在刑事诉讼法这一上位法中，对指定管辖多是原则性规定，而在下位法的规定中却随处可见。加之"有利于查清犯罪事实、有利于诉讼"等模糊性表述，促使各部门的利益冲突凸显，于是带有管理色彩的指定管辖时常出现在人们的视野中，使得这种措施在有些实践中有适用过度的倾向，长此以往立法将难以控制。而且，指定管辖往往是以直接指定的方式确定管辖机关，这种方式虽然有利于提高诉讼效率，但回避了国家诉讼机关的监督权力，在性质上完全属于行政命令，按照诉讼法原理，行政权力必须受到制约，才能排除权力的滥用。这种指定并未受到司法权力的制约，比如检察机关就无权过问。网络犯罪案件中，立案管辖主导审判管辖的司法解释，让法院自动失去审查行政行为合法性的权力。即使由上级机关审批，也难以确保指定管辖不被滥用。

最后，指定管辖的行政化掩盖了当事人诉讼权利。《关于办理信息网络犯罪案件适用刑事诉讼程序若干问题的意见》第3条规定："……需要提请批准逮捕、移送审查起诉、提起公诉的，由立案侦查的公安机关所在地的人民检察院、人民法院受理。"由此可以看出，只要网络犯罪的立案管辖标准确立，审判管辖就不存在问题。有多个犯罪地的网络犯罪案件，有两个确定标准：一是按照先受理的原则，由最初受理的公安机关立案侦查；二是按照犯罪的轻重原则，由主要犯罪地公安机关立案侦查。这种标准在跨地域网络犯罪案件中几乎不起作用。由于被害人众多，往往多处公安机关同时受理，即使勉强分出时间先后，在实践中查清各地具体时间也费时费力，影响诉讼效率。同时，由于网络犯罪多点爆发，立案时犯罪关系脉络较为模糊，很难确定主要犯罪地。而对于"有争议的，按照有利于查清犯罪事实、有利于诉讼的原则，由共同上级公安机关立案侦查"这样的规定本身就很模糊，单是对于上级的判断就存在较强的主观性。

假如有人对案件的指定管辖质疑，就会产生一系列的问题。且不论指定管辖是否合适，因为指定管辖是否合适属于领导决策层面，仅在法律程序层面就产生一定的救济困难。实际上不只是指定管辖，其他管辖权异议相关的当事人程序救济权利不能得到很好的实现。在现实中，往往还有后期被害人参与权受影响的问题，假设一个受害人并不多或涉案金额并不重大的地区，承担了主要的侦查乃至后续的审判，其他区域的被害人的后续权利必然受到一定影响。

## 第四节　网络犯罪管辖的改进方向

### 一、地域管辖的改进

首先，继续遵循"以犯罪地为主，以居住地为辅"的地域管辖原则。这是地域管辖的基础性原则，是解决网络犯罪管辖权竞合问题应当牢牢把握的前提。网络空间不是犯罪地，更不是居住地。我们应当秉持由网络空间向物理空间转化的思想，将犯罪地落实到"人的所在地"，并以此为基准来确定管辖地。

其次，明确主要犯罪地的确认标准，摒弃无关紧要的地域。学者们也曾经探讨过"最低联系"理论。简言之，当案件与某个地域有些许联系时，该地方的司法机关便对案件享有管辖权。结合上文分析可以发现，我国立法中规定了大量的犯罪地，这些犯罪地都与案件存在某种程度上的联系，犯罪地数量众多，不仅没有解决管辖权问题，反而制造出了许多新问题。就传统犯罪而言，最低联系理论有助于解决管辖权问题，但对于网络犯罪而言，这一理论不可取。我们认为，把主要犯罪地作为确定网络犯罪管辖权的考虑因素更为适宜。主要犯罪地可以理解为取证更为便利的地区。某一地区之所以是主要的犯罪地，必然会在犯罪行为发生时生成相对较多的证据，那么这一地区的侦查机关在取证时就会更加便利，从而延缓证据的灭失速度，进而推动刑事诉讼的进行。将便于取证地视为主要犯罪地，有助于缩小管辖地的范围，从而使其限定在某一个或尽可能少的若干个法院所辖的范围内，同时还有助于消解因扩张解释加剧的管辖权冲突。

综上所述，网络犯罪的犯罪地可以包括行为人实施犯罪行为所在地、网站建立者所在地、管理者所在地、被害人财产遭受损失地、被害人被侵害时所在地等。如果管辖权争议在这几个主要犯罪地产生，"最初受理地"原则可以在此时发挥作用。诸如"设备所在地"规定，《关于办理电信网络诈骗等刑事案件适用法律若干问题的意见》中的"诈骗电话、短信息、电子邮件等的拨打地、发送地、到达地、接受地，诈骗所得财物的实际取得地、藏匿地、转移地、使用地、销售地"等也不必规定为犯罪地。如果能取消一些无关紧要的犯罪地，留下主要犯罪地，则有助于实现立法的协调性，减少条文冲突，保证法的一致性，便于适用。

## 二、并案处理的改进

首先，并案处理网络犯罪案件需要坚持两点：第一，并案处理的司法机关所在地应当符合地域管辖的基本要求，即主要犯罪地，特殊情况下可以是居住地。与指定管辖不同，并案处理的初衷就是整合司法资源，提高诉讼效率，而主要犯罪地恰恰是有利于案件办理的地域。因为主要犯罪地便于取证，契合"有利于查清犯罪事实、有利于诉讼"的标准，呼应实害联系学说，也可以及时恢复当地社会秩序，由该地的司法机关办理案件名正言顺。第二，并案处理要注重案件的均衡分布。虽然刑事案件会因其行为性质不同呈现出地域上的不均衡分布，但在管辖权联结点的设计上应当力求正常地反映，甚至应当在一定程度上纠正这种不均衡，而不能人为制造或加剧这种不平衡。如果在并案处理时未予考虑均衡分布问题，很可能会出现一些地方在应接不暇地办理网络犯罪案件，而另一些地方几乎不办理这种类型案件，久而久之全国各地办理网络犯罪案件的能力严重失衡，这将不利于维护我国的网络空间主权安全，也不利于维护社会稳定。

其次，可以采取强制并案原则。并案处理时要灵活把握"直接关联"。"直接关联"可以理解成两个或多个案件同处于侦查阶段，某些证据可以同时成为此案和彼案的直接证据。通知并案主体是人民检察院，发现其他公安机关立案侦查，应当通知公安机关，在跨地域网络犯罪案件中被通知的公安机关必须对犯罪嫌疑人所犯其他罪行并案侦查。借鉴异地指定管辖的司法解释规定，可以由公安部商请最高人民检察院在已立案的有能力的公安机关中指定管辖。在最高人民检察院提供意见依据的过程中，其可以根据各地检察机关的案件审查起诉进度、证据完善情况、人员配备等，挑选起诉力量最强、证据最为充分的检察机关作为备选,同公安部认为的线索最为集中、侦查力量最强的公安机关相匹配。这样,既行使了检察机关的法律监督权,避免了公安机关指定管辖权滥用的问题;又提高了诉讼效率,避免了相互推诿现象的发生。但需要注意的是,对并案侦查规模的控制,不能追求破大案而无限度地扩大案件规模。因为社会理论始于这样一种发现,即人类社会存在种种有序的结构,但他们是许多人的行动的产物,而不是人之设计的结果。

### 三、指定管辖的改进

上文提到,将"便于取证地"作为标准来确定主要犯罪地,能够尽可能地筛选出数量少但有实际效用的犯罪地,但依然会出现管辖权竞合现象,也会遇到办案能力较弱的地区。为了尽快确定管辖地,指定管辖的作用在此时显现。然而,指定管辖本身带有浓厚的行政化色彩,为缓和上述矛盾,可以从以下几方面加以尝试。

（一）设立指定管辖的适用标准

网络犯罪的表现形式会随着科学技术的进步不断更新,倘若依旧划定适用指定管辖的案件范围,久而久之这些规定就有可能被架空。既然如此,不如换一种思路,划定适用指定管辖的案件标准——以办案能力为衡量标准,优中选优。具体而言,指定管辖是地域管辖的权宜之计。能够通过地域管辖手段确定管辖权的固然最好,不能解决的,此时他们共同的上一级机关就要在这些占有优势的地域中选择更有优势的来办理案件。那么这个"更有优势"就可以将办案能力作为考量因素。谁的人力、物力、财力和技术水平更胜一筹,谁就有可能很好地胜任办理网络犯罪案件的任务。此外,还可以建立侦查机关技术能力的合理评估机制,对办案人员的侦查技能和侦查机关的仪器设备定期评估并备案,为解决管辖权冲突提供参考依据,增强"有利于查清犯罪事实、有利于诉讼"原则的可操作性。

（二）完善指定前的协商机制

"先协商,协商不成再指定管辖"的做法不仅可以节省程序上所耗费的时间,而且经协商后获得管辖权的侦查机关通常具备相对较强的网络犯罪侦查能力,这对于提高诉讼效率具有积极作用。

1. 管辖协商需遵循的原则

（1）及时性原则。让公安司法机关及时行使职权,完成诉讼法的任务是立法确定管辖制度的重要原则。为了防止反复协商、久拖不决而带来的诉讼拖延、隐形羁押等问题，不同的办案机关进行管辖协商，应当在一定期限内尽快进行。如果协商不成，及时报请上级机关指定管辖以解决管辖权问题。（2）稳定性原则。无论是指定管辖、移送管辖还是合并管辖，通过管辖协商作出的处理决定，都具有稳定性。除非出现法定错误，不得撤销或改变原先的管辖协商处理决定。（3）诉讼便利原则。管辖协商时，应当同时考虑到办案机关调查取证的便利性和诉讼参与人参与诉讼的便利性。在审查起诉和审判阶段作出指定管辖的协商，应当考虑指定由起诉和审判较为方便的地区（侦查地或离侦查地较近的地方）管辖。（4）程序在先原则。即管辖协商时，不应作实体审查，而仅对管辖权这一程序性问题进行审查。如果对协商的案件作实体审查，一方面违背了协商的直接目的，另一方面也影响了协商的效率。更为重要的是，如果上级法检机关对案件作实体审查后再作出指定管辖的决定，则上级机关可能会指定那些体现上级意志的下级机关，上下级公诉部门、审判部门也可能会事先介入，提前沟通，未经审判即对案件作出实体认定。这就严重侵害庭审的实质性功能，使直接言词原则、保障当事人诉讼权利原则等一系列审判原则被架空，同时也使二审程序形同虚设。

2. 管辖协商需遵守的要求

（1）管辖协商的次数。不同办案机关进行管辖协商，原则上仅限于一次，不得多次协商。但原先的管辖协商处理决定有误的除外。（2）管辖协商的启动时间。指定管辖协商可以在逮捕后进行。为了避免部分侦查基本完毕的案件出现因管辖协商而使羁押时间"空转"的情况，协商的时间可以适当提前，建议在嫌疑人被逮捕后即可由上级检法机关进行指定管辖协商。（3）移送管辖和合并管辖协商应尽早进行。鉴于侦查的时间短、工作量大以及办案机关对人力、物力的先行投入等因素，并考虑到实践中对不少案件的协商在侦查羁押期限或审查起诉期限即将届满时进行，严重影响管辖协商的效能，因此移送管辖和合并管辖的协商应当尽早进行。建议规定：请求地办案机关应当在立案或受理案件后7日内提出移送管辖、合并管辖的请求，受请求地办案机关在收到相关材料后应当在7日内作出答复，以便尽快明确管辖权，顺利进行后续的诉讼活动。一般来说，办案机关在7日内能够对犯罪地以及是否合并管辖作出明确的判断，因此该期限的设置应当具有合理性。

（三）强化监督与制约

指定管辖带有浓厚的行政化色彩，而且现行法律规定中公安机关的主动性较强，法检的制约功能相对弱化。因此，可以设立一些程序性的制度来解决相关问题。

1. 对于刑事立案管辖冲突可以设立相应的报告制度

即公安机关在遇有管辖冲突时，应当将管辖冲突的原因以及解决的最终结果，一并通报检察机关。为了便于及时监督，这个检察机关可以是本级检察机关。作为事后监督之一，这种配套制度有可能极大地解决检察机关监督不到位的现实难题。一般来说公安机关内部管辖的过程中发生了冲突，检察机关并不能及时和深入地了解情况。但是检察机关可以通过对结果的控制来发现和解决管辖问题，直接触及问题实质，控制某种不合理的影响或程序不当的后果从而简化监督流程。检察机关可以通过事后的程序性审查追溯其原因，对实践中的可接受性进行可行性评估。这样，通过外部的检察监督权力制约公安机关肆意倾向的管辖权力的滥用，既可排除无制约的权力行使，又可在程序上进行法律风险控制。如果遇到本级检察机关无法或不便于实施干预的情况，可以将本级公安机关提供的解决报告以书面形式提交上一级检察机关，由上一级检察机关进行进一步的程序风险测评，在跨地域网络犯罪中，一般是由最高人民检察院承担此项职责。

2. 对于一些敏感或重大冲突的管辖问题，设立参与制度

这种制度设计其实是一种事前监督，可以提前钳制指定管辖的随意性。对管辖冲突涉及的案件重大复杂、可能导致相应社会影响的情形，应当提前通知检察机关参与案件，对管辖冲突进行解决并提供相应建议，"应当通知并案"可以视为其中一种。对于上级公安机关的指定管辖可能会引起重大社会影响的或有争议的情形，应当提前通知和报告本级检察机关；在有可能受到程序制裁的风险下，商请检察院进行法律监督，进而控制可能造成的制裁，避免在程序上造成案件拖延的风险。针对目前存在的会商制度，即针对某类案件，检察院提前参与案件或同公安机关进行案件诊断协商等，这类制度不应强调配合，而应侧重于程序性的制约。另外，本级检察机关在行使监督权力时针对公安机关的决定较为无力，对这种情况的制约要精心设计，如本级检察机关报告上级检察机关，对上级公安机关实施诉讼意义上的法律监督使指定管辖有理有据，其结果能够经得起历史和法律的严格检验，防止出于上级机关的"特别考虑"而滥用其立案管辖权。在未来立法上制定管辖异议制度是不够的，因为当事人为了行使自身的诉讼权利，可能会使案件反复发回重审，严重影响诉讼效率，进而造成实质的不公正。

3. 对立案管辖的程序性制裁的修正

涉及检察机关的侦查管辖冲突的监督，设置法院程序性制裁在实践效果和具体操作上存在困难。从现状来看，由上一级检察机关参与事前监督，目前较为适宜，上级检察机关主动提起事后监督，在一定程度上作为程序性裁判的前置程序的有机组成部分，可以发挥程序性制裁的主动程序修正作用，同时还可以防止进入审判后，法院审判权对制裁后果的消极应对，避免消耗过多司法资源，从而在实质上影响司法公正。

在制度设计上可以实现体系化的监督机制：本级检察院的监督权制约本级公安机关的刑事管辖权，事前监督和事后监督相结合，事前监督为补充；上级检察机关行使主要诉讼监督权，事前监督和事后监督相结合，事后监督为补充；在一定条件下形成程序性制裁的前置程序。如此形成一个层次分明、错落有致、有效实施的诉讼监督体系。

最后还需要保障当事人的异议权。为解决当事人诉讼权利因指定管辖而产生的异议，需要完善当事人的管辖权异议救济制度。指定管辖决定书除送达相关侦查、检察与审判单位外，还应当告知被告人及其辩护人，并听取他们的意见。对于有异议的决定，决定机关应当复议并将复议结论告知异议提出者。被追诉人对于指定管辖的异议，在向决定机关提出时或提出后，还可向司法监督部门提出，请求监督纠正。

■ 课后思考题

1. 我国当前关于网络犯罪案件管辖中的"主要犯罪地"包括哪些？
2. 我国当前关于网络犯罪案件管辖中的"指定管辖"是如何规定的？
3. 试论述我国当前关于网络犯罪案件管辖规定存在哪些不足？如何改进？

# 第十四章
# 网络犯罪案件的初查

## 第一节　刑事诉讼中的初查

初查是指侦查机关在刑事立案前对自己发现或受理的控告、举报等案件线索材料进行分析、鉴别，并对该线索进行秘密调查的活动。

### 一、初查适用范围

初查制度是在刑事司法实践中建立发展起来的，初查的适用范围主要从初查的主体、内容和措施三方面进行论述：（1）初查的主体。初查的主体是公安机关和检察机关的侦查部门，检察机关在办理职务犯罪时进行初查，而公安机关对其管辖的几乎所有刑事案件都可以进行初查。（2）初查的内容。根据相关司法解释和实践经验，任何可能反映案件真实情况的线索和信息在履行了法定的程序后，都可以被侦查人员所收集，成为初查的内容。对于案情明了的案件可直接作出是否立案的决定；而对于那些仅依靠刑事诉讼法规定的"审查"难以作出是否立案决定的案件，侦查人员需要在对案件材料审查以后，针对案情复杂的案件开展下一步的调查活动，从而判明两点：第一，控告、检举、自首所提供的犯罪线索和信息是否真实存在；第二，案件是否符合《刑事诉讼法》第112条规定的法定刑事立案条件。（3）初查的措施。《公安机关办理刑事案件程序规定》规定，办案人员在初查的过程中可以采取询问、查询、勘验、鉴定和调取证据等不限制被调查对象人身、财产权利的措施，从而说明初查可以采取的是非强制性的措施。初查的以上特点揭示了其从阶段上来讲是最初的；从程度上来讲是浅层次的；从强度上来讲是非强制性的。因此，初查放在刑事诉讼背景下便有了对案件的"初步调查"之意。

## 二、初查适用的法律依据

最高人民检察院《关于要案线索备案、初查的规定》第 6 条规定，各级人民检察院对于控告、检举和犯罪人自首的要案线索，都应依法受理，指定专人逐件登记，并及时报本院检察长研究，依照最高人民检察院《关于要案线索备案、初查的规定》第 5 条的规定，属应由本院初查的，应当及时报上级人民检察院备案，并提出初查意见；不属本院初查的，应当及时移送有关检察院处理。前款规定适用于人民检察院在工作中发现的要案线索。2012 年《公安机关办理刑事案件程序规定》第 171 条规定，对于在审查中发现案件事实或者线索不明的，必要时，经办案部门负责人批准，可以进行初查。公安机关在初查过程中，可以采取询问、查询、勘验、鉴定和调取证据材料等不限制初查对象人身、财产权利的措施。不得对初查对象采取强制措施，不得查封、扣押、冻结初查对象的财产，不得采取技术侦查措施；公安机关在初查过程中，可以依照有关法律和规定采取询问、查询、勘验、鉴定和调取证据材料等不限制被调查对象人身、财产权利的措施。

网络犯罪具有极强的跨国性、专业化程度高、隐蔽性强、取证困难，而且犯罪主体年轻化，犯罪分子常常连续作案，造成的社会危害后果十分严重。同侦查其他案件一样，在决定对网络犯罪立案侦查之前也应当进行深入细致的初查工作。提到"初查"这个概念，首先想到的是检察机关反贪污贿赂部门、反渎职侵权部门等自侦部门在对职务犯罪立案前，对其发现或受理的控告、举报等案件线索材料进行分析、鉴别，并对该线索进行秘密调查的活动。但上述"初查"并不是本书研究的方向，本书是针对网络案件的"初查"，因此以下将着重对"网络犯罪案件初查"进行相关分析和研究。

## 三、网络犯罪案件初查的相关法律规定

网络犯罪案件在时间和空间上都具有高度的隐蔽性，并且犯罪证据极易隐匿、转移和灭失，侦查取证难度远大于普通刑事案件。公安机关仅凭报案控告、举报和自首材料常常无法判断有无犯罪事实，是否需要追究刑事责任。因此，大量的网上违法犯罪线索必须经过初查才能确定是否达到立案标准。

为解决近年来公安机关、人民检察院、人民法院在办理网络犯罪案件中遇到的新情况、新问题，依法惩治网络犯罪活动，及时有效地打击网络犯罪活动，为下一步的立案和侦查奠定基础，国家出台了一系列相关的法律规定。

2020年修正的《公安机关办理刑事案件程序规定》第174条规定,对接受的案件,或者发现的犯罪线索,公安机关应当迅速进行审查。发现案件事实或者线索不明的,必要时,经办案部门负责人批准,可以进行调查核实。调查核实过程中,公安机关可以依照有关法律和规定采取询问、查询、勘验、鉴定和调取证据材料等不限制被调查对象人身、财产权利的措施。但是,不得对被调查对象采取强制措施,不得查封、扣押、冻结被调查对象的财产,不得采取技术侦查措施。

2022年最高人民法院、最高人民检察院、公安部颁布的《关于办理信息网络犯罪案件适用刑事诉讼程序若干问题的意见》第11条规定,公安机关对接受的案件或者发现的犯罪线索,在审查中发现案件事实或者线索不明,需要经过调查才能够确认是否达到刑事立案标准的,经公安机关办案部门负责人批准,可以进行调查核实;经过调查核实达到刑事立案标准的,应当及时立案。

就以上相关规定进行分析,综合而言,公安机关对接受的网络犯罪案件或者发现的犯罪线索,在审查中发现案件线索或者事实不明,需要经过调查才能够确认是否达到犯罪追诉标准的,经办案部门负责人批准,可以在立案前进行初查;但初查不得采取强制措施。因为初查的目的只是查明是否符合立案条件,是否应当立案,因此只能使用一般性的不限制被查对象人身财产权利的调查措施,不能对被查对象采取《刑事诉讼法》规定的强制措施,也不能对被查对象的财物采取查封扣押、冻结等措施。《关于办理信息网络犯罪案件适用刑事诉讼程序若干问题的意见》第12条规定的询问、查询、勘验、检查、鉴定、调取证据材料等措施,均不限制被查对象的人身权利和财产权利,也不带有任何强制性。

## 第二节 网络犯罪案件初查的启动

初查工作的主要任务有两个:一是对相关线索的消化和筛选,并通过相关途径及时将被查结果反馈出去;二是通过初查获取网络犯罪分子的犯罪证据,扩大线索,为进一步的侦查工作提供依据、奠定基础。例如,对于"疑似网络诈骗案件",公安机关要对是否启动初查工作进行判断。以涉案金额不符合立案标准的案件为例,如果存在多个案件的犯罪分子虚拟名称相同的话,一旦多个案件的涉案金额总额符合立案标准,公安机关应当及时开展并案侦查,并将有关情况及时告知多个案件的被害人。由于网络诈骗案件往往是团伙作案并存在现实窝点，因此，即使金额尚未达到立案标准，公安机关也应当结合受害用户人数及信息资料主动锁定犯罪嫌疑人并进一步调查，防止犯罪分子诈骗行为扩大化。对于没有疑似存在交叉信息的案件或者虽然与多个案件疑似交叉但涉案金额仍不足以达到立案标准的案件，公安机关仍应当依法作出不立案决定，但在向被害人作出的书面说明中应当注明初查结果。因此，网络犯罪案件初查的程序启动主要应考虑以下几个方面。

### 一、线索的筛选

这是初查工作的前期工作，对发现的网络犯罪线索、材料、资料进行审查，判断是否存在犯罪事实，决定是否需要调查。网络犯罪的线索来源比较特别，其特别之处在于相当多的网络犯罪线索是利用技术手段通过网络获取的。不管是通过何种手段获取的线索均应采用传统的方法，并借助网络技术去筛选。具体来说，网络犯罪案件线索的筛选主要解决以下问题：第一，对线索、材料、资料进行分析和审查，以初步判明线索存在的可能性和案件的性质，以决定是否有必要进行初查。第二，结合对各种线索的比较和分析，选出重点，确定薄弱环节或调查目标，找出入手的关键部位。例如，网络犯罪案件中的利用第三方网络平台进行诈骗的犯罪是高频发生的，在对网络诈骗的线索筛选时，可以充分发挥相关主体的行业作用。第三方网络平台既是盈利者，也是维护用户信息安全责任的承担者。在对网络诈骗进行初查时，一旦侦查机关需要获取相关的证据，其有义务在审查侦查机关取证合理性后提供侦查机关所需要的相关证据资料的线索或是相关证据，如认为有关资料与案件无关或涉嫌侵犯当事人合法权益的，应当及时向侦查机关说明正当理由。

### 二、侦查计划的拟订

网络犯罪初查阶段的主要任务是通过初查弄清是否确有犯罪存在和是否需要追究刑事责任，从而确定案件是否能够成立，同时通过初查及时获取犯罪证据为立案创造条件。为保证初查工作的顺利进行，就有必要拟订计划，围绕前述中心任务开展工作。

网络犯罪初查工作计划是基于有组织、有目的、有准备、有计划地开展工作之目的而制订的，它主要包含以下内容：（1）确定初查的具体内容和急需的主要证据。（2）弄清是否涉及跨国联合侦查、国际协查和域外取证等问题。（3）因事因人确定好初查的方法、步骤和相应的措施。（4）对初查中可能涉及的或可能遇到的专业性知识及有关法规、政策性规定进行初步了解。（5）选择好初查突破口，明确主攻方向，初查矛头所指。（6）安排好人员的配置和使用及必需的物质保障。（7）考虑从何处聘请计算机网络专家或技术人员来现场指导。（8）明确注意事项及有关工作纪律。

### 三、秘密调查

秘密调查是网络犯罪案件初查的主要工作，即要求侦查主体针对网络犯罪案件本身及有关问题，在不被嫌疑人、被调查人察觉的情况下，侦查人员通过隐蔽自己的真实身份、意图或行为，麻痹迷惑被调查人而收集情报和密取证据。网络犯罪的秘密调查具有以下一些特征。

（一）隐蔽性

侦查主体的调查活动相对于被调查者而言处于一种隐蔽状态。

（二）策略性

网络犯罪是一种智能型犯罪，犯罪主体多具有较高的智力、知识水准，侦查与反侦查乃是双方智力能力的较量。因此，要求秘密调查要有策略性，而秘密调查本身就是由侦查人员在这场智力较量中所采取的重要策略。

（三）科学性

秘密调查向侦查人员提出了更高的要求，要做到既进行调查又相对隐蔽，必须建立在科学的思维、动用科学知识和科学方法之上。推测某一事实是否存在要符合逻辑原理，判断嫌疑人行为性质要动用法律规定，采取的侦查谋略离不开心理学等方面的专业知识。另外，网络犯罪具有突出的专业性、技术性特点，只有了解相关行业的基本常识和有关网络知识，才能使秘密调查的方向、方法符合实际。

（四）灵活性

灵活性是秘密调查的灵魂，要贯穿秘密调查工作的始终，只有因案、因人、因地、因时开展秘密调查，才能收到应有的效果，提高成功率。网络犯罪的秘密调查可采用两种方式：一是传统式的秘密调查。包括通过委托实施、便衣查访、改变身份进行等方式。二是网络式的秘密调查。主要通过网络监控、跟踪等方式进行秘密调查。在此不再对以上两种方式展开陈述。

在实践中，侦查活动仍存在"不破不立""先破后立""以初查代侦查"

的现象，初查行为则因缺乏法律上的依据而难以得到有效的监督和制约，所以学者对初查的看法褒贬不一，但是本书对此持有赞成态度。首先，网络犯罪案件具有与传统犯罪案件不一样的地方，其是通过互联网这一媒介途径进行的犯罪案件，而初查正是侦查机关在接收相关案件材料或者线索时，为了确定案件是否符合刑事诉讼法规定的立案条件而进行的初步调查活动，侦查机关在互联网信息中发现罪犯线索和迹象，就可以通过初查来确定是否符合立案条件，是否需要采取防范监控措施，这样可以有效地保障公民的合法权利。并且，初查赋予了侦查机关判断举报、控告材料是否符合立案标准的手段，有利于审慎立案，提高司法资源的利用效率。我国现行刑事诉讼法对立案确立了较高的条件——有犯罪事实（事实要件）且需追究刑事责任（法律要件），简单地"审查"书面材料或者相关线索显然难以判断条件成立与否。通过立案前的不限制公民人身、财产的初查将不实的材料或诬告、错告等情形排除在外，在一定程度上有助于审慎立案。初查的过滤、分流功能，减少了检察机关的立案数量，在一定程度上也提高了司法资源的利用效率。

## 第三节　网络犯罪初查的常用方法

### 一、网络初查的特点

利用网络进行初查具有针对性，相较于实体初查，网络初查具有以下几个特点：第一，隐蔽性强，信息泄露风险低。在传统实体初查模式中，由于存在人与人的接触，因此存在信息泄露的风险。一旦信息泄露而"打草惊蛇"，初查对象之间很可能会迅速建立"攻守同盟"，导致主要证据灭失。而在网络初查模式中由于办案人员只是作为一名普通网民去检索查询所需要的信息，故信息泄露的风险可以降到最低，从而有效避免相关问题。第二，获取丰富的数据信息。互联网本身就是世界第一大数据库，其中蕴藏的信息无比丰富。利用大数据的海量信息进行深度分析，可以使部分通过传统实体初查不便获取、难以获取或者无法获取的信息通过网络轻松获取。第三，快速高效地查询信息。借助网络技术，可以快速、高效地查询信息。办案人员只需一台接入互联网的电脑甚至一部能上网的手机便可以获取丰富的信息，如要查询某公司的工商登记信息，办案人员通过各地市的工商企业信息查询平台即可轻松获得。

## 二、网络犯罪初查的方法

随着计算机网络技术的更新,网络犯罪呈现出了更多样化的状态。网络中储存的信息以及网络本身由于具有特殊的意义而成为犯罪分子指向的目标,并且利用互联网技术对于网络系统非法侵入,包括非法篡改、更换、盗用等形式。无论是公民个人,还是机关单位,甚至国家的信息安全都引发过争端。所以侦查机关的初查方式方法也显得尤为重要,当前国内外采用的网络犯罪案件的初查方法主要有以下几种。

(一) 数据包嗅探

数据包嗅探(Packet Sniffing)是美国的网络犯罪侦查的重要方式之一。数据包嗅探程序主要是利用计算机网络接口获取目的地其他计算机的数据包,通过技术将数据包解压为原始通信数据,最后交由执法部门检查勘验。包嗅探实际上是一种信息搜集工具,而非信息分析工具。它能搜集到原始的数据信息,但是并不能将数据进行筛选,因此还需要进一步分析过滤。美国发布的《通信协助执行法》就要求运营商都应当提供包嗅探数据接口,使美国联邦调查局能够截获通信数据以及网络信息。其中包括 email、website、text 等。美国在数据包嗅探程序上每年的花费就超过 10 亿美元。美国专门的司法研究所还根据数据包嗅探技术研发出了两种数据包嗅探监听系统,分别是捕食者与猎物预警系统(PAPA)以及卧底反欺骗工具(Un Mask)。其中 PAPA 主要运用于网络骚扰型犯罪,而 Un Mask 主要是为了打击 E-mail 欺诈。PAPA 的设计初衷是帮助网络骚扰的受害者,在提前安排好网络远程指导后,执法人员搜集好相关的数据,并以此作为证据来支持调查。其优势在于设计方式简单易上手,可以远程操作使受害者受到保护。前期搜集到的资料在于后期可以通过调查分析,作为起诉犯罪嫌疑人的证据。Un Mask 主要是设置自动化的工作流程,来对电子邮件的诈骗、敲诈、勒索等进行系统判定,一旦 Un Mask 系统判定成功,则会发布给执法工作者。因为其智能化水平高,所以也被美国联邦调查局采用。

(二) 专门监视与监听技术

监视与监听技术是网络犯罪侦查的重要组成部门。一些发达国家专门研发出一些监听监视技术设备对抗网络犯罪分子。包括无线局域网监听技术、电子邮件监听技术、社交网络监视技术、间谍设备监听技术等。无线局域网监听是将局域网的一台主机作为侦查目标,截取主机内与其他主机通信的数据内容。

无线局域网监听技术是局域网内犯罪分子的犯罪活动的侦查基础。而电子邮件监听主要是将电子邮件的数据解压到最原始的层面，通过对原始数据进行分析，从而拦截其中的关键词。实际上电子邮件监听程序等同于网络嗅探器，只不过是专门检测电子邮件的嗅探器。电子邮件监听技术的典型代表就是美国联邦调查局研发的一套"Carnivore"（更名为DCS1000）。在"9·11"恐怖袭击事件发生后，这套电子邮件侦查系统被运用在美国各大通讯服务商网络中。社交网络监视因为社交媒体的发展也逐渐成为一种网络侦查方式。在社交网络电话数据库中收集到的信息通过大数据分析技术绘制成社交网络图，可以在社交媒体中挖掘出许多对于网络侦查有用的信息。众多美国政府机构如国土安全部、国防部都有对于社交网络的专门分析。国土安全部专门发布了"隐私法执行评估"，对于网络信息进行常规监控，其中包括Facebook、Twitter等知名网络平台。英国政府也通过社交网络成功阻止了恐怖分子企图攻击奥运场馆和伦敦牛津大街的计划。在与恐怖主义的斗争中，英国政府计划在网络系统中安装间谍监听设备，意图建立一个全国性的监控制度。德国政府也采用了一项间谍软件"联邦特洛伊"来进行网络监听，但民众对于这款间谍软件的公共安全问题表示担忧。

（三）网络跟踪技术

网络跟踪，网络犯罪侦查既要运用传统的案件侦查方式和经验，又要兼顾此类犯罪的智能性特征，注重遵循其自身的技术特点和内在运行规律。因此，应当对网络犯罪侦查技术进行研究，以适应网络社会发展的需要。网络跟踪技术正是运用计算机信息技术的基本原理，破解虚拟空间数据和现实世界二分现象的一项重要技术。通过网络IP定位追踪等网络跟踪技术，将网络犯罪的电子监控和智能识别技术运用到网络犯罪侦查取证活动中，这对于电子数据的收集和固定具有重要意义。

网络跟踪技术的基本原理即IP定位技术。网络犯罪侦查首先要解决的问题就是犯罪主体的虚拟、真实二分现象。网络空间中的IP、域名、电子邮箱以及各类电子账户等信息化数据具有虚拟特征，需要将其转换为现实空间中的计算机设备、注册或管理人员、账号所有者、亲属关系等现实要素，从数据到实体的转换，也是网络犯罪侦查构建虚实关联的过程。通过网络犯罪行为发生作用的虚拟空间，可以确定实施危害行为的计算机IP地址。再通过其连接主机或所用服务器确定该IP地址对应的真实计算机设备和主机地理位置，以此缩小侦查空间范围、提高破案效率。实践中需要对可疑的网络虚拟主体进行网络跟踪，也即通过这种方式实现。

(四) 培训专业的网络警察

网络犯罪的层出不穷催生了一个新的职业——网络警察。网络警察对比普通警察具有更高端的网络应用技术，并且具备一定的外语能力及很强的侦查能力。他们的武器多了一样——计算机。各国面对网络犯罪的威胁，往往需要动用大量的成本来保持网络警察侦破案件的能力、调取证据的可靠性。例如，美国 FBI 和 FLETC（联邦执法培训中心）专门提供与网络侦查相关的培训，再通过"SEARCH"来专门调查。同样韩国也因为专门成立了网络犯罪侦查队以及网络恐怖监控中心而成为针对网络犯罪独树一帜的侦查强国，甚至美国太空司令部下属的陆军常规部队计算机网络在遭遇黑客攻击时，都请求经验丰富的韩国侦查队来一起协助侦破案件。

(五) 设立专门的侦查机构

众多国家和国际组织渐渐发现，网络犯罪的侦查比起传统犯罪的侦查要更加复杂多样，专门的侦查机构也因此而诞生。例如，欧盟就设立了"欧洲网络与信息安全署"，以预防和打击网络犯罪，并且协调欧盟各国及非欧盟国家的网络信息安全的保护机制。而美国也成立了专门的工作小组来应对网络犯罪的问题。在此同时，美国国防部设立的计算机应急特别行动小组也着手网络犯罪违法程序的整治。在十年后，美国政府颁发了《保护美国关键基础设施总统令》，对网络犯罪的防范设立不同的侦查组织。

从网络犯罪侦查各国采用各式各样的方式上，我们主要可以得出，外国的网络犯罪侦查大多依赖于大数据技术的挖掘与分析技术，以及云计算、云储存技术，这也是目前"互联网+"时代的大势所趋，我国在今后的网络犯罪初查方式上，可以借鉴或者引入外国的高科技与设备，例如，数据包嗅探技术以及各种监视监听设备等。但是在运用的过程中，必须注意保护公民的隐私，保护网络信息安全。若在监听监视的过程中引发公共安全问题，便违背了安装这些设备的初衷。并且我国在今后的网络犯罪侦查中，应当加强与第三方的合作，例如，技术公司、高端技术人员。在专门性人才的培养上我们也可以得以借鉴，必要的时候应当加大财力、人力的投入，培养网络警察，以建设专门的侦查机构用来侦破犯罪。最后，为了加大网络安全指数，我们必须正确使用好大数据技术，让大数据技术为我们所用，而不是成为犯罪分子的"帮凶"。

## 第四节 网络犯罪案件初查的限度及意义

### 一、网络犯罪案件初查的限度性

(一) 原则性与灵活性相契合

做好初查工作首先要坚持原则性与灵活性相契合原则,一方面必须严格依法使用初查手段这一原则性要求,按照最高人民法院和最高人民检察院的司法解释,在立案之前必须对案件进行初步调查,确定是否有违法事实需要受到刑法处罚。坚持初查是一种非强制性的调查权,不可逾越这条红线。无论是侵犯人身权利还是财产权利的强制措施都不得使用,这不仅是基于制度层面的规定,同时也是对"比例性原则"的遵循。"比例性原则"认为"任何旨在限制公民基本权利的法律都必须寻求符合基本法的目标,并使用适当的、必要的手段,以便使对公民权利的干预被控制在尽可能小的范围内",是公法领域公认的"帝王条款"。就案件事实的调查措施而言,其有效性常常需要以冲突主体,特别是被调查对象的某种消极待遇为代价。对此,"比例性原则"强调必须使当事人的嫌疑程度与相关调查措施可能带来的危害达到平衡。对于犯罪事实尚不清楚、刑事责任尚不明确的初查阶段,初查对象的嫌疑程度较低,在事实调查方面则应根据"比例性原则"采取与人身自由和财产的强制无涉的措施。另一方面在坚持"比例性原则"的同时还必须保持初查制度的灵活性,这是法律规定范围中的自由,可以根据案情需要在非强制措施中选择合适的措施,在实际工作中应避免由于存在畏惧破坏初查限度条件而简单地通过报案材料就决定立案或者不立案,造成立案效率低下。因此,做好初查工作要求侦查人员熟悉法律的具体规定,同时要敢于使用非强制措施对基本案情进行调查。

(二) 初查与侦查的界限问题

初查与侦查的界限问题其实质是受案与立案之间的界限,立案是初查截止和侦查开始的标志,也是强制措施使用的标志,初查是对案情进行基本审查,现实中存在不破不立或者随意立案的倾向,这些倾向都是未正确把握初查与侦查界限的具体表现。界限问题牵扯的是立案标准问题,《刑事诉讼法》规定的立案标准是有犯罪事实需要追究刑事责任,这一原则性规定在具体办案过程中可操作性差,即在实际中应该明确初查到什么程度就可以进行立案,便于侦查人员把握。因此,初查和侦查是两个性质不同的过程,例如,在办理经济犯罪案件中,初查是其重要的阶段。由于经济案件隐蔽性强,案件事实错综复杂,案件主要来源于报案人的口述,具体线索并未掌握,所以初查显得尤为重要。

(三)自由价值与秩序价值的位阶选择

由于初查所使用的是任意性调查措施,所以初查只是一种调查活动,不具有强制性,即相对自由。在初查阶段应当是自由价值大于秩序价值,在侦查阶段则是秩序价值大于自由价值,秩序主要是通过公权力的惩罚措施进行调控。初查阶段重视自由价值主要是由无罪推定原则指导的,初查阶段只是对报案人所举报事实的一种审查,甚至在调查中要秘密进行,只有在初查结束立案侦查开始之后才可以公开信息。办案人员在调查出足够的事实和证据能判明是否符合立案标准后,应及时结束初查活动,并制作《初查终结报告书》。

## 二、网络犯罪案件初查的意义

(一)有利于创新初查思维

时代在变,犯罪手法也在变,检察机关的办案方式应当与时俱进。如果仅仅将思维局限于传统的实体初查,受限于秘密初查的原则,很容易遇到"瓶颈",许多信息难以直接获取。借助于互联网信息技术及相关软件的强大功能进行初查,既可以极大地拓宽办案人员的眼界、创新办案人员的思维,又可以弥补实体初查的不足,丰富初查手段,提高初查水平。

(二)有利于提高初查效率

在目前办案任务重、办案人手不足的情况下,检察机关传统的办案模式已难以适应。运用网络初查模式,办案人员很多时候只需动动手指便可以获取丰富的信息,大大缩短了某些所需信息的初查时间,不仅提高了初查效率,还节约了办案人员的成本。

(三)有助于建设复合型队伍

信息化时代下,检察机关应提升信息化水平。信息化建设除配备一些科技装备外,更应当注重提高办案人员的科技水平,打破"会技术的不会办案,会办案的不会技术"的弊端。网络初查模式要求办案人员能够熟练运用网络技术和应用软件,快速准确地进行信息查询和数据分析,有助于逐步培养办案人员的大数据思维,增强办案人员的综合素质,从而建设一支既会办案又懂技术的复合型队伍。

■ **课后思考题**

1. 网络犯罪案件追诉程序中为什么要设置初查制度?
2. 初查与侦查有何异同点?
3. 试论述我国当前关于网络犯罪案件初查制度的规定应如何改进?

# 第十五章
# 网络犯罪案件的跨地域取证

随着网络信息技术的发展,网络犯罪案件的种类和数量越来越多,社会危害性也越来越大。随着"互联网+"时代的到来,传统犯罪由"现实空间"延展为"现实空间"和"网络空间",犯罪行为跨越网络空间和现实社会两个平台。由于网络带来的隐蔽性以及诈骗操作的低成本、简单操作等特性,目前我国的网络违法犯罪活动多种多样,很难及时有效地进行遏制规避。目前,网络犯罪已经发展成为成熟的产业链条,其内部分工明确,环环相扣,各取所需,已经危害到整个网络生态安全。全国各地公安机关普遍感到立案难、取证难、认定难,特别是跨地域网络案件的取证难问题越来越突出。

## 第一节 网络犯罪案件的特点

网络犯罪案件涉案人员人数众多,犯罪地往往无法确定,且通常为跨地域犯罪,因此司法机关经常面临跨地域取证问题,很多案件难以及时有效地调取相关证据。网络犯罪是传统犯罪在互联网上的新型表现形式,虽然其犯罪本质与传统犯罪并无差异,但网络犯罪的跨地域性、瞬时性、技术性、分工合作性等特点导致传统办案程序相关规定在打击网络犯罪方面还存在很多不适应的地方,其迥异于传统犯罪的特点有如下几个方面。

### 一、组织化程度高,形成利益链条

跨地域网络犯罪通常都具有组织性,人数较多,存在相对固定的犯罪团伙来实施违法犯罪活动并谋取利益的特质。有的跨地域网络犯罪,特别是跨境网络犯罪,是由某些跨国集团在幕后操作,违法犯罪团伙之间形成产业链化、专业化的犯罪联盟,危害更加显著。近年来,此类型犯罪持续上升,涉及人员众多,波及面跨越国内外,手段越发新型化,大大增加了打击难度。此外,当前网络犯罪已形成分工负责、利益共享的利益链条,不同的行为人分别负责网站建设、广告推广、资金流转、技术支持等各个环节,一个行为人可能同时为大量其他行为人提供帮助。这使得行为人之间形成错综复杂的关系,同时也大大降低了犯罪技术门槛,导致网络犯罪进一步泛滥。

## 二、受害者群体大,犯罪多地域、多法域

与传统犯罪相比,网络犯罪最大的危害就是被害人人数众多。一方面,借助网络跨地域针对不特定人实施诈骗、敲诈勒索等犯罪活动,以积少成多的方式牟取暴利;另一方面,借助网络跨地域组织、教唆、帮助不特定人共同实施网络攻击、网络赌博等犯罪活动。此外,由于互联网的跨边界性,网络犯罪往往是跨越多地区甚至多法域实施。这主要是因为:一方面,网络的无疆界性消除了地域的隔阂,利用计算机信息网络系统,有组织网络犯罪实现了全国化、全球化;另一方面,由于网络犯罪可能涉及多个地区,往往因为各法域的法律法规存在差异,这种有组织犯罪较难侦破,给执法工作带来极大困难和挑战。以赌博为例,我国内地与澳门特别行政区的法律对于网络赌博有不同的定性,所以在对跨地域网络赌博犯罪进行打击与追究过程中,就面临很多法律冲突问题。

## 三、犯罪手段隐蔽复杂化,技术性强

网络犯罪中犯罪分子并不需要与被害人有物理上的接触,即可达到犯罪目的,且该类犯罪借助互联网、通信网络实施,犯罪的证据易被犯罪分子转移或毁灭,犯罪分子极易通过加密等技术措施隐蔽犯罪行为、隐藏身份,这使得侦查、取证难度进一步加大。此外,许多网络犯罪采用的都是新型网络技术,技术性极强。如在"DDOS破坏计算机信息系统"案件类型中,犯罪嫌疑人往往注册境外DDOS平台,该类DDOS攻击平台均可调用数以百万台级别的"肉鸡"资源(被木马病毒远程控制的计算机)实施DDOS攻击。传统的DDOS攻击需要高超的黑客技术并且需要大量的"肉鸡"资源才有可能发动,而该平台使DDOS攻击的门槛极大降低,变得更加平民化。此外,很多传统犯罪与网络技术方法相结合,即形成新的技术型犯罪,如通过盗窃QQ号码后骗好友汇款,通过非法获取网上银行账户、密码进而窃取资金。虽然本质上仍属于诈骗、盗窃的范畴,但其作案技术性特征更加明显。

### 四、犯罪手段易被复制，且传播极其迅速

由于网络的可复制性，作案的技术手段和教程通过网络被无限次复制、传播，网络犯罪技术手段扩散蔓延极为迅速。犯罪方法和犯罪技术的可复制性使网络犯罪最大限度地扩散蔓延，实际上是降低了犯罪的技术门槛；同时，由于网络犯罪无地域界限，网络犯罪的地域得以无限扩大，网络犯罪被害人数得以最大限度地增长。

网络犯罪案件相关银行账户、网络数据等要素往往分布在不同地方，常常涉及全国各地。特别是行为人借助计算机网络针对或者组织、教唆、帮助不特定人实施的网络犯罪案件，被害人、涉案人员众多，公安机关难以逐一取证认定被害人数、被侵害的计算机信息系统的数量以及涉案资金数额等犯罪事实。同时，基于互联网的无国界性，很多网络犯罪更是突破了国家、地域限制，犯罪分子控制世界各地计算机对他国目标实施犯罪。据英国《每日电讯报》报道，2011 年上半年，美国联邦调查局曾破获一起全球性的计算机犯罪案件，该案的犯罪团伙控制全球 200 多万台计算机组成"僵尸网络"，远程发起大规模网络攻击，获取了 1 亿多美元的犯罪所得。

## 第二节 我国网络犯罪案件跨地域取证的相关法律规定

### 一、《计算机犯罪现场勘验与电子证据检查规则》

公安部为了回应实践需求，在 2005 年发布的《计算机犯罪现场勘验与电子证据检查规则》第 3 条中对"远程勘验"进行了界定，该条规定为此后相关规则的形成奠定了基础。

### 二、《关于办理信息网络犯罪案件适用刑事诉讼程序若干问题的意见》

2022 年最高人民法院、最高人民检察院、公安部联合制定下发的《关于办理信息网络犯罪案件适用刑事诉讼程序若干问题的意见》共五部分 23 条，第一部分明确了网络犯罪案件的范围问题；第二部分明确了网络犯罪案件的管辖问题；第三部分明确了网络犯罪案件的调查核实问题；第四部分明确了网络犯罪案件的跨地域取证问题；第五部分明确了信息网络犯罪案件的其他问题。

### (一) 文书和程序要求

根据意见规定，公安机关跨地域调查取证的，可以将调取证据通知书及相关法律文书以数据电文形式发给协作地公安机关。跨地域调取电子数据的，可以通过公安机关信息化系统传输相关数据电文。协作地公安机关经审查确认，在传来的法律文书上加盖本地公安机关印章后，可以代为调查取证。

### (二) 远程询问要求

(1) 对远程询（讯）问作了一般授权性规定：询（讯）问异地证人、被害人以及与案件有关联的犯罪嫌疑人的，办案地公安机关可以通过远程网络视频等方式进行询（讯）问。

(2) 明确了远程询（讯）问的具体程序：远程询（讯）问的，办案地公安机关应当将询（讯）问笔录传输给协作地公安机关。协作地公安机关应当事先核实被询（讯）问人的身份。询（讯）问笔录应当交由被询（讯）问人确认并在笔录上逐页签字、捺指印后，由协作地公安机关协作人员签名或者盖章，并将原件及时提供给办案地公安机关。办案地公安机关询（讯）问人员收到笔录后，应当在笔录上记明收到时间并签名或者盖章。

(3) 规定远程询（讯）问的：应当对询（讯）问过程进行全程同步录音录像并随案移送。

该意见的出台，对于保证网络犯罪案件的办案质量，提高办案效率，促进公安机关、人民检察院、人民法院严格依照刑事诉讼法公正办案具有重要意义。但仍存在明显不足，即并未明确该如何跨地域取证，具体措施有哪些。

## 三、《关于办理刑事案件收集提取和审查判断电子数据若干问题的规定》

2016 年，最高人民法院、最高人民检察院、公安部联合发布的《关于办理刑事案件收集提取和审查判断电子数据若干问题的规定》根据《刑事诉讼法》及有关司法解释的规定，结合侦查、起诉、审判实践，对电子数据的收集与提取、移送与展示、审查与判断作了全面规定。

该规定第 9 条在承继《关于办理信息网络犯罪案件适用刑事诉讼程序若干问题的意见》第 15 条规定的基础上进一步明确，"对于原始存储介质位于境外或者远程计算机信息系统上的电子数据，可以通过网络在线提取。为进一步查明有关情况，必要时，可以对远程计算机信息系统进行网络远程勘验。进行网络远程勘验,需要采取技术侦查措施的,应当依法经过严格的批准手续"。据此,在该规定出台之后,中国司法机关跨境(跨地域)远程电子取证的制度体系已经成型。当出现原始存储介质位于境外的情况时,虽然无法像常规的电子取证那样扣押原始存储介质,但是可以采用"网络在线提取"措施加以收集。

### 四、《公安机关办理刑事案件电子数据取证规则》

公安部发布的于2019年2月1日施行的《公安机关办理刑事案件电子数据取证规则》共五章61条,该规则是对《关于办理刑事案件收集提取和审查判断电子数据若干问题的规定》中关于公安机关实际案件侦办中的电子数据取证相关行为的进一步具体化规定,主要明确了以下几个方面的问题:第一,明确了电子数据取证的阶段划分;第二,进一步强调了原始存储介质的扣押封存;第三,进一步统一了电子数据现场取证规范;第四,明确了"拍照打印"方式的适用情形;第五,明确了无见证人时的录像规范;第六,明确了登记保存的适用情形;第七,明确了网络在线提取和远程勘验的区别;第八,明确了网络在线提取的适用范围;第九,说明了关于冻结电子数据的程序和期限问题;第十,规范了调证的异地协作流程;第十一,明确了电子数据检查的性质;第十二,明确电子数据检查是否需要见证人。

该规则第23条将"网络在线提取"的数据范围限定为在境内的电子数据和境外公开发布的电子数据。对于境外非公开发布的电子数据,一是需要通过国际条约或者合作机制、刑事司法协助、国际警务合作渠道调取证据;二是需要通过勘验境内访问、下载过该信息的终端间接获取该电子数据;三是需要通过技术侦查措施获取有关电子数据;四是需要转化为其他类型的证据。另外,该规则对于异地协作公安机关代为调查取证后,如何反馈给办案地进行了明确,即文书盖章后邮寄,电子数据通过信息化系统传回,同时简化了协作地审批流程,即由办案部门审批即可。需要注意的是,对于协助扣押原始存储介质的情形,该条并不适用,仍需沿用扣押实物的有关规定。

## 第三节　网络犯罪案件跨地域取证的实践困境

由于网络犯罪案件具有虚拟性强、隐蔽性高、犯罪成本低、传播范围广等特征,司法机关在办理网络犯罪案件中会存在跨地域取证困难、取证不及时、取证手段落后及专业技术人才匮乏等问题。

## 一、境内跨地域取证困境

### (一) 对被害人取证较为困难

网络犯罪中犯罪嫌疑人通常是远程操作进行犯罪，在涉众型网络犯罪案件中，往往被害人人数较多且呈跨地域分布，对被害人的取证存在困难，主要有以下五种情形：一是被害人被骗或被盗损失金额较小，此类被害人往往怕麻烦而不愿意报案，无法核查；二是被害人未意识到被侵害，如被害人信息被侵类案件中，很多被害人未意识到个人信息已经被外泄，被害人客观的陈述未察觉被侵害的事实符合证据的客观性要求，但对于案件事实的查明来说，并无正向作用；三是网络案件的隐蔽性，不仅体现在犯罪嫌疑人的匿名性，也体现为被害人的匿名性，在犯罪嫌疑人将相关聊天记录、转账记录等信息删除的情况下，侦查人员将无法确认被害人的信息，甚至不知道该被害人的存在；四是从司法成本考虑，在案件办理过程中侦查人员前往全国各地寻找被害人制作笔录将消耗大量的人力、财力，降低办案效率，同时"井喷式"的网络犯罪案件，分散又全面的取证需要，使司法机关工作量倍增；五是最高人民法院、最高人民检察院、公安部《关于办理信息网络犯罪案件适用刑事诉讼程序若干问题的意见》中有关于远程询问被害人的详细规定，也可要求被害人所在地的公安机关协查，但一方面远程询问程序较为繁琐，另一方面异地公安机关未全面了解案情，协查笔录往往达不到侦查所需的效果。

### (二) 取证不及时

网络犯罪中电子证据的分散性和网络服务器保存信息的期限性使得电子证据的取证具有很强的时间性。实践中有相当数量的网络犯罪，由于取证不及时，使得案件证据难以收集，甚至影响案件的认定。主要体现在：

1. 未及时取证导致证据灭失

在网络犯罪案件办理过程中，如果侦查人员未及时扣押行为人作案时使用的手机和电脑，易导致手机和电脑中存储的行为人与被害人之间相关交流记录的灭失，从而给后续事实认定带来困难。另外，电子数据由于时间、地域及其他技术原因难以调取或者灭失，直接影响对行为人的定罪量刑。事实上，侦查人员可以通过通讯工具后台进行调取，但由于区域间协查平台不完善，协查变得困难重重，该类数据的调取存在诸多障碍，影响了案件最后的定罪量刑。

2. 未及时勘查导致相关数据无法调取

一是扣押涉案的电脑主机、移动硬盘等证据时，没有录像，没有及时对存储的数据进行电子勘查。二是对服务器的数据未及时远程勘查、调取，导致服务器因没有续费而无法调取相关数据。

(三) 取证手段相对落后

1. 专业技术人才匮乏，难以适应取证的实践需求

电子证据取证涉及法律和计算机专业知识，取证人员必须将计算机网络技术、潜在的网络证据和收集、审查判断证据的法律程序紧密结合起来，才能合法客观地提取网络证据和反映案件事实。但目前我国的专业取证技术人员数量偏少，专业技术素质相对薄弱，网络电子证据的取证经验较为缺乏，难以适应电子证据取证的实践需求。

2. 取证技术相对薄弱

从技术上看，电子取证是一个对受害者系统进行扫描、破解，以及对整个犯罪过程进行重塑的过程。电子证据取证是一种技术与反技术的较量，技术与法律一样具有滞后性，此时电子数据往往会被隐藏、加密、删除、破坏等，取证人员需要开发专门的取证软件，运用专门的取证工具才能提取证据，而当前我国在取证技术方面还存在较大的局限性，力量相对薄弱，有时难以与犯罪技术相抗衡。目前，网络电子取证技术的最大障碍还是集中在取证技术与证据要求的真实性、有效性和及时性差距较大上面。

(四) 取证程序不规范

程序公正是现代法治的基石。电子取证程序规范与否也直接决定着证据是否具有可采性和证明力。虽然我国《关于办理刑事案件收集提取和审查判断电子数据若干问题的规定》《公安机关办理刑事案件电子数据取证规则》等都对取证过程进行了规定，但仍存在一定问题，如规范未明确第三方协助取证取得的电子数据的效力以及如何选择第三方和如何进行取证。由于电子取证具有很强的专业性，有时司法机关无法独立完成电子证据的取证，必须求助一些社会上专业的机构进行取证。而国家没有出台统一的资格认证制度和行业标准，也没有形成一个业界共同认可的流程规范，导致这些机构也没有统一的认证资质，很难保证电子取证的专业性，由此第三方协助取得的证据的合法性及证明力也常受质疑。

### （五）超范围取证与公民权利保障之间存在冲突

我国现行《刑事诉讼法》及《关于办理刑事案件收集提取和审查判断电子数据若干问题的规定》《公安机关办理刑事案件电子数据取证规则》等法律规定中没有对搜查、提取的电子证据的范围进行明确的规定，实践中都是侦查人员根据自己对案件的把握程度自行决定搜查、提取的范围。电子证据的收集往往需要一些专业的技术知识，当前侦查人员的电子取证专业技能不高，为了能够收集到证据，经常会违反一些法定的程序，或进行超越合理范围的全盘数据扫描，以期弥补取证技术的缺陷。但这不仅导致取证工作量成倍增加，更会引发侵害公民隐私权、知情权等合法权利的问题。侵害公民隐私的取证行为与公民权利保障之间的冲突和矛盾也严重阻碍着网络犯罪取证工作的高效进展。

### （六）云计算对取证的挑战

如今大量数据不再存储在本地计算机硬盘上，而在"云"中。在"云环境"下，传统的离线取证方法在大规模分布式存储环境中已经失效，一个完整的文件被分割成若干数据块，并存储在不同的节点上，随着存储容量的增大，单机无法解决海量数据的存储、分析、检索等问题，难以实现电子数据的完整性和可重现性。为了获得"云证据"，执法机关必须访问存储在远程服务器上的数据，而传统的相互司法协助已经不能满足获得云证据的条件要求。这是因为云证据高度不稳定，极易被更改或删除。

## 二、跨境取证困境

### （一）制度差异及缺失引发协助困境

网络犯罪虽呈全球蔓延之势，世界各国难以独善其身，但由于某一具体案件中的侵害对象、犯罪结果会存在均不在被请求司法协助的国家区域的情况，因此被请求国可能消极应对，或者因为双方的法律制度差异较大或数据保护技术和制度的不同而导致协助程序复杂且漫长。此外，更主要的问题则在于请求事项因政治因素、外交关系、地区问题或不符合国际法上的"双重犯罪原则"而很可能被请求国拒绝。比如，在打击跨境网络赌博犯罪时，如果赌博网站的服务器位于网络赌博合法化的国家，对其是否构成犯罪很难达成一致的意见，国际司法协助一般也很难达成。

比如，2018年美国制定的《澄清合法使用境外数据法》规定了电子数据取证的新规则，将以"数据控制者"理论来扩大管辖范围，反映出美国对电子数据取证将适用长臂管辖,"数据存储地"模式的属地管辖原则不再是跨境数据取证的单一标准。《澄清合法使用境外数据法》的出台对各国现有的跨境电子数据取证制度体系带来了挑战,不仅造成与采取"数据存储地模式"国家间的数据管辖权的冲突,而且美国长臂管辖原则的扩大适用,加深了单边主义的取证方式。《欧盟电子证据条例(草案)》第3条第1款规定:"本条例适用于在欧盟境内提供服务的服务提供者。"[1]该条规定与美国的长臂管辖原则并无本质上的差异,这意味着只要我国的互联网公司面向欧盟境内的某个国家提供服务,则该国就可根据欧盟的该项规定要求我国提供电子数据。《比利时刑事诉讼法》第88条之三第1款允许调查法官在某些条件下,例如,如果有必要在调查中寻找真相,则仅在搜查令的范围内,并且在其他措施不相称的情况下,或者如果有证据表明数据会丢失,则执法部门将计算机搜索范围扩大到计算机系统或其一部分,即使位于执行搜索的位置以外的其他位置。《新西兰搜索和监视法》允许凭单授权进行"远程访问搜索",其中包括使用合理措施获得对数据的访问权限的授权。以上均呈现出多元化跨境电子数据取证方式的立法倾向。

而从我国《国际刑事司法协助法》第4条第3款[2]规定可以得知,本条款在客观上与外国直接要求我国互联网公司提供或披露数据的规定进行了"对抗",即我国互联网公司回应外国此类请求具有正当性。从2021年9月1日起实施的《数据安全法》第36条[3]的规定可知,我国立法实际上也将这种"对抗"进行了明确化,从而起到了一种强制性的"阻断"作用,以更好地维护我国的国家主权。

此外,即使开展司法协助,是依照电子数据所在地的法律法规进行数据收集,还是依照我国相关法律进行数据提取,以及国外协作机关相关证据的效力问题,我国仍未形成一套完整的规范。对于网络犯罪和电子数据的提取,对于世界各国来说都是新问题,都处于探索之中,目前暂未形成一套成熟的协助机

---

[1] 吴沈括、陈柄臣、甄妮:"欧盟《电子证据条例》(草案)研析",载《网信军民融合》2018年第12期。

[2] 《国际刑事司法协助法》第4条第3款:"非经中华人民共和国主管机关同意,外国机构、组织和个人不得在中华人民共和国境内进行本法规定的刑事诉讼活动,中华人民共和国境内的机构、组织和个人不得向外国提供证据材料和本法规定的协助。"

[3] 《数据安全法》第36条:"中华人民共和国主管机关根据有关法律和中华人民共和国缔结或者参加的国际条约、协定,或者按照平等互惠原则,处理外国司法或者执法机构关于提供数据的请求。非经中华人民共和国主管机关批准,境内的组织、个人不得向外国司法或者执法机构提供存储于中华人民共和国境内的数据。"

制或通用范式，执法实践中往往采取"一事一办，特事特办"的方式协调取证，虽有成功案例，但具体实施中普遍存在成本高、效率低、障碍多等问题。

（二）单边取证存在外交风险

在网络犯罪的打击过程中，以属地管辖为主的管辖权划分在虚拟空间中不再明朗。由于电子数据的隐蔽性，常常难以及时发现电子数据的存储地，不能及时开展与他国的司法协助活动，正因如此，单边取证成了当前司法实践中跨境电子数据取证的主要方式。但是，未经允许的单边取证实际上已经突破了司法管辖权之界，"刑事司法管辖权包括刑事执法管辖权，刑事取证管辖是刑事执法管辖的下位概念，通常不能在未经他国许可的情况下延伸到他国境内"[1]。突破了司法管辖权的跨境电子取证缺乏国际法层面的合法性基础，在国际社会已经多次发生过因某国对境外电子数据单边取证而引发外交抗议事件。[2]此外，当前跨境电子取证中所采用的一些单边取证方法实际上突破了他国对数据的实际掌控权，具有侵犯他国网络主权之嫌。

2015年《国家安全法》第25条[3]首次将"国家网络空间主权"纳入法律的规定之下，2016年《网络安全法》第1条[4]表明网络空间主权与国家安全处于同等地位。由此可见，我国对网络空间主权秉持坚决维护的态度。而电子数据是网络空间的表现形式，有学者根据网络空间的技术特征，将网络主权分为"网络物理层主权""网络逻辑层主权""网络数据主权"。[5]齐爱民教授认为，在跨境电子数据取证问题上，网络空间中只有数据存在，故网络主权与数据主权具有一致性。[6]换言之，数据主权体现为能够不受干预地自主独立

---

[1] 梁坤："基于数据主权的国家刑事取证管辖模式"，载《法学研究》2019年第2期。

[2] 如2000年美国联邦调查局在调查一起黑客案件时在未经俄罗斯官方许可的情况下，使用秘密获取的嫌疑人账户密码登录俄方境内的计算机系统在线提取涉案数据，由此引发俄罗斯强烈的外交抗议。参见叶媛博："论多元化跨境电子取证制度的构建"，载《中国人民公安大学学报（社会科学版）》2020年第4期。

[3] 《国家安全法》第25条："国家建设网络与信息安全保障体系，提升网络与信息安全保护能力，加强网络和信息技术的创新研究和开发应用，实现网络和信息核心技术、关键基础设施和重要领域信息系统及数据的安全可控；加强网络管理，防范、制止和依法惩治网络攻击、网络入侵、网络窃密、散布违法有害信息等网络违法犯罪行为，维护国家网络空间主权、安全和发展利益。"

[4] 《网络安全法》第1条："为了保障网络安全，维护网络空间主权和国家安全、社会公共利益，保护公民、法人和其他组织的合法权益，促进经济社会信息化健康发展，制定本法。"

[5] 许可："数据主权视野中的CLOUD法案"，载《中国信息安全》2018年第4期。

[6] 参见齐爱民、祝高峰："论国家数据主权制度的确立与完善"，载《苏州大学学报（哲学社会科学版）》2016年第1期。

控制、占有和处分本国数据，具有排他性。因此，取证国略过国际司法协助的方式，依据其国内法对单边跨境取证的相关规定，直接对境外的电子数据进行提取，很可能被他国视为一种敌对行为，存在极大的外交风险。

（三）跨境远程取证易侵犯公民合法权利

跨境远程取证所采取的技术侦查措施可能会对隐私权、知情权等相关权利造成侵犯。首先，采取该项措施时，侦查人员往往采用秘密侦查的方式进行，将讯问获取的账号密码等信息直接登录境外服务器获取证据，并未告知权利人，也未经其同意。根据我国《刑事诉讼法》第130条[1]规定可以得知，在进行远程勘验等侦查措施时，只需要侦查人员持有相关证明文件，对于权利人是否同意并未规定。取证国单方面地直接获取电子数据，会使权利人的知情权受到侵犯。其次，对电子数据获取的内容是否要与案件有关联，各国对隐私的定义存在差异，在对他国存储的电子数据进行提取时，是否要按照他国的国内法对隐私内容的规定进行提取，这些均没有在相关法律规定中体现。最后，开展技术侦查措施为秘密进行，对于采取该项措施应该实行怎样的监督、是否有独立的监督机制来保障该技术侦查的实施，这些在法条中并未明确。而技术侦查措施往往具有强制性，由于缺乏相互的制约，容易造成侦查权的扩大和滥用。

而强制跨境数据披露制度则会进一步增大公民合法权利受到侵犯的可能。欧盟成员方当前在面向服务提供者进行跨境数据披露时，网络服务提供者的配合乃是出于自愿，形式上不具有强制性。目前公布的《欧盟电子证据条例（草案）》第9条第1项[2]规定了欧盟成员方的服务提供者具有提供电子数据的法定义务，赋予了数据披露制度的强制属性，无论该数据位于境内还是境外，服务提供者都必须履行数据披露的义务，否则将会受到本条例第13条[3]的惩罚，即罚金规则。换言之，服务提供者提供电子数据具有实质强制性。本条例第15条至第16条规定，当第三国认为履行欧洲数据生成令的义务

---

[1]《刑事诉讼法》第130条："侦查人员执行勘验、检查，必须持有人民检察院或者公安机关的证明文件。"

[2]《欧盟电子证据条例（草案）》第9条第1项："接收者应当在收到EPOC之日起10日内将被请求数据直接传送给签发机构或者执行机构，除非签发机构表明提前披露数据的原因。"

[3]《欧盟电子证据条例（草案）》第13条："在不影响本法关于刑事制裁规定的情况下，会员国应当制定适用于违反本条例第9条、第10条和第11条义务的罚金规则，并采取一切必要措施确保其实施。罚金规则应当具有有效性、比例性和劝诫性。成员国应当立即通知这些规则和措施的制定机关以及影响其实施的后续修正案制定机关。"

会与第三国保护公民基本权利以及国家利益的禁止数据披露的国内法规定产生冲突时，则可以拒绝履行，但是作出拒绝履行的决定时，必须满足拒绝履行的条件，该条件过于严苛。本条例第 16 条第 5 项[1]规定了是否维持与撤回数据披露的命令是由主管法院根据条例所列举的五种情形来判断，即《欧盟电子证据条例（草案）》不仅赋予了欧盟成员方内部强制数据披露义务，也对除成员方以外的第三方具有强制履行数据披露的立法倾向。此外，由于跨境数据披露的范围已经扩展到了内容数据，内容数据所涵盖的范围极广，意指任何以数字格式形式存储的数据，比如除用户数据、访问数据、交易数据之外的文本、语音、视频、图像和声音等。侦查人员对电子数据的获取具有完全性，一旦该侦查措施被非法适用或适用不当，将会造成较之以往更大的消极影响。

## 第四节　网络犯罪跨地域取证困境的解决思路

### 一、境内跨地域取证困境的解决思路

（一）多措并举解决被害人取证难题

1. 无被害人或仅有部分被害人报案的案件

对于没有被害人报案或仅有部分被害人报案的案件，如果有网上投诉记录、聊天记录、交易记录、财务记录等证据指向存在被害人的，侦查机关应尽可能寻找并联系被害人报案并制作笔录；无法找到或者被害人不愿意配合制作笔录的，应调取被害人的身份信息，并说明不愿意配合的原因。

2. 具备协查条件的案件

在有协查条件的情况下，侦查机关可通过协查方式询问被害人。为确保询问效果，办案地侦查机关应先将被询问人身份情况、询问提纲提供给协查地侦查机关，以避免再次询问被害人的情况。被害人不愿配合侦查机关制作笔录或

---

[1]《欧盟电子证据条例（草案）》第 16 条第 5 项："如果主管法院认为不存在第 1 段和第 4 段所指的相关义务冲突，则应当维持命令。如果主管法院确认第三国法律在适用于具体案件时具有禁止相关数据披露的规定，应当根据下列因素决定是否维持或者撤回命令：（a）受到第三国相关法律保护的利益，比如防止数据披露。（b）该刑事案件与任一司法管辖区之间的关联程度，该关联度可通过数据主体和受害者的地理位置，国籍，住所以及犯罪发生地来判断。（c）服务提供者与相关第三国之间的关联程度。在此情况下，数据存储位置本身不足以构成实质性连接。（d）调查国在获取有关证据时所获利益，可综合考虑犯罪的严重性和迅速获取证据的重要性。（e）接收者或服务提供者履行欧洲数据生成令可能产生的后果，包括可能面临的制裁。"

被害人在外地报过案制作过笔录的,但办案地侦查机关仍需了解案件其他情况的,可要求被害人以自书材料的形式提供陈述。

侦查人员可将自书材料的格式和需要陈述的内容告知被害人,被害人在自书材料上逐页签字、捺印,及时将自书材料、身份证明、联系方式等一并提交给办案地侦查机关。侦查人员收到后,应当在首页右上方写明"于某年某月某日收到"并签名。同时,建议建立针对网络犯罪的专门的全国协查平台,简化异地协查流程,以便快速高效提取、保全相关证据。

3. 涉众型财产案件

在涉众型财产类网络犯罪中,可适用抽样取证制度。此类案件往往被害人众多,侦查机关无法一一制作笔录,原则上对于在省内的被害人,应当制作笔录;对于在省外的被害人,可确定一定的比例抽样制作笔录。

(二) 及时提取证据

1. 及时调取登录记录,锁定犯罪嫌疑人身份

首先,侦查机关在抓获犯罪嫌疑人进行讯问时,应有别于普通犯罪嫌疑人,除核实其基本身份信息以外,还要注重其在网络活动中使用过的虚拟身份;涉及共同犯罪的,应当讯问同案人员的现实及虚拟身份信息等。同时应核实犯罪嫌疑人在网络活动中使用过的作案工具,包括社交工具、支付工具、硬件设备、作案工具的获取方式、存储状态等。其次,应第一时间调取犯罪嫌疑人电脑、手机上各社交软件、支付工具的登录记录。最后,侦查机关可以借助第三方平台调取社交工具、支付工具等后台数据来确定案发时间,犯罪嫌疑人社交账号的登录地以及登录时间,以锁定犯罪嫌疑人的身份。有条件的情况下,侦查机关应当在第一次讯问犯罪嫌疑人时即让其操作演示作案经过并截图保存;由侦查人员操作的,应当将操作经过交犯罪嫌疑人核实。操作过程应同步录音录像,并随案移送。

2. 及时收集、扣押证据

在电子数据取证中,应首先尽可能地收集和保全与电子证据相关的存储介质,以免介质出现毁损、灭失等情况。除传统犯罪案件办理过程中的扣押程序外,对扣押的犯罪嫌疑人的手机、电脑等通讯设备,应先行勘查,提取与案件相关的通话记录、即时社交软件上的聊天记录、支付宝等支付工具上的交易记录,且应注重调取 IP 地址、银行交易明细、网上支付平台的数据、上网记录等数据,提取上述电子数据后,应迅速将收集到的证据备份,将扣押到的证据

予以封存，全程需做好同步录音录像工作，与案卷一并提交。需要提交鉴定的证据应及时委托鉴定，避免因服务器过期等各种原因无法鉴定。

（三）建立专家协助取证机制

对于办案专业技术人才匮乏、取证手段落后等问题，建议引入专家协助机制。建议在对相关网络技术方面的专家进行资格审查认定的基础上建立专家数据库，公、检、法机关遇到相关案件时，指定相关专家作为案件辅助认证专家，以专家证人的身份参与案件办理。在网络犯罪案件中，可以将有专门知识的人参与阶段提前至侦查阶段，助力网络犯罪案件的办理。

（四）进一步完善取证程序规范

为应对当今网络犯罪的现实情况，规范侦查机关取证，建立健全相关的证据立法、细化相关的程序规定是实现网络犯罪取证规范化的基本路径。当前阶段电子证据立法原则性较强，对于电子证据取证的规范多为宏观概括性的理念指导，可操作性较弱。立法层面应进一步明确电子证据取证规则，使相关立法更具可操作性。《公安机关办理刑事案件电子数据取证规则》虽然进一步统一了电子数据现场取证规范及明确了网络在线提取的适用范围，但对取证过程，特别是网络犯罪跨地域取证未作明确规定，也未说明应如何规范进行在线提取。此外，面对现今取证主体缺乏专业化的现状，应尽快构建第三方协助取证机制：首先，应明确符合资质的第三方收集和固定的电子数据的合法性。其次，统一制定电子数据司法协助资质标准，对达标的企业或机构予以认证，并建立第三方协查机构库。在案件委托时应采取随机抽签的形式，以保证取证的公平公正。最后，明确提供技术协助的第三方的保密义务和泄密的法律后果。

（五）明晰网络犯罪取证与公民权利保障之间的界限

取证过程中应注意保护公民的隐私权及知情权等合法权益，明确网络犯罪侦查取证与公民权利保障之间的界限，只能收集和案件相关的电子证据，不能随意扩大收集的范围，杜绝与案件无关的人员调阅、查看证据信息。具体应做到以下四点：其一，在网络犯罪案件中侦查机关要遵守合法性和相关性要求。其二，侦查人员在取证时要秉承职业道德，尽到保密义务。其三，提高取证技术，做到明确分辨以及清楚分离合理取证范围。其四，进一步完善取证过程中的见证人制度以及无见证人的录像制度，加强对取证行为的监督。

（六）构建云取证模型架构

针对云计算环境下的取证问题，建议构建实施云取证模型架构。具体而言,分为云数据识别和准备、收集和保存、检验和分析、法庭展示和归档阶段。

(1) 云数据识别和准备。首先,侦查人员需要分析犯罪案件的性质,确定云服务的类型和提供商主体。其次,初步分析包含涉案数据的设备,比如智能终端、虚拟机、物理磁盘等,针对不同的设备和网络环境,采取有针对性的措施。然后,制订相关取证方案,内容应当包括是否涉及搜查审批、取证的人员和工具配备以及取证的方式。

(2) 云数据的收集和保存。对云数据的收集可以通过以下几种方式:其一,采取在线提取或冻结的方法。在保证云服务正常运行的前提下,通过运行专门的取证程序,获取目标网络下的数据,获取的结果一般包括网页数据本身(文字、图片、音视频等)、路由信息和底层数据。其二,可以运用事前取证的方式,即从云服务提供商出发,在网关部署取证系统或通过日志记录数据。这种方式主要适用于案情信息不足、尚未确定犯罪嫌疑人的情况。

(3) 通过云服务提供商调取。我国司法机构可以与云服务提供商建立双方常态协作机制,以减少调取过程中不必要的阻碍,从而对相关账号信息数据进行及时取证。

## 二、跨境取证困境的解决思路

### (一) 加强境内外的刑事司法协助

跨境电子数据的获取需要刑事司法协助的规制,如何在各国的不同立法中寻求国际司法协助的平衡以此来加强境内外的刑事司法协助,是互联网时代电子数据取证的关键所在。世界各国在治理跨国网络犯罪的问题上需达成一致意见,在作出双边或多边国际司法协助的决定之前,要在打击犯罪与本国利益之间进行权衡,是否选择权利让渡,应当达成国际共识。刘品新教授指出,如果一个国家在获取域外电子证据上,只是期望他国提供协助而自己不愿意给予他国协助,或者只是期望依托先进的技术手段或国内法许可的方式进行自行取证,就不可能有效地化解风险。[1] 有学者认为,在刑事司法领域实现电子数据的有效流动,根据双边或多边条约签订电子取证条约至少应该考虑两个问题:一是签约国国内是否有相对完善的数据隐私、安全规制及跨境电子取证法

---

〔1〕 2017 年 9 月 11 日至 9 月 14 日,在北京召开的国际检察官联合会第二十二届年会暨会员代表大会上,"电子证据保存项目"作为会议专题,刘品新教授在会议上讲话的内容,载 https://www.sohu.com/a/195607844_99923355,最后访问时间:2022 年 5 月 2 日。

律依据;〔1〕二是国家间在跨境电子取证过程中能否实现电子数据取证规则的有效衔接。〔2〕因此,不同国家应当共同商定关于跨境电子数据取证的国际协作范围、程序、规则等内容。

根据我国《国际刑事司法协助法》的规定,我国公安司法机关基于双边条约或协定的刑事跨境取证的程序比较复杂、耗时过长,大大减缓了收集与犯罪相关的电子数据的效率,不利于刑事侦查活动的顺利开展,从而客观上影响了我国对跨境网络犯罪的打击效果。

针对上述问题,可通过以下方式予以解决:其一,简化国际司法协助的程序。例如,我国与越南、柬埔寨警方展开了国际警务合作,以此来打击跨境网络赌博犯罪和电信诈骗犯罪。面对境外电子数据取证时,可以基于双边条约派出取证国的取证人员进行取证,从而提高取证效率。我国公安机关在境外派员到场协助或远程视频协助以此来固定、提取电子证据,并允许被请求国执法人员在场见证,全程录音录像。〔3〕其二,搭建跨境电子数据取证的共享平台,深化电子取证的共享机制,共同打击网络赌博、电信诈骗、涉黑涉恶等犯罪。其三,提倡互惠原则。基于互惠原则,两国之间没有签订相关双边、多边国际刑事司法协助时,被取证国在具体个案中可以同意为取证国提供协助,与此同时,取证国也要作出相应的承诺。根据我国《国际刑事司法协助法》第13条第2款〔4〕的规定也可以看出,我国提倡在跨境电子数据取证时适用互惠原则。

### (二) 规范单边跨境数据取证方式

为了避免各国的国家主权受到侵犯,双边、多边国际刑事司法协助制度会对跨境电子数据取证进行严格的限制,导致跨境取证的难度加大。单边跨境电子数据取证方式的出现,缓解了上述问题,该方式能够绕过国际刑事司法协助

---

〔1〕 包括是否有隐私法、个人信息保护法及数据安全的法律规定,能够以此为依据对跨境数据流动进行限制;是否有相对明确的电子取证规则,执法机构获取电子证据的途径和程序,以保障数据的真实性和合法性;是否有相关立法授权适格政府,可就跨境获取数据签订双边执法协议机制等。

〔2〕 叶媛博:"论多元化跨境电子取证制度的构建",载《中国人民公安大学学报(社会科学版)》2020年第4期。

〔3〕 参见吴跃文:"跨境快捷电子取证的探索与展望——以打击整治电信网络诈骗犯罪为例",载《山东警察学院学报》2019年第6期。

〔4〕 《国际刑事司法协助法》第13条第2款:"在没有刑事司法协助条约的情况下,请求国应当作出互惠的承诺。"

的繁琐程序，提高取证的效率。基于尊重和维护国家主权的原则，必须对单边跨境数据取证进行严格限制。

明确单边跨境数据取证的案件范围：针对国际社会均强力打击的网络犯罪案件，如电信诈骗、网络赌博、危害国家安全、实行恐怖主义等犯罪。其一，网络在线提取的直接性。此处的网络在线提取是基于境外网站上公开发布的数据，可以通过浏览网页的形式进行，且不会给境外国家的数据安全以及国家主权造成威胁。其二，网络远程勘验的严格性。采取网络远程勘验获取电子数据的过程，具有隐蔽性和强制性，可能会被视作敌对行为。因此，采取此项措施时，必须是采用网络在线提取的取证方式后，仍不能获取相关犯罪数据的，且必须是针对重大跨境网络犯罪案件时才能适用。与此同时，侦查人员通过合法途径获得受害人或证人的同意，登录账户远程提取境外服务器中的用户数据。[1]也可根据比例原则，根据将要提取的电子数据的类型、采取的侦查措施划分等级，设置层层递进的审批程序，缓和侦查措施强制性带来的冲突。其三，采取"通知"的方式进行取证。在国际法中，将跨境侦查措施通知另一个国家的行为当作特定义务是毫无根据的，即使可以将礼让考虑作为各国通知的理由。然而，这并不意味着跨境侦查措施在默认情况下是合法的。相反，单方面通知，无论是在搜查之前还是之后，都不会影响对跨境侦查措施合法性的评估。[2]但是，一旦向被取证国发出通知，这样的行为有利于国家之间的外交关系。其四，严格审查单边跨境电子数据的请求。欧盟对于发布和执行电子数据境外获取请求的司法审查较为严格。首先，需要独立司法当局的参与，以核实检察机关是否要求了跨境数据并由公司以合法方式披露，这是电子数据在法庭上作为证据被接受的先决条件。其次，还需要对外国当局提出的请求进行司法评估，以确定后者在域外行使刑事管辖权时仍受欧盟主要和次要法律的约束，并尊重适用于为刑事司法目的收集和处理数据的国家宪法和刑法。最后，公开寻求刑事调查的数据之前需进行独立司法监督，不仅提高了法律确定性，还避免了在跨国执法行动中涉及受不同宪法和刑法传统管辖的多个法域（如对

---

[1] 参见梁坤："跨境远程电子取证制度之重塑"，载《环球法律评论》2019年第2期。

[2] See Anna Maria Osula, Mark Zoetekouw, "The Notification Requirement in Transborder Remote Search and Seizure: Domestic and International Law Perspectives", Masaryk University Journal of Law & Technology, 2017, 11 (1): 103-127.

抗性或审问式）时通常出现的法律冲突。[1]因此，可以借鉴欧盟严格独立的司法审查模式，对单边跨境电子数据取证进行限制。

（三）保障权利人的相关权利

1. 强化权利保障是简化程序的基础

为了提高跨境电子数据取证的效率，需要简化双边、多边国际刑事司法协助的程序。其一，美国《澄清合法使用境外数据法》要求，与其他国家签订获取电子数据的行政协定时，将考虑外国政府是否对公民的隐私权和其他权利提供了强有力的实体性和程序性的保障，并审查外国政府在网络犯罪和电子取证方面的立法情况等。[2]这一规定对跨境电子取证中的权利保障进行了加强。其二，《欧盟电子证据条例（草案）》第1条第2项[3]规定了尊重当事人在刑事诉讼程序中的辩护权以及执法或司法机关在这方面的现存义务。本条例第17条第1项[4]规定了被获取数据的犯罪嫌疑人和被告人获得法律救济的权利。其三，适用比例性原则保障权益。单边跨境数据取证的不同取证方式应当根据比例性原则进行司法审查程序，可以采取事前的告知、事中的协商以及事后的补救方式与被取证国进行沟通，避免对他国国家主权的侵犯，从而最大限度保障权利人的合法权益。

2. 增强跨境数据流动，完善数据披露制度

美国《澄清合法使用境外数据法》以及《欧盟电子证据条例（草案）》均要求向其境内提供网络服务的服务提供者的强制数据披露义务。而且，欧盟委员会正在考虑建立一个通用的欧盟法律框架，以界定数据和服务提供商的类型，由于服务提供商将受到跨境生产订单或要求的制约，因此，这些数据和服务提供商将在欧盟内部，甚至是通过欧盟内的强制法律代表向第三国提交。该立法还可能涵盖通过扣押设备直接访问数据，而无须通过服务提供商。我国

---

[1] See Stefan M., González Fuster, Gloria, "Cross-border Access to Electronic Data Through Judicial Cooperation in Criminal Matters", Social Science Electronic Publishing, 2018 (7): 64.

[2] 参见冯俊伟：“跨境电子取证制度的发展与反思”，载《法学杂志》2019年第6期。

[3] 《欧盟电子证据条例（草案）》第1条第2项："本条例不具有修改尊重TEU第6条所载基本权利和法律原则的义务的效力，包括当事人在刑事诉讼程序中的辩护权以及执法或司法机关在这方面的现存义务。"

[4] 《欧盟电子证据条例（草案）》第17条第1项："被获取数据的犯罪嫌疑人和被告人有权在签发欧洲数据生成令的刑事诉讼程序中采取有效的补救措施来避免执行，这不影响欧盟第（EU）2016/680号令和欧盟第（EU）2016/679号条例中补救措施的适用。"

《网络安全法》与《数据安全法》强制数据披露制度进行了回应，网络服务提供者不能直接向境外提供数据，必须遵循法律规定的审核同意程序。客观而言，上述规定在一定程度上会限制跨境数据的流动，但这也是贯彻总体国家安全观、维护我国数据安全的必要之举。

　　在互联网时代，电子数据全球化已成为一种趋势。例如，2019年1月，日本在达沃斯会议上提出了"可信数据自由流动"的概念，并在同年6月底发布了G20《大阪数字经济宣言》[1]，该宣言表明将在尊重国内和国际法律框架的基础上，建立信任和促进数据的自由流动。[2]各国应该在保证数据自由流动的情形下，完善数据披露制度。境内外数据跨境流动制度存在差异，美国在全球数据自由流动额基础上对跨境电子数据取证适用长臂管辖原则，欧盟则重视对数据主体的权利保障，[3]中国、越南、俄罗斯等国则趋于选择数据本地化存储政策，减少数据向境外传输。这就赋予了网络服务提供平台更为严格的法律义务，网络服务提供平台具有用户数据安全管理、防止数据泄露的义务。网络服务提供平台还要确立允许取证国获取电子数据的类型，例如，将数据分为内容数据、用户数据、访问数据、交易数据等，对不同数据类别设立对应的数据披露条件和程序。在向境外国家提供相关数据时要遵守我国对数据跨境传输的规定，在充分维护我国国家主权的基础上实现数据的跨境传输。

　　当前，跨境电子数据取证的首要选择是基于双边、多边国际刑事司法协助制度，这是在尊重和维护他国国家主权的情形下进行，在国际上也获得广泛的认可。单边跨境电子数据取证的方式可以作为国际司法协助的补充，尤其是单边跨境取证措施的强制性和秘密性可能会造成刑事侦查权的扩大，从而与国家主权的维护会形成冲突，这就必须在二者间寻求平衡。而且，跨境电子数据取证的监督机制的完善也势在必行，防止在适用强制性侦查措施时进行扩大化，或是对电子数据进行完全提取后的固定保存与管理工作进行监督，对取证进行制约。互联网企业是主要的网络服务提供者，掌握着大量的用户数据。而取证国向网络服务提供者获取相关数据已经成为常态，在进行数据披露时要遵循该互联网企业的数据提取类型以及提取条件。不同国家有关数据披露制度的规定

---

[1] 该宣言签订者包括中国、美国、日本和欧盟等24个国家和地区。
[2] 《互联网法律白皮书》（2019年）。
[3] 参见李佳、王京婕："全球跨境电子取证法律冲突及应对思考"，载《中国信息安全》2019年第5期。

不一，因此，要加强与互联网企业的协商，在尊重和维护双方数据主权、国家主权的情形下实现合作共赢。

■ 课后思考题

1. 网络犯罪案件侦查中为什么要建立跨地域取证制度？
2. 我国网络犯罪案件跨地域取证存在哪些难题？如何完善？

# 第十六章 网络犯罪的技术侦查

## 第一节 网络犯罪案件常见技术侦查措施

### 一、技术侦查措施概述

（一）技术侦查措施的概念

1. 概念界定

我们首先要对技术侦查措施的含义作出剖析。如今，理论研究者对技术侦查措施的含义众说纷纭，难以达成一致意见。对其归纳总结，可以总结出三种主流观点：第一种观点认为，所谓技术侦查措施，是指利用现代科学技术、知识和方法进行侦查的各种侦查手段的总称；第二种观点更加强调技术侦查措施的隐蔽性，认为技术侦查就是秘密侦查，是以专门的科学技术方法找寻线索、收集证据、缉捕犯罪嫌疑人的侦查过程，并且不被当事人所知晓；第三种观点认为，技术侦查措施是公安机关或者国家安全机关在侦查活动中使用的特殊的技术措施。第一种观点是对技术侦查措施的广义理解，但如此定义显得格外抽象，不能体现出技术侦查措施的实施主体、实施的具体方法、实施的目的等；第二种观点把技术侦查和秘密侦查等同起来，不合理地扩大了技术侦查的外延；第三种观点把技术侦查措施的适用主体仅限定为公安部门与国家安全部门，忽略了检察院对于职务犯罪所具有的侦查权。

总之，以上这几种看法均未全面涉及技术侦查措施的特点和内涵，因此，概括技术侦查措施的含义，应该着重强调它的技术性、隐秘性，体现其较高的适用条件以及严格限定的适用范围等特征，从而用来区分一些与其相似的概念。技术侦查措施，是指拥有侦查权的专门机关为了查明犯罪事实，抓获犯罪嫌疑人，运用相应的科学技术手段与仪器设备，经过严格审批依法进行的专门调查工作以及在调查工作中采取相关技术性措施的活动的总称。网络案件的侦查，是指拥有侦查权的专门机关为了查明网络犯罪事实，抓获犯罪嫌疑人，经过严格审批依法进行的专门调查工作以及在调查工作中采取相关技术性措施的活动的总称。

2. 技术侦查与侦查技术的区别

技术侦查与侦查技术是不同的两个概念。技术侦查具有人身隐私的重大侵犯性、启动条件的严格限制性、侦查程序及结果的秘密性等特征，这也是技术侦查中所采取的措施体现出来的特性。广义的侦查技术应当包含日常范畴的侦查技术措施和应用于技术侦查的特别侦查技术措施两方面含义。狭义的侦查技术仅指日常范畴的侦查技术措施。侦查技术涵盖的面非常广，主要包括刑事照相、痕迹检验、枪弹检验、文书检验、笔迹鉴定、指纹鉴定、物证化验、外貌识别和人像鉴定，以及指纹档案管理和犯罪防范技术。

同样使用高科技手段，狭义的侦查技术措施所使用的侦查技术一般不会侵犯犯罪嫌疑人的个人隐私，或者在很小的程度上侵犯个人隐私。如在实践中针对犯罪嫌疑人位移、行动轨迹的侦查技术，仅仅是为了获取犯罪嫌疑人所处的位置，为实施传唤等措施提供便利条件，采用高科技侦查技术，仅是避免为了简单的目标而浪费大量的司法资源。侦查技术仅是一种一般领域的侦查手段和方法，并非因采用了高科技的技术装备而定义为侵入性的技术侦查手段。

在侦查过程中，侦查技术应用非常广泛，其与技术侦查既有联系又有区别：（1）是否有高度发达的科学技术。无论是技术侦查还是侦查技术都是与高科技密不可分的，发达的科学技术和严密的科学论证是技术侦查和侦查技术的必要条件。（2）是否需要法定的专业技术人才。侦查技术的使用一般需要技术人才，但不是必要条件，而技术侦查应由专业人才具体实施。例如，在实践中，公安机关的网监部门，将计算机接入被调查人使用的计算机的局域网内，实施被调查人计算机的侵入，侦查人员需经过专业的训练，具备相应的计算机水平。（3）是否需要严格的程序。技术侦查的适用需要严格的程序，无论是英美法系还是大陆法系国家，均对技术侦查的启动审批、实施过程、结果采信规定了严格的程序。在我国，《公安机关办理刑事案件程序规定》对于实施单位级别有明确规定，规定需由市级以上公安部门实施。（4）是否需要采取保密措施。技术侦查较狭义的侦查技术而言，更深层地涉及个人隐私，因此技术侦查的开启、实施、结果等全过程都需要严格保密。而对于侦查技术来说，侦查本身应当公开进行，所使用的技术也是社会公开的科学技术，所以侦查技术本身没有秘密性，但是运用侦查技术的具体案件如果涉及机密，则应当视具体情况确定其是否需要采取保密措施。

(二) 技术侦查措施的主要特征

1. 侦查手段的技术性

之所以称其为技术侦查措施,是由于"技术性"是其本质特征,即依靠专业人员以及相应的高科技装备,充分运用科技原理,把当今的科学技术成果有效地应用到刑事犯罪侦查活动中。例如网络监控,它是侦查人员针对局域网内的计算机进行监视和控制,利用网络监控软件来获取犯罪证据的一种技术侦查措施。它必须借助互联网设备才能完成,对科技水平有很高的要求。

2. 实施方式的隐秘性

一般的侦查措施大部分都是依法公开进行的,侦查人员采取侦查措施之前必须先向相对人出示法律依据或者先行告知将要采取何种措施,而且要求有当事人或者相关人员在场,例如搜查、检查、勘验等。而技术侦查措施是在适用对象不知道的情况下隐秘进行的,《德国刑事诉讼法典》将之称为"不经当事人知晓的措施"。技术侦查措施从启动到实施直至侦查材料的处理都要求在严格的保密状态下进行。固然,这种隐秘性是相对的,并不绝对,技术侦查措施的运用对于当事人来说是秘密的,而对于侦查主体来说却是公开的,某些情况下还要有其他主体的互相配合。

3. 获取证据的直接性

技术侦查措施的直接性是由隐秘性决定的,因为其缺少中间环节,侦查机关可以直接针对相对人获取案件信息。在侦查工作中,侦查机关能够根据监听监控等手段直接记录侦查对象的犯罪过程,从而获取原始资料,而且犯罪嫌疑人面对这种证据难以作出反抗。

4. 实施结果的侵犯性

技术侦查措施与一般的侦查措施的侵犯性是不同的,虽然常规的侦查措施也存在限制或剥夺公民合法权益的可能性,但是技术侦查措施的侵犯性尤为明显,即使侦查机关依法使用技术侦查措施,也可能会侵犯相对人的合法权益。特别在网络犯罪案件中采取技术侦查措施,极易对公民的隐私权和知情权造成侵犯。

5. 适用范围的特定性

技术侦查措施是顺应犯罪集团化、隐秘化等现象而产生的,所以技术侦查措施的适用一般只针对特定的案件与特定的对象,为此,我国现行《刑事诉讼法》第 151 条、第 152 条和第 153 条也作出了相关规定。通过对技术侦查措施的应用案件及对象进行限制，能够有效维护相对人的合法权益，并且能够保证实施技术侦查措施符合案件的危害程度，从而提高侦查效率。

## 二、网络犯罪技术侦查措施的种类

### （一）网上贴靠

"贴靠"是指两个不曾有联系的事物基于某种原因而进行的主动靠拢，而侦查"贴靠"是诱惑侦查中常用的一种侦查策略，特别是在团伙类、犯罪集团类重特大案件中，为了收集证据、查清有关犯罪网络、建立侦查特情，常常需要针对特定对象进行贴靠，从而为下一步的侦查工作开展奠定良好基础。贴靠分为直接与间接两种方式，直接贴靠是指特情凭借与犯罪集团中某一成员的特殊关系，如狱友、同事、亲戚等，或者应犯罪集团成员的要求从事某些协助工作时，不通过第三者，直接同这一成员接触，逐步渗透到这个走私犯罪集团中去，并顺势开展侦查。间接贴靠就是通过结识犯罪分子的社会关系，而将特情打入其中，继而开展侦查。

网上贴靠分析与探讨网上贴靠大多针对以网络作为其产生和发展依托的诈骗类、非法集资、传销和网络赌博犯罪，这类犯罪普遍具备社会危害性大、成员复杂、隐蔽性强、组织运行结构层次清晰、反侦查能力较强的特点。针对此类犯罪，常规的接警—出场—勘验—分析—调查—摸排—刑嫌调控—拘捕—讯问—辨认—证据收集—破案型侦查模式或侦查理念已经难以满足打击犯罪的需要，从而必须通过网上贴靠，在侦查对象尚未察觉的情况下，安全进入其组织内部，摸清组织结构，收集相关证据，伺机收网。

1. 网上贴靠的条件准备

首先，贴靠对象情报信息的大量收集，侦查信息情报工作的优劣与成败决定着贴靠行动的成功与否，对贴靠对象兴趣点、敏感点、消极心态位点、犯罪发展与成熟的阶段等信息必须进行认真的侦查研判，为网上"贴靠"提供理性的侦查决策依据。其次，应当物色合适的贴靠主体。大部分情况下，基于网络各终端 IP 控制成员的间接联系性，侦查人员可以凭借其相应的案情掌握情况，有针对性地、有目的地进行渗透贴靠。但是对于某些技术类、专业型犯罪涉及领域，需要选建合理的刑事特情参与实施。总之，贴靠主体应当具备以下几点要素：必要的网络知识、巧妙的伪装技巧、足够的应急处置能力以及真诚的侦查服务理念。最后，营造合适的贴靠机遇。对不同的贴靠对象，应当选择恰当的贴靠时机。例如，对于金融诈骗类犯罪，可以伪装成被害人进行贴靠，也可以凭借相关金融知识，虚构"犯罪入伙"意志，力图打入其犯罪组织的高级层次。

2. 网上贴靠的组织实施

无论是直接贴靠还是间接贴靠，贴靠工作开展的基础都是信息伪装。与传统侦查中的相貌、习惯、语言伪装不同的是，网上贴靠是一种信息的伪装，贴靠主体隐蔽其贴靠意图和身份，公开或有针对地发布伪装信息，营造出适合贴靠对象"口味"的关注氛围，从而使其潜在心理防线逐步弱化，最终予以接纳，并且投放其犯罪关联信息。同时我们应当注意到，案情不同带来贴靠策略的不同，从而形成不同的贴靠机制，如示形、示利、示害、离间、迂回、突袭、激将等。

(二) 网上诱惑

1. 网上诱惑概念之辨析

网上诱惑作为一种侦查策略或者侦查方法，起源于秘密侦查中的诱惑侦查。诱惑侦查又称诱饵侦查，是指侦查机关在经过一段时间的初步侦查后，在掌握一定犯罪线索和犯罪证据条件下，基于定罪起诉证据的不足，由侦查人员或侦查辅助人员化装，激发犯罪人在特定时间地点再次实施犯罪行为，从而加以拘捕的侦查方法。也有人将诱惑侦查称为"警察圈套"或"侦查陷阱"，但其整体策略理念则大同小异，即证据缺乏—抛出诱惑物—激发诱惑对象再次犯罪欲望—有组织地监控—实施抓捕（同时获取定案证据）。我们认为，网上诱惑是指以互联网为媒介，通过语言伪装、身份虚构等掩饰方法，为诱惑对象提供犯罪机会、强化其犯罪意志，促使其再次从事实体犯罪，进而予以拘捕的网络技战法。从诱惑侦查分类来看，网上诱惑大部分属于"机会提供型"诱惑侦查行为。并且由于作战环境的不同，网上诱惑难度较大，诱惑前的贴靠环节只能通过网络语言或者网络数据伪装来实施，诱惑效果与节奏控制缺乏有效研判。

2. 网上诱惑的组织实施

网上诱惑的实施前提之一是侦查诱惑行为能够带来相关犯罪人的空间位移，能够被有效掌握，例如，犯罪人通过聊天工具要求与被害人见面，继而实施财产或人身侵害的案件；通过发布虚假信息，进而通过与被害人直接接触的方式进行诈骗的案件。这类犯罪的共同特点是，犯罪人在实施犯罪过程中必然带来其人身的出现,能够真实地与外界事物发生关联,从而可以为网侦人员所利用,并得以伺机拘捕。而对于纯粹的网络传销、电信诈骗、网络赌博等案件,则只能依托先进的网侦和网监手段对其资金链条、人员组成、组织结构进行控制,才能得以侦破案件。

(三) 网上跟踪

1. 跟踪的概念

"跟踪"与"盯梢"是侦查策略与措施中并列的两种外线侦查方法,是动态与静态的结合。跟踪是侦查人员以运动的方式对侦查对象进行秘密观察、监视,获取其活动规律和犯罪信息的一种侦查策略。盯梢则是在某些重要个案阵地附近,通过布置侦查"哨位"来实现在特定侦查阵地对防控监视对象的有效外线控制。

2. 网上跟踪的组织与运用

不同于传统的侦查"跟踪",网上跟踪的缥缈性和虚无性在很大程度上限制了侦查理论研究和实务人员的"跟踪盯梢"理念。首先,网上跟踪不以现存的跟踪对象为基础,网上跟踪的渠道与线索是已经迟延的信息数据,只有在跟踪对象触碰共享性互联网后,网侦人员才得以通过觅迹—发现—分析—追踪的工作模式来进行跟踪。其次,网上跟踪具有很大的被动性,应当注意,此处的被动,并非指网上追踪的侦查效益弱于传统的侦查追踪手段,而是指从"侦查—犯罪"对抗角度来看侦查主体,只能被动地期望于跟踪对象的网络参与,才能实现对未来不确定的犯罪发展轨迹的有效掌握。由此而知,在网上作战过程中,盯梢的使用范围更加狭窄,不确定的时间、跟踪对象随意性的 IP 接入、超范围的信息流露场所使得泛化的"哨位"设置难以实现有效的侦查预期,其使用必定局限于某些特定信息传播渠道,如 QQ、微信、MSN 等。

(四) "网络特情"选建

1. "网络特情"概念探析

刑事特情是指侦查机关为了秘密搜集犯罪案件证据、情报,而物色、培养、建立使用的隐蔽人员力量。网络特情是指网侦人员为了实现网络阵地的有效控制,或者为了实现在具体网络犯罪案件中的抵近侦查而选取的隐蔽网络监控力量。与刑事特情的任务分类一样,网络特情也分为专案特情和控制特情。

2. "网络特情"的选建

"特情"的主要任务是协助侦查网监部门,做好普通的网络侦查阵地建设工作，其选取应当由以下几个部分组成：第一，犯罪易发网络扇区的平台、论坛、信息交流群组管理人员，赋予他们监控相关网络活动、报告网络治安形势的职责；第二，金融行业、住宿业、网购行业等特殊行业网络信息安全管理人员；第三，移动电话、互联网运营企业的网络交易审核和安全管理组织及人员；第四，某些特殊方向的软件设计和程序编写人员、网络维护人员等。这些人员都是网络活动的重要参与者，占据重要的阵地观察哨位，应当成为网侦部门的辅助工作力量。同时，在这些人员的培养过程中，要特别注意侦查保密原则以及侦查法治理念下的特情使用制度。网络侦查特情选建的关键在于专案特情，专案特情是指协助侦查机关侦查已立重特大案件的秘密特情人员。网上专案特情的选建主要针对重特大网络集团犯罪以及团伙犯罪等有组织犯罪案件。

对于网上专案特情的选建，我们认为可从以下几个步骤着手：第一，根据情报信息，研判特情身份的选择；第二，必须实现对专案特情人员的有效控制，例如姓名、身份、住址、性格、活动规律的确定，不能盲目信任网络上的虚无保证或者约定；第三，建立安全的网络秘密据点，如安全的聊天室，加密的交流平台或者掩护性网络运营行业，以此作为网侦人员与专案特情接头交流的场所；第四，建立特情掩护机制，通过有控制的情报提供和控制下交付活动，强化特情的安全环境，提升网络特情价值；第五，网侦人员的及时介入，承担对特情人员的监督和掩护职能，虚拟的网络空间带来网监工作的迟滞尴尬局面，从而必须及时选派网侦人员有效介入，公开或秘密地潜伏于专案特情周围，必要时提供公开掩护信息；第六，特情价值使用殆尽后，及时撤销相关特情身份，保证有关网络秘密据点、网络暗语等侦查秘密安全。

（五）网络监听

1. 网络监听的概念和基本原理

（1）网络监听的概念。

具体来说，网络监听技术是指当用户成功地登录一台电脑的主机并取得主机的超级用户权限之后，可以进一步地获取这段以太网中其他主机的控制权，获得寻常方法难以获得的信息。

（2）网络监听的基本原理。

当前网络中最常用的协议是以太网协议，在这个协议下如果某个主机要发送一个数据给另一台主机并不是点对点进行发送的，而是将数据信息发送给以太网络内的所有主机，在正常情况下只有目标主机才会接收该文件，而其他主机在接收到该数据的时候发现信息的目的地址与自己不符合，就会自动屏蔽掉。此时，如果以太网内有一台主机 A 处于网络监听的状态，那么不管数据的接收地址是否相匹配，主机 A 都会接收到数据信息，这就是网络监听的基本原理。

2. 监听检测的实现

（1）网络主机的获取。

从理论上说，网络上的任何使用者都可以被查出来，互联网上的任何行为都会有一个 IP 地址进行标识，在进行网络通信时都会有网络信号的发送者和接收者，因此一旦有人与你的网络进行通信，对方的 IP 地址都可以被知晓。在对网络犯罪的侦查中，获取主机地址的方法有很多，其中最主要的方法就是通过获取 IP 地址和 MAC 地址的方式确定网络主机的地址，例如，对各类网关出入口的数据进行筛选过滤，再通过网络监听、数据包监控等都可以将网络主机的 IP 地址或者 MAC 地址侦测到。

（2）网络监听的检测。

为了达到侦查网络监听主机的目的，首先我们应该对监听主机的特点进行分析。第一，当计算机主机运行了网络监听程序时，网卡模式混杂，所有到达网卡的数据包硬件都会中断，同时所有的数据信息都要传送到监听程序进行处理，因此，由于监听程序的运行会导致主机的性能大大降低，这时主机的负载必然会随着网络负载的加重而加重，这就是监听主机的主要特点之一。第二，通常来说没有安装监听软件的主机只会将与本机匹配的 MAC 地址的文件进行传递处理，但是当网卡处于混杂模式时，它会将全部的数据信息都进行提交。第三，一些监听程序会对监听到的数据信息进行反向域名解析，这时候网络监听程序就从被动的监听工具转换成了主动的网络工具，但是一个正常的计算机是不会主动解析与自己不相关的 IP 的。第四，网络监听程序运行时启动的进程并不是单个的而是多个的，但是没有运行监听程序的主机很少会同时启用多个程序。

根据对监听主机特点的分析，我们可以根据这些特点设计出对监听程序进行检测的方法：第一，IP-MAC 地址检测。这种方式是在交换式以太网中进行检测的一种方法，如果存在一个主机在交换式以太网中正在监听，那么它一定会成为其他主机的通信代理并主动发出 ARP 应答，这样才能使局域网内其他的主机受骗。因此公安机关侦查人员可以通过 ARP 应答包分析出监听主机的位置。这种方法要求侦测人员具有全网 IP 地址和 MAC 地址，如果被检测主机的 IP-MAC 地址与接收到 ARP 应答的地址不一样，那么说明该 MAC 地址对应的主机与 IP 地址对应的主机不同，且 MAC 地址对应的主机正在冒用 IP 地址对应的主机。第二，DNS 检测。很多监听程序为了能够进一步找到更有价值的主机获取更有价值的信息都会对 IP 地址进行反向 DNS 解析，因此为了辨别是否有监听主机，可以在网络中发送虚假 IP 数据包，如果有主机发送该 IP 地址的反向 DNS 查询，那么该网络中必然存在监听主机。反之，如果没有主机理会该 IP 地址，则说明没有运行监听程序的主机存在。第三，负载检测。因为正常情况下目标地址与本机不符的数据包会被不含监听程序的主机丢弃掉，因此正常状态下的主机对于突然增加的网络通信量不会产生很大的反应，但是处于监听状态下的主机不进行数据过滤，增大的网络通信量会对其产生较大的影响，因此根据这一特点可以人为地增加网络通信量，然后根据每个主机反应的速度进行判断，当主机的反应时间有明显的变化时，基本就可以确定该主机安装有监听程序。

（3）定位网络监听主机。

首先应该通过特定的网络软件或者命令获取监听主机的 IP 地址和 MAC 地址，其次根据获取的 IP 地址查到当前监听主机的交换机连接端口，最后根据交换机基础数据库将监听主机的具体位置进行确定，形成最终侦查定位。

（六）犯罪数据挖掘

1. 隐性知识与数据挖掘

根据知识能否清晰地表述和有效地转移，可以把知识分为显性知识和隐性知识。英籍犹太裔物理化学家和哲学家迈克尔·波兰尼认为："人类的知识有两种。通常被描述为知识的，即以书面文字、图表和数学公式加以表述的，只是一种类型的知识。而未被表述的知识，像我们在做某事的行动中所拥有的知识，是另一种知识。"随着社会信息化的发展，网络犯罪侦查中涉及的电子取证数据规模不断扩大，以取证为目的而收集的电子数据量也越来越大。电子数据除字面显现的内容外，还隐藏着有关犯罪的事实真相和情报线索，隐性的知识不断富集。犯罪数据挖掘可以称隐性知识的发现，是指从海量的电子数据中揭示出隐含的、先前未知的，并有潜在价值的信息的非平凡过程。

2. 数据挖掘的过程和步骤

数据挖掘要求对实际的犯罪背景有深刻的了解，并进行全面细致的观察、调查、研究，掌握对象的各种信息，弄清实际对象的特征，明确挖掘的目的。

在此基础上，网络犯罪案件中的数据挖掘过程大体分为两个步骤：第一，确定挖掘目标。清晰地定义出犯罪问题，认清数据挖掘的目标是数据挖掘的重要第一步。挖掘的最后结果是不可预测的，但要解决的问题是可以预见的。可以使用侦查学、犯罪学、心理学方面的背景知识来指导目标的设定，并将挖掘的所得结果以简洁的模式表示。第二，数据准备。电子取证数据库、公安基础数据库、互联网数据库是犯罪侦查中常用的三类数据资源库，原始数据可以在其上进行集成、清理、选择和转换，建立统一的信息共享和数据一致性平台，并满足技术分析人员以结构化查询语言方式进行查询。具体而言包括：（1）数据的选择。搜索所有的犯罪现场和实验室取证的数据源，并将其组合在一起，包括多个数据库、元数据或一般文件，从数据库中提取与分析任务相关的数据。（2）数据的预处理。对数据进行相关分析、数据冲突和语义差异性检测，消除噪音或不一致数据。数据通常是数据挖掘过程的原始资料，犯罪取证所得的数据种类和结构都很复杂。为了进一步分析，需要将其处理成可能反映噪音、例外情况或不完全的数据对象的数据。（3）数据的转换。将数据转换或统一成适合挖掘的形式，如汇总或聚集操作将数据转换成一个适合犯罪侦查需要的分析模型。第三，数据挖掘。除选择合适的挖掘算法外，其余一切工作都能自动完成。第四，结果分析。解释并评估数据挖掘的结果，其使用的分析方法一般应根据操作方法而定。根据案件的情况，通常会用到可视化技术。第五，隐性知识的显化。数据挖掘结果使用可视化和知识表示技术，向技术分析人员提供挖掘的知识，使得隐性知识易于理解，能够直接被人使用。

## 第二节 网络技术侦查在实践中的应用

### 一、情报收集

（一）网络巡查

首先，要查处售烟网站，由于我国法律禁止在网络上进行烟草制品的零售，所以直接向消费者售烟的网站都是非法的。对于发现的这类网站，应予以关闭。根据网站的备案信息查处网站的责任人，有些网站的服务器架设在国外，无法关闭，对此，应当根据其 IP 地址落地查人，而且售烟网站通常都留有 QQ 号，可以对该号进行布控。其次，是对电商平台的巡查，主要是对淘宝网上的店铺。如今淘宝平台已经采取了一定措施，屏蔽了直接卖烟的网店，然而嫌疑人开设虚假网店，通过"烟标""电子烟"等名称进行销售，从其页面上根本看不到相关的内容，只有深入探索才能判别真伪；QQ群是非法经营烟草的泛滥之地，群聊是非法经营者进行沟通协作的重要方式，以"批发烟""国烟""免税烟"等各种名称的群，显然违法，并且这种群人数很多，有的多达1800人，需要侦查人员对其深挖，例如，某网安大队2019年在清理整治烟草专卖专项行动中，发现一个QQ昵称"香烟的诱惑"的群内以低于市场价30%的价格发布出售卷烟信息，之后对重点人员进行了布控，后在公路收费站将其抓获，人赃俱获。此外，通过对自媒体的网上巡查，也能够有效地获取犯罪线索。

（二）尝试引入网络爬虫技术以自动监测

网络爬虫（Web Crawler）是一种程序，又名网络蜘蛛，能够按照一定的规则，自动地抓取互联网上的信息，如果这种技术应用于网络非法经营烟草的犯罪中，可极大地减少人力成本并提高效率。与搜索引擎运用的通用网络爬虫（Scalable Web Crawler）不同，监测网上的犯罪信息要运用聚焦网络爬虫（Focused Crawler），先设置与烟草犯罪相关的主题，这可根据以往破获的案件中出现过的主题词进行归纳总结并动态调整；之后，要写好算法遍历访问网页，算法包括 Page Rank 算法、HITS 算法、语境图算法（Context Graphs）等，以此在没有人工干预的条件下，爬虫可自动采集繁琐而庞大的开源数据，如新浪微博、百度贴吧、同城网等售烟信息普遍的网站，将网站中与烟草犯罪有关的页面自动抓取和下载，对获取的情报信息要清洗抽取，可利用 Wrapper 方法从网页中抽取出所需要的信息文字和源信息，以提取烟草制品、卖家的信息及相应图片，为侦查提供初始的情报，然后再进行二次研判，判断是否具有违法性。目前这种技术方法运用难度较大，研发成本高，所以烟草犯罪中，尚无运用此技术而获取情报的案例，但条件允许时，侦查机关可自行研发或购买相应的技术服务，提高获取犯罪情报的效率。

## 二、贴靠非法经营者

通过各类情报获取了犯罪嫌疑人踪迹后，需对其深入侦查。对于嫌疑人利用网络的手段，侦查人员要"以网治网"，通过网络来贴靠嫌疑人，定点查获其个人信息和活动信息，查证其经营行为是否非法及数额是否构成犯罪。这是因为网络的隐蔽性，获取的犯罪线索至多只能证明有非法经营行为，无法详细获知嫌疑人的信息。例如，2014年重庆"2·16"互联网售烟案件侦办过程中，侦查人员根据前期收集到的犯罪线索，锁定了一个微信账号"MSM××××"，之后侦查人员通过冒充消费者的方式进行了聊天，以期获取其经营数量、库存规模、人员结构，尽管嫌疑人不会详细透露，但侦查人员通过聊天成功套取了其联系电话、QQ号码，然后通过网安、技侦等部门根据其IP地址进一步查询其在现实中的活动区域，由此查询到地理位置在重庆市沙坪坝区。后续的战果表明，这个人只是一名"小代理"，自身职业是保险公司的职员，在业余时间通过微信朋友圈代购免税烟。然而就是通过这个"小代理"，进而破获了涉案金额2亿多元的案件。因此，初期的贴靠工作需要引起重视，从中可能牵出一个庞大的犯罪网络。对于线索指向的涉嫌非法经营的网店，首先，要查清犯罪嫌疑人开设网店的网站、网页情况、IP地址、网页所用昵称、与"客户"联系方式，包括手机号码、固定电话号码、QQ号码（或其他即时通讯工具）以及货款支付方式和货物收取方式等情况。

初期贴靠发现的只是冰山一角，更多的真实信息以及上下线，需要利用信息化手段进行挖掘探索。公安网和互联网以及银行、互联网企业的大量信息，是循线搜索的原材料。利用"全国公安综合查询系统""全国经侦云搜索平台""情报信息综合应用平台"等公安内网平台，可以获取嫌疑人身份信息、家庭情况、活动区域、关系人、居住地、有无前科等信息。互联网上分散的大量信息通过侦查人员检索比对，和其他获取的信息碰撞比对，能够为侦查工作提供具体的指引。例如，2012年湖州办理"10·28"公安部督办互联网售烟案中，前期运用了交叉比对的摸排方法，在前期线索获取到的QQ群里重点人员的手机号和QQ号基础上，与阿里巴巴平台的信息进行了批量比对，从而获取了30多个支付宝、淘宝账号，并且其中一般都是有效的可用账号，这是由虚向实的重要步骤，从此在现实世界中有一个切入嫌疑人的非法经营信息的视角。

牵出上下线的工作，需要从多个角度对比碰撞。嫌疑人之间相互联系往往也能通过即时通讯软件、移动电话、银行账户往来、第三方支付软件、发货单等方面体现，对其中几个方面进行碰撞，缩小侦查范围。其中侦查基础工作很重要，相应的信息、技术储备和平台支持是必备的，需要相关企业对公安机关信息共享、线索传递、专业支撑。例如，重庆"2.16"案件中，侦查人员先期掌控了嫌疑人穆某某，之后对其微信号、手机号码、银行账户资金明细等全面梳理，以获取上下线的联系方式。这里很关键的一个步骤就是利用了软件公司的后台，调取了服务器原始数据，从而查证了嫌疑人的聊天记录、发货记录，进而一个特大的网络犯罪框架开始浮出了水面，之后，通过查询银行账户来往明细，查清了成员结构。

### 三、多维度监控嫌疑人员，分析其活动轨迹

从虚拟世界到真实世界是侦查的必经阶段，获取嫌疑人信息后，需要对嫌疑人的活动情况进行控制，需要抓捕的即时抓捕；案件有价值的，应当监控嫌疑人的活动。嫌疑人的手机号、QQ 号、支付宝账号、身份证号、银行卡、上网终端、车辆等都是侦查人员可以关注的角度，尤其是嫌疑人在电商平台留下的网购收货用的手机号，与作案用的手机号不同（是其生活用的手机号），通过这些信息可以获取嫌疑人的活动情况，进而为分析案情、深挖线索和实施抓捕提供支持。现实中的活动信息如今越来越能从网上信息中得到体现，尤其是近年来移动互联网的快速兴起，使得个人隐私更难隐匿，这对侦查工作是个很好的机遇。IP 地址可能被篡改或不实名，但嫌疑人使用的终端上网设备比较稳定，每一台终端都有唯一的 MAC（Media Access Control）物理地址，该地址能够较为真实的反映嫌疑人的活动地点。此外，移动手机同时具有 MAC 地址和 IMEI（移动设备身份码），侦查人员获取了 MAC 地址后可以进一步查获该手机的 IMEI，尽管嫌疑人可能更换手机 SIM 卡，但手机终端一般是较稳定的，所以获取了嫌疑人 IMEI 甚至比获取了手机号更有价值，通过 IMEI 可以查获该手机所使用过的多个手机号，然后再从这多个手机号里面寻找用于犯罪的，就可开展话单分析和利用 Excel 表格筛选同行人轨迹，查证犯罪。银行卡也是重要的布控维度，嫌疑人非法经营获得利益后，总避免不了取钱，一般情况下，有反侦查能力的嫌疑人不会使用自己名下的银行卡，但总要把钱转到一个会取出的卡上，在最后一环取钱的时候，通过银行监控摄像，可以获取嫌疑人面貌信息。网络非法经营烟草尽管具有隐蔽性，但在移动互联网时代，嫌疑人只要使用智能终端，活动轨迹总会被各种软件所暴露；侦查人员通过多维度的布控、交叉验证，可以获取其活动轨迹。

### 四、强化电子数据的提取能力

电子数据的证明力和证据能力系于其真实性，由于其对媒介的依赖和容易被更改的弱点，必须保证证据采集过程的合法性，确保电子数据的原始状态。根据《电子数据存储介质写保护设备要求及检测方法》，用于取证的计算机必

须无法修改储存着将要提取的电子数据的硬件设备。在扣押嫌疑人的作案电脑、手机等设备时，还应注意搜集取证过程合法性的证据，以充分证明取证的合法性，保持证据在搜集阶段的完整、真实。例如，在深圳龙岗抓捕"7·17"案的上线詹某等人时，有10台电脑的数据被删除和损坏，对侦查造成很大的挑战，网安部门对此经过勘查，恢复了数据，最终转化成了符合法律规定的标准的证据。面对复杂的嫌疑人和多变的案情，侦查人员需要做好电子取证的紧急预案，以便在遇到突发事件时能够规范取证，谨防证据的不规范而导致案件不能够定罪量刑。

### 五、加强对网络犯罪事实和犯罪团伙的内部结构分析

网络犯罪涉及的电子数据包含复杂的数据对象，如超文本和多媒体数据、空间数据、时间数据、事务数据等。由于数据类型的多样性和数据挖掘的目标不同，应当使用不同的数据挖掘系统，通过不同的分析软件的支持，以便准确地获取事实真相和规律知识。一般而言，犯罪数据挖掘可以分为两类：基于内容的数据挖掘和基于关系的数据挖掘，分别研究网络犯罪事实的内容和犯罪团伙的内部结构。

（一）基于内容的数据挖掘研究网络犯罪事实

基于内容的数据挖掘的一般方法是最大限度地搜索可用的信息内容，提取出有用的隐性信息后，通过学习抽取一定的规则，使数据关联出或延伸至有关犯罪的事实，直至显性化。以数码照片为例，此类数据的挖掘主要考虑两方面内容：第一，基于描述的属性内容，主要指文件名和格式、尺寸、创建时间等；第二，基于图像的画面内容，如颜色构成、质地、形状、对象和小波变换等。如关联分析发现图像是"广阔的"而且与关键词"蓝色"有关，那么有关"蓝天"主题的照片就符合关联规则，据此可以对数码照片进行分类、聚类等操作。

（二）基于关系的数据挖掘研究犯罪团伙内部结构

基于关系的数据挖掘的一般方法是建立一个或一组数学模型，从中发现大量数据之间的关联。计算机网络的高速发展和数据库的普遍应用，产生了大量类似手机通话记录、银行交易流水、网络访问日志之类的关系数据。这些数据对犯罪侦查非常有用，但在数据中包含的犯罪线索是隐性的，理顺其中纷繁复杂的关系必须借助于大量的数学运算。随着公安工作越来越要求精确解决侦查

问题,数学的推理和运算成为侦查的方法和手段,建立数学模型已成为一种将隐性知识显性化的有效侦查技术。比如,手机之间的通话清单,单条的数据只能表明 A → B 的通话数据,多条的数据经过显化处理,就有可能呈现出犯罪团伙内部结构的关系。

■ **课后思考题**

1. 什么叫技术侦查?技术侦查与侦查技术有何联系与区别?
2. 网络犯罪案件常见的技术侦查措施有哪些?
3. 大数据侦查技术在应用中有何作用?如何规制?请谈下你的理解。

# 第十七章
# 网络犯罪案件中电子数据的收集与审查

随着信息科学技术的发展,人类生活方式在悄然发生变化,技术也在影响和改变着传统的诉讼方式,正如美国学者所说,"无论是好事还是坏事,沟通交流方式的变化和'无纸化办公'的广泛运用意味着技术已经改变了我们接受、处置和出示证据的方式"[1],而这种变化,正是以电子数据在诉讼中的大量出现为标志。与传统犯罪的追诉一样,在对网络犯罪的追诉过程中,也需要多种证据的综合使用。但是,区别于传统犯罪,在网络犯罪的证明体系中,居于核心地位、基础地位的证据是电子数据,因此本章节主要聚焦于电子数据。但需要特别说明的是,在网络犯罪案件的证据体系中,除居于基础和核心地位的电子数据之外,还有其他证据种类存在,这是由网络犯罪跨越虚拟和现实两个场域的特点所决定的,对于此类证据,决不能忽视,必须注意全面收集,与电子数据相互补充运用。

## 第一节 电子数据概念的界定

### 一、广义的电子数据

电子数据到底是什么?"电子数据"作为一种新型证据,我国目前不仅法律上对其内涵和外延没有明确规定,学术界的研究也才刚刚开始。

综观学术界关于电子数据的各种论述,大致有以下三种。第一种观点认为,电子数据也称计算机数据,其本质是以"0"和"1"两个数字组成的一系列二进制代码储存在各种介质上的声音、图像、符号。第二种观点认为,电子数据是以数字化形式存在于磁盘、光盘、计算机等载体,用以证明案件事实

---

[1] Richard A. Ginkowski. Getting To Know and Love Electronic Evidence, 19-*WTR CRIMJUST* 14., (2005).

的磁性记录物。第三种观点认为，电子数据是"电子形式的数据信息"，电子数据信息根据其所承载信息类型，可进一步分为模拟数据信息和数字数据信息。

尽管这几种关于电子数据的描述存在一定差异，但这种分歧明显集中在对"数据"作狭义理解还是作广义理解上。这种分歧使得不仅在理论上难以阐明电子数据的内涵和外延，也容易在实践中对电子数据的适用造成困惑。因此研究并准确给出电子数据的内涵和外延，在法学理论和司法实践中是很有意义的。

第一种观点对"数据"作狭义理解，即将电子数据限定为计算机生成的数据。然而随着信息科技不断发展，越来越多的电子设备都能独立生成数据。因此，将电子数据限定为计算机数据显然具有相当大的局限性，既不符合时代发展潮流，在司法实践中也难以适应各类案情错综复杂的民事纠纷或刑事案件。

第二种观点对"数据"的理解相较于第一种观点范围稍广，第二种观点将电子数据的范围限制在以数字化形式存在于磁盘、光盘、计算机等载体，尽管存在一定的合理性，但该观点却忽略了另一部分基于光学、电磁学等模拟技术所生成的数据信息。因此，第二种观点也不利于在司法实践中广泛地运用各类电子数据证明待证事实。

第三种观点对于"数据"则属于广义理解，电子数据既包含了模拟数据信息也包含了数字数据信息。这种观点在当前数字技术占主导地位、模拟技术与其并存的发展格局下显然是最恰当的。此外，国内外立法上也都倾向于对"数据"进行广义理解。联合国国际贸易法委员会《电子商务示范法》第2条规定，数据电文（Data message）是指由电子手段、光学手段或类似手段生成传送、接收或储存的信息，这些手段包括但不限于电子数据交换（EDI）、电子邮件、电报、电传或传真。我国《电子签名法》第2条关于数据电文的规定也采用了此种描述。

我们倾向于第三种观点的界定方式，认为对数据应作广义理解。即电子数据既包含了由数字信号生成的信息，还包括了由模拟信号生成的信息，而不仅是数字化的信息编码，更不能将其等同于由计算机生成的一系列"0"和"1"的排列组合。

## 二、作为证据的电子数据

在我国，对于电子数据的认识经历了一个逐步深入的过程，大体上可以分为四个阶段：

第一个阶段为 2012 年修正的《刑事诉讼法》和《民事诉讼法》出台之前。在这一阶段，电子数据的称谓不同，有称之为电子证据的，也有称之为电子数据证据的，由于立法层面未规定，此类证据并无"合法"身份，主要运用于理论研究的语境之中。早期理论界还把电子数据归为"视听资料"这类证据中进行研究，认为视听资料包含录音、录像、计算机存储等资料，实践中也经常出现办案机关将电子邮件、聊天记录打印后作为书证进行诉讼应用。随着理论研究的深入，电子数据的独特性越来越被关注，进而推动了其在立法中的确认。

第二个阶段为 2012 年修正的《刑事诉讼法》出台之后。2012 年修正后的《刑事诉讼法》和《民事诉讼法》均明确将"电子数据"列举为法定证据种类之一，电子数据由此获得合法身份，随后出台的司法解释中则进一步将电子数据的范围明确为电子邮件、电子数据交换、网上聊天记录、博客、微博、手机短信、电子签名、域名等电子证据存储在电子介质中的信息。随着立法的明确，电子数据这一名称替代了电子证据而成为此类证据的法定称谓，并开始越来越多地应用于各类案件之中。但是，由于立法及相关解释不够细化，电子数据在实践中也出现了不会用、不敢用、不愿用的窘境，2016 年年初公开审理的"深圳快播公司涉黄案"更是将这种使用困境展现在了公众面前。

第三个阶段为《关于办理刑事案件收集提取和审查判断电子数据若干问题的规定》施行之后。在这一阶段，理论界和司法实践部门对于电子数据的认识不断深化，立法层面对于电子数据的规定也越来越明确具体。基于电子数据在司法实践应用中存在的应用困境，2016 年 10 月 1 日，《关于办理刑事案件收集提取和审查判断电子数据若干问题的规定》得以实施，其第 1 条第 1 款规定："电子数据是案件发生过程中形成的，以数字化形式存储、处理、传输的，能够证明案件事实的数据。"上述规定对电子数据进行了界定：第一，证据语境中的电子数据是指形成于案件发生过程中的数据。这种时间性要求在一定程度上限缩了电子数据的范围，导致本应属于电子数据的证据不能归入该法定证据种类之中。第二，进一步对电子数据的形式作出明确。即电子数据必须是以数字化形式存储、处理、传输的数据。第三，明确只有能够证明案件事实的电子数据才是作为证据使用的电子数据。

《关于办理刑事案件收集提取和审查判断电子数据若干问题的规定》第 1 条第 2 款则从积极层面列举了电子数据的常见形式，包括以往立法条文中所列举的网页、微博、手机短信、电子邮件、数字证书、计算机程序等信息和电子文件，还阐明电子数据并不限于上述形式，从而为未来可能出现的新形态电子数据证据预留了空间。在信息技术快速发展、电子数据展现形态不断出现的今天，穷尽我们今天的想象或也无法完全概括其形态，在此情况下，上述阐明极具价值。第1条第3款从消极层面规定，以数字化形式记载的证人证言、被害人陈述以及犯罪嫌疑人、被告人供述和辩解等证据，不属于电子数据。本款规定不存在理论争议，在同步录音录像在司法实践中广泛运用的情况下，数据化形式仅是固定证人证言、被害人陈述以及犯罪嫌疑人、被告人供述等言词证据的手段和方式，本质并未改变，故不属于电子数据。

《关于办理刑事案件收集提取和审查判断电子数据若干问题的规定》的出台无疑反映了我国立法层面对电子数据认识的深化，也对司法实践部门适用这一新型证据种类提供了指引，但是存在一些问题。我们认为，这种基于功用价值的界定方式可能会带来认识困境。关联性是任何材料作为证据的必备要件之一，根据证据关联性要求，只有能够证明案件事实的材料才能够作为证据，与案件事实无关的材料则不能作为证据。作为定案依据的电子数据无疑也应当具有关联性，即必须能够证明案件。但是，最终认定是否与案件事实有关只能发生在事实认定（审判）阶段，而提取、流转、保管等诸多环节中，又该如何使用、如何称谓此类证据（证据材料）？对此有必要进一步研究。

第四个阶段为《人民检察院办理网络犯罪案件规定》的颁行。2021年1月，最高人民检察院针对网络犯罪案件颁行了《人民检察院办理网络犯罪案件规定》，这是迄今为止对于网络犯罪案件办理最为系统，也最为明确具体的一个司法解释，较好地回应了当前司法实践中办理网络犯罪案件存在的困惑。该规定对电子数据的概念和主要形式也作出了新的界定。

第一，关于电子数据的概念。《人民检察院办理网络犯罪案件规定》明确，电子数据是以数字化形式存储、处理、传输的，能够证明案件事实的数据。

第二，关于电子数据的形式。《人民检察院办理网络犯罪案件规定》第27条也对电子数据的形式归纳为七种，并作出了列举性规定，即电子数据包括：（1）网页、社交平台、论坛等网络平台发布的信息；（2）手机短信、电子邮件、即时通信、通讯群组等网络通讯信息；（3）用户注册信息、身份认证信息、数字签名、生物识别信息等用户身份信息；（4）电子交易记录、通信记录、浏览记录、操作记录、程序安装、运行、删除记录等用户行为信息；（5）恶意程序、工具软件、网站源代码、运行脚本等行为工具信息；（6）系统日志、应用程序日志、安全日志、数据库日志等系统运行信息；（7）文档、图片、音频、视频、数字证书、数据库文件等电子文件及其创建时间、访问时间、修改时间、大小等文件附属信息。

我们认为，《人民检察院办理网络犯罪案件规定》对电子数据概念的界定是准确的，本书采纳这种界定方式，并作为后文论述基础。关于电子数据的形式方面，该规定的列举也明确具体，对司法实践工作起到了指引作用，但遗憾之处在于其缺乏包容性、概括性的规定，对于随着信息技术发展而出现的新型电子数据形式可能无法涵盖进来。比如，随着区块链技术的发展，区块链存证、区块链证据审查可能很快就会进入网络犯罪案件办理之中，区块链证据的性质如何界定？形式如何归类？未来立法可能需要进一步跟进和明确。

## 第二节 电子数据的收集

电子数据的收集是指具有法定资格的人员为揭示案件真相或证明事实主张，而依法展开的收集证据、初步审查证据以及保全证据的专门活动。

### 一、收集主体

（一）法定主体

1. 诉讼当事人

我国现行立法已经明文规定了诉讼当事人收集证据的权利和责任。现行《刑事诉讼法》第197条第1款规定："法庭审理过程中，当事人和辩护人、诉讼代理人有权申请通知新的证人到庭，调取新的物证，申请重新鉴定或者勘验。"

2. 诉讼代理人、辩护人

作为当事人的诉讼代理人和刑事诉讼案件被告人的辩护人，我国现行立法明确赋予其收集证据证明待证事实的权利和职责。《刑事诉讼法》第43条规定："辩护律师经证人或者其他有关单位和个人同意，可以向他们收集与本案有关的材料，也可以申请人民检察院、人民法院收集、调取证据，或者申请人民法院通知证人出庭作证。辩护律师经人民检察院或者人民法院许可，并且经被害人或者其近亲属、被害人提供的证人同意，可以向他们收集与本案有关的材料。"

由于电子证据自身的特殊性,诉讼代理人和辩护人在收集电子数据时,应当本着从当事人利益出发的原则,对于自己能力范围内可以收集到的电子数据应当尽可能地收集;对于超出自己收集能力范围的,应当委托技术专家、网络运营主体等收集,并在此之前,应当征得当事人的同意,且其收集行为效果直接归属于当事人。

3. 侦查机关

我国的侦查主体包括公安机关、检察机关、国家安全机关、军队保卫部门和监狱。《关于办理刑事案件收集提取和审理判断电子数据若干问题的规定》对于网络犯罪案件中电子数据提取主体和人数作出了明确规定,即电子数据应当由二名以上侦查人员进行,且要求取证方法应当符合相关技术标准。

4. 人民法院

《刑事诉讼法》第 52 条规定,审判人员、检察人员、侦查人员必须依照法定程序,收集能够证实犯罪嫌疑人、被告人有罪或者无罪、犯罪情节轻重的各种证据。人民法院享有收集证据的权力,但一般情况下,人民法院不应该自行收集电子数据,而应当指定或者委托有关单位和个人收集电子数据。

归纳来看,我国立法当前对于刑事诉讼中电子数据的法定收集主体并没有特殊规定,仍是审判人员、检察人员、侦查人员以及辩护人、诉讼代理人、刑事自诉案件的自诉人与被告人。但实际上,针对电子数据这一技术含量很高的新型证据,侦查人员在取证过程中常常会遇到技术困境,电子数据取证实践中也存在特殊主体的参与。

(二) 特殊主体

有别于传统犯罪,网络犯罪的侦查取证除侦查机关作为主体外,还需要多个部门的密切联动与配合,否则侦查工作难以顺畅完成。以网络诈骗犯罪为例,公安机关侦查时就需要从以下几个层面开展侦查取证,即信息流查证→资金流查证→网络轨迹查证→服务器监控,上述过程若仅依靠公安机关一家,没有其他部门的配合与联动,侦查工作显然难以推进。此外,网络犯罪的完成必须依赖网络服务提供者提供的平台进行,因此,从实践来看,侦查机关对于电子数据的提取常常需要技术专家和网络服务提供商的辅助来完成。

1. 技术专家

技术专家拥有特殊的专业技术背景、广博的计算机知识和应用技能。目前电子数据收集取证方面的专家主要有电子数据鉴定机构的司法鉴定人、高等学校和研究机构的计算机取证研究人员等。

2. 网络服务提供商

《互联网信息服务管理办法》第 14 条规定:"从事新闻、出版以及电子公告等服务项目的互联网信息服务提供者,应当记录提供的信息内容及其发布时间、互联网地址或者域名;互联网接入服务提供者应当记录上网用户的上网时间、用户账号、互联网地址或者域名、主叫电话号码等信息。互联网信息服务提供者和互联网接入服务提供者的记录备份应当保存 60 日,并在国家有关机关依法查询时,予以提供。"由此可以看出,网络运营主体都有协助国家司法机关和其他机关收集电子数据的职责。这些网络运营主体包括从事新闻、出版以及电子公告等服务项目的互联网信息服务提供者和互联网接入服务提供者。

但是,由于立法对于技术专家和网络服务商介入电子数据取证的地位和作为没有明确,因此使得辅助者取证存在争议,而取证主体的不合法,则直接会影响电子数据的证据能力问题。我们认为,由于电子数据在收集、提取和分析过程中具有较高的技术要求,这就要求证据收集人员必须具备相当水平的计算机专业水平,而这对于传统以法学和侦查学为知识背景的侦查人员来说很难达到。侦查机关由于这种技术瓶颈而需要获取第三方的取证辅助,而我国当前立法中并没有明确第三方取证的资格问题,从而造成了侦查机关的"求助"具有正当性和必要性,但却缺乏合法性,取证主体的不合法则会直接影响电子数据的证据能力。我们认为,为了避免再度出现此类问题,更为有效地运用电子数据,我国当前有必要借鉴域外经验,尽快明确第三方的技术协助资格。

从域外立法情况来看,这种技术第三方又被称为"潜在证人",第三方一般包括使用计算机及外设记录其活动状况的人,监视数据输入的管理人,对计算机及外设的硬件和程序编制的人等[1]。第三方的协助取证的资格确立后,另一个需要解决的问题是第三方如何开展协助?这就包含两种情况:第一,涉

---

[1] 从域外立法情况来看,各国对网络证据收集主体的规定都不甚相同。许多网络技术比较发达的国家成立了专门的计算机取证公司、取证实验室或其他相关组织,从事与网络证据收集相关的工作。例如,美国的"电子数据发现公司""网络侦探""数字犯罪现场技术员"以及高科技犯罪侦查组织等。英国也有一些拥有特殊称谓的证据收集主体,如第一响应人(或一组人)、镜像制作员。在任何可能时候,第一响应人都必须遵守一系列国际公认的准则,"处理数字证据时必须应用一切通用的取证和程序性准则,保护和收集电子数据所采取的措施不应当改变证据;所有关系到数字证据查封、访问、存储和转移的活动都必须被完整记录、保存以备复查"。参见 [英] 杰拉尔德·科瓦契奇、安迪·琼斯:《高技术犯罪调查手册:建立和管理高技术犯罪防范计划》,吴渝等译,科学出版社 2009 年版,第 137 页。

案电子数据为第三方所持有，比如涉案电子数据服务器所在公司；第二，第三方受侦查机关委托介入，比如"快播案"中的第三方介入。上述问题在美国也产生过争议，但随着合众国诉米勒一案和类似判例的出现，美国司法实践中形成了所谓的"第三方搜查原则"，即假如犯罪嫌疑人的电子信息为第三方合理地持有或获知，则第三方在协助警察开展计算机搜查时无须以申领令状为前提。[1] 此外，美国司法部（Department of Justice）所制定的《搜查与扣押指南》也明确了技术专家在侦查取证活动中的介入资格，并同时规定侦查起诉方所聘请的技术专家视同侦查起诉官员，同样需要申请令状以及遵照令状，以符合美国宪法第四修正案的要求。[2]

这种立法趋势值得我国参考。我们认为，我国当前对于技术第三方的协助取证问题，当前应从两个方面着手进行。第一，建立有资质第三方取证机构的名录库。对此，首先可由人民法院牵头组织专业人士对相关技术机构进行审查，审查合格后根据技术特点分类确立资质并纳入名录库。第二，在侦查过程中，侦查机关认为有必要取得第三方的技术支持的，经过内部批准程序后即可进行上述名录库中随机抽选第三方，在取得侦查机关书面文书委托后，该第三方就可介入侦查过程，配合侦查机关取证。另外需要特别指出的是，在第三方受托正式接触电子数据前，应当确保电子数据存储介质处于固定封存状态，以保证电子数据的原始性和完整性。

## 二、电子数据的收集方法

对于电子数据的收集方法和程序，《关于办理刑事案件收集提取和审查判断电子数据若干问题的规定》作出了指引，《人民检察院办理网络犯罪案件规定》也作出了进一步明确。根据相关规定，电子数据的收集方法主要有以下五种。

（一）扣押、封存原始存储介质

存储介质是指存储数据的载体。比如软盘、光盘、DVD、硬盘、闪存、U盘、CF卡、SD卡。原始存储介质，即涉案电子数据所产生并留存的第一手介质。原始存储介质作为第一手证据，比如记录电子账单的电脑硬盘、留存聊天

---

[1] 参见刘品新主编：《电子取证的法律规制》，中国法制出版社2010年版，第48页。

[2] James Adam, "Suppressing Evidence Gained By Government Surveillanc of Computers", 19-*SPG Crim. Just.* 46 (2004).

记录的手机等。原始性是证据审查的首要内容之一，原始存储介质的无损对于电子数据的原始性和完整性无疑最为重要，因此在有条件获取原始存储介质的情况下，应首先予以扣押、封存，为后续电子数据提取和分析创造条件。

《关于办理刑事案件收集提取和审查判断电子数据若干问题的规定》第8条规定，收集、提取电子数据，能够扣押电子数据原始存储介质的，应当扣押、封存原始存储介质，并制作笔录，记录原始存储介质的封存状态。封存电子数据原始存储介质，应当保证在不解除封存状态的情况下，无法增加、删除、修改电子数据。封存前后应当拍摄被封存原始存储介质的照片，清晰反映封口或者张贴封条处的状况。封存手机等具有无线通信功能的存储介质，应当采取信号屏蔽、信号阻断或者切断电源等措施。第9条规定，具有下列情形之一，无法扣押原始存储介质的，可以提取电子数据，但应当在笔录中注明不能扣押原始存储介质的原因、原始存储介质的存放地点或者电子数据的来源等情况，并计算电子数据的完整性校验值：（1）原始存储介质不便封存的；（2）提取计算机内存数据、网络传输数据等不是存储在存储介质上的电子数据的；（3）原始存储介质位于境外的；（4）其他无法扣押原始存储介质的情形。

（二）现场提取电子数据

现场提取电子数据是指采用专用取证工具，在符合技术标准、确保完整无损的条件下，对于电子数据进行在线提取，这主要适用于不便扣押原始存储介质的情况下，比如对于大型服务器中留存数据的提取。现场提取电子数据的关键在于取证程序的规范性，对此可通过同步录音录像、制作提取笔录、见证人见证等方式佐证取证程序的规范性，进而佐证电子数据的原始性。

《关于办理刑事案件收集提取和审查判断电子数据若干问题的规定》第14条规定，收集、提取电子数据，应当制作笔录，记录案由、对象、内容、收集、提取电子数据的时间、地点、方法、过程，并附电子数据清单，注明类别、文件格式、完整性校验值等，由侦查人员、电子数据持有人（提供人）签名或者盖章；电子数据持有人（提供人）无法签名或者拒绝签名的，应当在笔录中注明，由见证人签名或者盖章。有条件的，应当对相关活动进行录像。第15条则规定了见证人见证，根据该条规定，收集、提取电子数据，应当根据《刑事诉讼法》的规定，由符合条件的人员担任见证人。由于客观原因无法由符合条件的人员担任见证人的，应当在笔录中注明情况，并对相关活动进行录像。针对同一现场多个计算机信息系统收集、提取电子数据的，可以由一名见证人见证。

（三）在线提取电子数据

根据《关于办理刑事案件收集提取和审查判断电子数据若干问题的规定》第9条可知，对于原始存储介质位于境外或者远程计算机信息系统上的电子数据，可以通过网络在线提取。为进一步查明有关情况，必要时，可以对远程计算机信息系统进行网络远程勘验。进行网络远程勘验，需要采取技术侦查措施的，应当依法经过严格的批准手续。

（四）冻结电子数据

在传统司法实践中，冻结一般仅限于财物，如存款汇款、股票、证券等。《关于办理刑事案件收集提取和审查判断电子数据若干问题的规定》的出台，则使"电子数据冻结"出现于我国刑事司法实践当中。那么，什么是"电子数据冻结"，根据文本解读，我们认为，所谓"电子数据冻结"即为防止电子数据被随意增删修改，运用技术手段对电子数据进行固定保全。

根据《关于办理刑事案件收集提取和审查判断电子数据若干问题的规定》第11条可知，具有下列情形之一的，经县级以上公安机关负责人或者检察长批准，可以对电子数据进行冻结：（1）数据量大，无法或者不便提取的；（2）提取时间长，可能造成电子数据被篡改或者灭失的；（3）通过网络应用可以更为直观地展示电子数据的；（4）其他需要冻结的情形。

此外，《关于办理刑事案件收集提取和审查判断电子数据若干问题的规定》第12条规定，冻结电子数据，应当制作协助冻结通知书，注明冻结电子数据的网络应用账号等信息，送交电子数据持有人、网络服务提供者或者有关部门协助办理。解除冻结的，应当在3日内制作协助解除冻结通知书，送交电子数据持有人、网络服务提供者或者有关部门协助办理。冻结电子数据，应当采取以下一种或者几种方法：计算电子数据的完整性校验值、锁定网络应用账号、其他防止增加、删除、修改电子数据的措施。

（五）调取电子数据

调取电子数据是《人民检察院办理网络犯罪案件规定》中首次规定的一种电子收集方法，这种"调取"和其他类型的"提取"有何区别？根据《法学大辞典》的释义，调取证据，是指机关对存留于有关单位或公民手中的能够证明案件真实情况的物证、书证，依法收集的一种诉讼活动。根据该条解释，我们可以将调取电子数据理解为取证机关向非涉案人员但留存有可能证明案件真实情况电子数据的单位和个人收集数据的取证措施。这条措施的出台背景主要是因为大数据技术的广泛应用,一个案件的侦查取证往往需要通过多个数据库进行数据比对,比如税收数据库、出行信息数据库、金融信息数据库等,而这些数据库往往又在不同的主体手中,以调取方式获取相关涉案数据可能更为妥当。

调取电子数据的程序相关立法并未明确,但根据《人民检察院办理网络犯罪案件规定》对于电子数据审查的相关规定可以看出,调取电子数据有两个程序要点,第一,要通过格式文书即《调取证据通知书》进行调取;第二,要通过标准方法进行,即需要通过计算完整性校验值或者以其他方法保证电子数据的完整性。

## 第三节 电子数据的审查和认定

电子数据的审查是从法律层面对电子数据的客观性、合法性、关联性进行全面审查,电子数据审查的要求实际上也是在倒逼着电子数据收集程序的规范化,因此是电子数据诉讼应用中的核心问题。2012年公布的《最高人民法院关于适用〈中华人民共和国刑事诉讼法〉的解释》规定了电子数据的审查要点,2021年印发的《人民检察院办理网络犯罪案件规定》则进一步对电子数据的审查进行细化规定。

### 一、电子数据审查的整体性规定

无论是《最高人民法院关于适用〈中华人民共和国刑事诉讼法〉的解释》,还是《人民检察院办理网络犯罪案件规定》,均对电子数据的客观性、合法性和关联性的审查作出了规定,注重审查电子数据与案件事实之间的多元关联,加强综合分析,充分发挥电子数据的证明作用。

(一) 客观性

证据事实是伴随案件的发生、发展过程遗留下来的,其不以人的主观意志为转移。对于电子证据来说,由于电子信息的数据性,电子证据的形成都是实时的。通过严格的收集保存和提取程序避免使其失真的因素出现,其一经形成便始终保持最初、最原始的状态,能够客观地反映案件真实的本来面貌。电子数据的客观性和真实性是电子数据进入诉讼程序,获取证据资格的前提,也理应是重点审查的内容。

根据相关法律规定，判断电子数据是否客观、真实，主要是审查以下内容：第一，是否移送原始存储介质，在原始存储介质无法封存、不便移动时，是否说明原因，并注明相关情况；第二，电子数据是否有数字签名、数字证书等特殊标识；第三，电子数据的收集、提取过程及结果是否可以重现；第四，电子数据有增加、删除、修改等情形的，是否附有说明；第五，电子数据的完整性是否可以保证。

（二）完整性

完整性是考察电子数据证明力的一个特殊指标，电子数据的完整性包括电子数据本身的完整性和电子数据所依赖的计算机系统的完整性。电子数据本身的完整性是构成电子数据原件的一个要素，涉及形式上的完整性和内容上的完整性。形式上的完整性是指电子数据必须保持生成之时的原状，包括格式调整在内的任何更改都将视为完整性受到损害；而电子数据内容上的完整性是指电子数据自形成之时起，其内容保持完整、未遭到非必要的添加或删除。非必要的添加或删除是指对电子数据进行了关键性的更改，但对电子文件进行格式调整、加入页眉、页脚、注明来源、形成过程和取得日期等非关键性的更改，并不影响这段时间的完整性。

对于电子数据是否完整根据相关法律规定，主要审查以下要点：第一，原始存储介质的扣押、封存状态是否完好；第二，比对电子数据完整性校验值是否发生变化；第三，电子数据的原件与备份是否相同；第四，冻结后的电子数据是否生成新的操作日志。

（三）合法性

证据的合法性要求与严格遵守诉讼程序紧密相关。所谓刑事电子证据的合法性是指证据必须是按照法律的要求和法定程序取得的事实材料。刑事诉讼中电子证据的合法性主要审查三个方面：取证主体、取证程序和非法证据排除。

对电子数据合法性的认定，同样应当结合电子数据提取和保存技术过程，判定是否违背社会公共利益或违反公序良俗，是否侵犯他人合法权益，比如是否系通过电子病毒、恶意程序攻击等违反互联网公共秩序方式获取，是否侵犯他人隐私权、知识产权等权利。电子数据同时具备以下条件时，可以作为认定案件事实的证据：一是来源清楚确定，内容真实可信；二是同当事人主张请求或相关案件事实有关联；三是收集和提取方式及过程符合法律法规，不损害国家利益、社会公共利益和他人的合法利益，不违反公序良俗。

根据相关法律规定，对于电子数据合法性的审查主要通过以下方面：第一，电子数据的收集、提取、保管的方法和过程是否规范；第二，查询、勘验、扣押、调取、冻结等的法律手续是否齐全；第三，勘验笔录、搜查笔录、提取笔录等取证记录是否完备；第四，是否由符合法律规定的取证人员、见证人、持有人（提供人）等参与，因客观原因没有见证人、持有人（提供人）签名或者盖章的，是否说明原因；第五，是否按照有关规定进行同步录音录像；第六，对于收集、提取的境外电子数据是否符合国（区）际司法协作及相关法律规定的要求。

（四）关联性

刑事电子证据的关联性是指电子证据与所要证明的刑事案件事实有一定联系。电子证据的关联性主要是事实问题，由法官根据所收集到的电子证据与案情的关系来进行判断。

由于电子数据证据的属性往往与设备相关联，与人的关联性并不紧密，且不具有唯一性。因此，电子数据关联性的认定，应当结合电子数据生成技术原理和其内容判定就当事人争议和主张事项的证明力大小，注意电子数据与案件待证事实之间的关联性，既要留存计算机软硬件上的电子数据，也要留存其相关外围设备中的电子数据；既要留存电子数据中的文本信息，也要留存其中的图像、音频、视频等信息，使各种电子数据证据间相互印证、相互支持，使电子数据与待证事实相对应。根据相关法律规定，对电子数据的关联性审查主要通过以下两个方面进行：第一，电子数据与案件事实之间的关联性；第二，电子数据及其存储介质与案件当事人之间的关联性。

## 二、电子数据审查类别化规定

与2021年最高人民法院《关于适用〈中华人民共和国刑事诉讼法〉的解释》相比，2021年《人民检察院办理网络犯罪案件规定》在综合司法实践情况的基础上，对电子数据的审查作出了更为细致的类比化规定，由此给司法实践部门提供了工作指引，也给侦查机关的电子收据取证工作细化了要求。

（一）对原始存储介质的审查

《人民检察院办理网络犯罪案件规定》令人称道的是，对原始存储介质作出了更为细化的审查规定，从而给司法机关实践操作提供了更为明确的指南。

根据《人民检察院办理网络犯罪案件规定》，对于原始存储介质的审查分为三种情形。

1. 原始存储介质被扣押封存的

对于原始存储介质被扣押封存的，主要从以下方面审查扣押封存过程是否规范：一是否记录原始存储介质的品牌、型号、容量、序列号、识别码、用户标识等外观信息，是否与实物一一对应；二是否封存或者计算完整性校验值，封存前后是否拍摄被封存原始存储介质的照片，照片是否清晰反映封口或者张贴封条处的状况；三是否由取证人员、见证人、持有人（提供人）签名或者盖章。

2. 对原始存储介质制作数据镜像予以提取固定的

对原始存储介质制作数据镜像予以提取固定的，注重审查以下内容：一是否记录原始存储介质的品牌、型号、容量、序列号、识别码、用户标识等外观信息，是否记录原始存储介质的存放位置、使用人、保管人；二是否附有制作数据镜像的工具、方法、过程等必要信息；三是否计算完整性校验值；四是否由取证人员、见证人、持有人（提供人）签名或者盖章。

3. 提取原始存储介质中的数据内容并予以固定的

对于提取原始存储介质中的数据内容并予以固定的，注重审查以下内容：一是否记录原始存储介质的品牌、型号、容量、序列号、识别码、用户标识等外观信息，是否记录原始存储介质的存放位置、使用人、保管人；二所提取数据内容的原始存储路径，提取的工具、方法、过程等信息，是否一并提取了相关的附属信息、关联痕迹、系统环境等信息；三是否计算完整性校验值；四是否由取证人员、见证人、持有人（提供人）签名或者盖章。

（二）对于在线提取电子数据的审查

对于在线提取的电子数据，注重审查以下内容：一是否记录反映电子数据来源的网络地址、存储路径或者数据提取时的进入步骤等；二是否记录远程计算机信息系统的访问方式、电子数据的提取日期和时间、提取的工具、方法等信息，是否一并提取相关的附属信息、关联痕迹、系统环境等信息；三是否计算完整性校验值；四是否由取证人员、见证人、持有人（提供人）签名或者盖章。此外，对可能无法重复提取或者可能出现变化的电子数据，是否随案移送反映提取过程的拍照、录像、截屏等材料。

（三）对冻结电子数据的审查

对冻结的电子数据，注重审查以下内容：一是冻结手续是否符合规定；二是冻结的电子数据是否与案件事实相关;三是冻结期限是否即将到期、有无必要继续冻结或者解除;四是冻结期间电子数据是否被增加、删除、修改等。

(四) 对调取的电子数据的审查

对调取的电子数据,注重审查以下内容:一是调取证据通知书是否注明所调取的电子数据的相关信息;二是被调取单位、个人是否在通知书回执上签名或者盖章;三是被调取单位、个人拒绝签名、盖章的,是否予以说明;四是是否计算完整性校验值或者以其他方法保证电子数据的完整性。

(五) 对经检查和侦查实验电子数据的审查

对电子数据进行检查、侦查实验的,主要审查以下内容:一是是否记录检查过程、检查结果和其他需要记录的内容,并由检查人员签名或者盖章;二是是否记录侦查实验的条件、过程和结果,并由参加侦查实验的人员签名或者盖章;三是检查、侦查实验使用的电子设备、网络环境等是否与发案现场一致或者基本一致;四是是否使用拍照、录像、录音、通信数据采集等一种或者多种方式客观记录检查、侦查实验过程。

(六) 对经检验、鉴定电子数据的审查

对电子数据进行检验、鉴定,主要重审查以下内容:一是鉴定主体的合法性,包括审查司法鉴定机构、司法鉴定人员的资质,委托鉴定事项是否符合司法鉴定机构的业务范围,鉴定人员是否存在回避等情形。二是鉴定材料的客观性,包括鉴定材料是否真实、完整、充分,取得方式是否合法,是否与原始电子数据一致。三是鉴定方法的科学性,包括鉴定方法是否符合国家标准、行业标准,方法标准的选用是否符合相关规定。四是鉴定意见的完整性,是否包含委托人、委托时间、检材信息、鉴定或者分析论证过程、鉴定结果以及鉴定人签名、日期等内容。此外,还需要认真审查鉴定意见与其他在案证据能否相互印证。

## 三、对行政机关在行政执法和查办案件过程中电子数据效力的认定

在"深圳快播公司涉嫌传播淫秽电子信息案"中,最先接触、扣押涉案服务器的主体是北京市海淀区文化委员会(以下简称海淀文委),海淀文委作为行政执法机关所获取的证据能否应用于刑事案件?这也成为公众质疑的一个焦点。实际上,这个答案是肯定的,2012年《刑事诉讼法》第52条第2款明确规定:"行政机关在行政执法和查办案件过程中收集的物证、书证、视听资

料、电子数据等证据材料,在刑事诉讼中可以作为证据使用。"因此,海淀文委在文化执法过程中获取的物证和电子数据是可以作为刑事诉讼中的证据使用的。那么,海淀文委有无检查电子数据、扣押服务器的权力依据?这点也是没有问题的。2012年文化部颁行的《网络文化市场执法工作指引(试行)》第五章"现场取证"、第六章"电子数据分析与认定"对文化市场执法部门扣押、搜查电子数据提供了依据。据此,海淀文委扣押服务器、公安机关将上述服务器应用于刑事诉讼活动是没有问题的。《人民检察院办理网络犯罪案件规定》对行政机关依法获取的电子数据进入刑事诉讼程序的合法性进一步给予了肯定。

根据《人民检察院办理网络犯罪案件规定》的规定,行政机关在行政执法和查办案件过程中依法收集、提取的电子数据,人民检察院经审查符合法定要求的,可以作为刑事案件的证据使用。

### 四、瑕疵电子数据的补正与排除

对于瑕疵证据,《人民检察院办理网络犯罪案件规定》规定电子数据的收集、提取程序存在以下几种瑕疵,经补正或者作出合理解释的,可以采用;不能补正或者作出合理解释的,不得作为定案的根据:一是未以封存状态移送的;二是笔录或者清单上没有取证人员、见证人、持有人(提供人)签名或者盖章的;三是对电子数据的名称、类别、格式等注明不清的;四是有其他瑕疵的。而对于电子数据系篡改、伪造、无法确定真伪的,或者有其他无法保证电子数据客观、真实情形的,该规定明确规定不得作为定案的根据。

需要特别指出的是,《人民检察院办理网络犯罪案件规定》对电子数据有增加、删除、修改等情形,也即电子数据的原始性遭到破坏的证据,率先采用了一种特殊的规定,这也是实事求是原则在证据立法中的体现。《人民检察院办理网络犯罪案件规定》规定,电子数据有增加、删除、修改等情形,但经司法鉴定、当事人确认等方式确定与案件相关的重要数据未发生变化,或者能够还原电子数据原始状态、查清变化过程的,可以作为定案的根据。上述规定在司法实践中是否具有可操作性,是否能够保障案件事实的查明,还有待进一步观察。

■ 课后思考题

1. 什么是电子数据？如何理解作为证据的电子数据？
2. 网络犯罪案件中的电子数据主要包括哪些形式？
3. 电子数据的真实性审查主要通过哪些方面进行？
4. 当前立法对于违法电子数据的排除是怎样规定的？这些规定有何进步及不足？请谈下你的理解。

# 第十八章
# 网络犯罪案件的证明

网络犯罪的证据构成与证明体系构建区别于传统犯罪。与传统犯罪侦查中"由事到人"的证明模式不同，网络犯罪由于横跨物理和虚拟两个空间，因此网络犯罪的证明往往沿循着"案件事实→涉案计算机→计算机的使用者（被追诉人）"这样一种思路推进。从司法实践情况来看，在网络犯罪案件的追诉过程中，控诉方往往较为看重"涉案计算机"，在这个过程中，大量的电子数据会被侦查机关收集和固定，且这些电子数据最终会成为控诉方提交到法庭的主要证据。因此，网络犯罪案件的证明具有许多独特之处，也是一个极其复杂的系统性问题，本书仅选择部分内容进行介绍。

## 第一节 网络犯罪案件证据规则的学理解读

从一般意义上讲，常见的刑事证据规则包括最佳证据规则、传闻证据规则、非法证据排除规则、补强证据规则、推定规则等。随着网络犯罪的出现，尤其是电子数据在刑事诉讼中的应用，传统证据规则的内容需要重新加以解读，并且需要确立新的证据规则来应对司法实践需求。本部分从学理上对证据规则的新变化进行解读。

### 一、最佳证据规则

如何看待证据的复制件？复制件在何种情况下可以作为定案依据？传统观念认为，只有在对原件真实性不存在怀疑的情况下，才可以采纳复制件，源自文书证据的"最佳证据规则"（the best evidence rule），这一规则的设置目的在于预防伪造或者欺诈。《美国联邦证据规则》第1002条规定："为证明文书、记录或者照片的内容，除国会所制定的法律或本规则另有规定外，应当提出该

文书、记录或照片的原件。"〔1〕

《加拿大证据法》有关证据规则也要求提供原件。这就是英美法系证据法中的最佳证据规则。该规则需要文书原件的提出，如不能提出原件，直到有满意的说明之前，应拒绝其他证据的提出。其原因正如哈佛大学法学院的摩根教授所言，"文字或其他符号，如差之毫厘，其意可能失之千里，观察时的错误危险甚大，尤其是实质上在视觉上有所近似时更是这样，所以，除提出文书的原件以供查阅之外，在证明文书的内容时，诈伪及类似错误机会当然是很多的"。〔2〕

电子数据的出现无疑给传统最佳证据规则的适用带来了难题。如上所述，电子数据的原件是以数字形式存储、记录的电磁信号，上述数据是无法直接可见和感知的，难以直接作为证据使用。为了解决这一问题，在司法实践中公诉机关通常会将电子数据通过传统方法打印、冲洗照片、刻录光盘等，提交至法庭，并另附《证据明细》，上述做法在涉众型网络犯罪中尤为常见。〔3〕这种做法虽便于各方感知证据内容，严格地讲，却并不符合最佳证据规则的要求，这种电子数据已非"原件"。其原因在于：第一，这种提取方法改变了电子数据的存在形态，使电子数据脱离了原始存储介质和存储路径，无法体现证据的原始状态；第二，电子邮件、短信、社交软件上记载的文字、音频、图像等内容，在网络或电信运营商的服务器中都会有所记录，但公诉机关往往并没有向运营商收集相关证据，缺乏一致性验证，难以辨别相关证据之真伪；第三，所附之《证据明细》也仅是对证据情况进行了统计、说明，并未提供证据之外新的信息，无法起到补强或印证作用。为了解决这一难题，"原件"概念得以重新界定。联合国国际贸易法委员会《电子商务示范法》第 8 条重新定义了"原件"，"如法律要求信息须以其原始形式展现或留存，倘若情况如下，则一项数据电文或充当其他用途之时起，该信息保持了完整性；并且，如要求将信息展现，可将该信息显示给观看信息的人"。联合国国际贸易法委员会对原件采取了"功能等同说"，只要数据电文确实起到了在"功能上等同或基本等同于书面原件的效果，便可视为一种合法有效的原件就能满足证据法对原件的要

---

〔1〕 陈界融译著：《〈美国联邦证据规则（2004）〉译析》，中国人民大学出版社 2004 年版，第 153 页。

〔2〕 ［美］Edmund M. Morgan：《证据法之基本问题》，李学灯译，世界书局 1982 年版，第 285 页。

〔3〕 参见蔡杰、娄超："论涉众型网络犯罪中电子证据的审查与认定"，载《北京邮电大学学报（社会科学版）》2015 年第 6 期。

求。"[1]英美法系则采取了"扩大原件范围,增加拟制原件"的做法。如加拿大《统一电子证据法》中电子记录的概念就包括了数据的展示、打印件或其他输出形式,并同时规定"对于电子记录而言,如果能够证明记录或保存数据的电子记录系统的完整性,算是满足了最佳证据规则的要求"。[2]《美国联邦证据规则》第1001条也规定:对于储存在电脑或相似设备中的资料,任何印出物或其他可以视觉阅读的输出物,如果显示正确地反映这些资料,那么它也是"原件"。[3]菲律宾2001年《电子数据规则》之规则4规定:"如果某一文件在同一时刻或前后不久就同一内容执行两份或更多复本,或者该文件是通过与原件相同的印模,或者通过机械或电子的再录制,或者通过化学复制方法,或者通过其他能正确复制原件的相应技术而形成的复制件,则对该复本或复制件均应视为原件的相当物。"[4]

通过上述立法例可见,电子数据的应用使得最佳证据规则中"原件"的内涵发生了变化,上述国家在坚持最佳证据规则的前提下,也发现了电子数据的特殊性,从而肯定了"真实复制、完整呈现"的电子数据的原件属性,而至于如何保证是"真实复制、完整呈现"的电子数据,则是通过对输出形式真实性、系统可信性、电子记录完整性的审查来予以实现。[5]

## 二、传闻证据规则

传闻证据规则,即传闻证据排除规则,属英美法系中的主要证据规则,主要针对证据的可采性问题,它与大陆法系的直接言词原则相对应。传闻证据规则具有防止人们在庭外作出的不可靠的并对裁决结果施加不当影响的行为的功能,考虑到人们可能误解或误传他们的经历,传闻证据规则表达出了一种在法庭上当庭审查证人陈述的强烈偏向,从而要求让证人出庭接受交叉询问。[6]

---

[1] 吕国民:《国际贸易中EDI法律问题研究》,法律出版社2001年版,第181-182页。

[2] Canadian Uniform Electronic Evidence ACT,载http://cryptome.org/jya/eueea.htm,最后访问时间:2022年5月2日。

[3] 陈界融译著:《〈美国联邦证据规则(2004)〉译析》,中国人民大学出版社2004年版,第150页。

[4] 戴长林主编:《网络犯罪司法实务研究及相关司法解释理解与适用》,人民法院出版社2014年版,第214页。

[5] 参见戴莹:《刑事侦查电子取证研究》,中国政法大学出版社2013年版,第30-31页。

[6] Canadian Uniform Electronic Evidence ACT,载http://cryptome.org/jya/eueea.htm,最后访问时间:2022年5月2日。

《美国联邦证据规则》第801条（C）项规定，"传闻"（hearsay）是指不在审判或庭审程序中作证的陈述人所为的，而被提出作为证明一方主张的为真实的证据的陈述。第802条规定，除本规则、最高法院依其法定权力所制定的规则或国会所规定的法律另有规定外，传闻证据一般不可采。[1]关于设立传闻证据规则的理由，存在诸多说法。英美传统经验认为，证人陈述证言通常必须遵守三大条件：宣誓、亲自到庭以及接受交叉询问，有人认为设置传闻证据规则的最初原因就在于遵守这三个理想条件。[2]在我们看来，传闻证据之所以不可采，一方面，是由于传闻证据经过转述、转载后，其证据信息存在减损、失真的可能性，其可信度由此而降低；另一方面，则是侵犯了被告与证人当庭对质的权利。传闻证据规则在英美法证据体系中具有重要地位，正如美国著名的证据法学家威格摩尔所评价："它是英美证据法上最具特色的规则，其受重视的程度仅次于陪审制，是杰出的司法体制对人类诉讼程序的一大贡献。"[3]

在传闻证据规则下，如何看待电子数据？这又分为两种情况，一种是未被人为改动的计算机生成记录，另一种包含陈述形式的计算机存储记录，如电子备忘录、报告等。对于前一种情况，美国通过判例认定上述未经过改动的电子记录不属于传闻，"打印出来的计算机内部运行结构不属于传闻证据，它并不是某个陈述者在法庭外的陈述输入计算机后再输出的结果……机器则不存在这种有意识的歪曲事实真相的功能，而且对数据失真或误读的可能，只有在机器功能不能正常运转的情形下才会表现出来"[4]。后一种由于其中含有人的陈述，故必须符合传闻证据规则的例外方能被采纳用作证明所称事项的真实性。换言之，法庭在许可采纳该记录前，必须确认其中所含陈述是在能够确保可信的条件下做成的。但是，由于电子数据具有信息量大和高速流转的特性，要求每一案件中的电子记录制作人就其内容出庭作证不具有现实可操作性。因此，目前英美法系各国基本上是以传闻证据规则的例外解决电子证据的可采性问题，即将其归入"业务记录"的范畴。《美国联邦证据规则》第803条规定了

---

[1] 陈界融译著：《〈美国联邦证据规则（2004）〉译析》，中国人民大学出版社2004年版，第107页。

[2] 转引自吴丹红、黄士元："传闻证据规则研究"，载《国家检察官学院学报》2004年第1期。

[3] [美]约翰·W. 斯特龙主编：《麦考密克论证据》，汤维建等译，中国政法大学出版社2004年版，第478页。

[4] 刘方权编译：《犯罪侦查中对计算机的搜查扣押与电子证据的获取》，中国检察出版社2006年版，第326-327页。

符合传闻证据排除规则例外情形的业务记录之构成要件;加拿大将电子证据归入《加拿大证据法》第 29 条所规定的"银行记录"的例外,认可电子银行记录系统的可信性;英国《1984 年警察与刑事证据法》第 69 条规定了计算机文书陈述的例外采纳条件。[1]

由上可见,英美法系国家普遍没有因为电子数据的出现与应用而动摇传闻证据规则的地位,而是通过增加一些"例外"性规定,同时配合约束和限制性条件来实现电子数据的诉讼准入资格,就此意义而言,电子数据的出现实际上是丰富和发展了传闻证据规则的内容。

### 三、非法证据排除规则

非法证据排除规则,是对非法取得的供述和非法搜查扣押取得的证据予以排除的统称,即除法律另有规定外,司法机关不得采纳非法证据将其作为定案的证据。应当说,近年来我国对于非法证据排除规则研究成果较多,也相对深入,本书在此不再赘述。仅就其诉讼价值而言,非法证据排除规则无疑是保障刑事诉讼行为合法性的重要支撑性规则之一,通过非法证据排除规则的建立,由法院排除违法侦查所获得证据之证据能力的形式来否定违法侦查行为,既是对违法侦查行为的惩戒,也是一种被追诉人的权利救济途径。

电子数据的出现,无疑丰富了非法证据排除规则的内涵。我国新修订的《刑事诉讼法》中对于非法取得的言词证据采用绝对排除,而对于非法取得的实物证据则采用"补正+裁量排除"的模式。电子数据作为一种特殊的实物证据,对违反相关规定取得电子数据是否采用"补正+裁量排除"呢?我们认为,不能将其与其他实物证据采用一样的标准。有美国学者也指出了传统场所搜查与计算机搜查的四点区别:第一,场所搜查需要物理进入与观察,而计算机搜查只需运行软件,在电脑显示屏幕或其他终端上观察即可获取电子数据;第二,场所搜查往往发生在嫌疑人的住宅,而计算机搜查往往是在侦查机关的办公地,由侦查人员在办公电脑上对从嫌疑人电脑上复制出的电子数据进行查看;第三,场所搜查通常会涉及一定数量的财产扣押,而计算机搜查仅涉及虚拟数据信息;第四,不同于住所搜查,计算机搜查是通过专门的取证软件来搭建现实与虚拟空间的通道,并由此而主张对电子数据的搜查与扣押应建立区别

---

[1] 参见戴莹:《刑事侦查电子取证研究》,中国政法大学出版社 2013 年版,第 32-33 页。

于传统证据搜查与扣押要求的准则。[1]而在司法实践中,美国对电子数据的搜查扣押是否可以适用"一览无余"(Plain View)[2]原则,对此也经历了激烈的争论,不同法院在不同案件中也作出了观点不同的判决。[3]但是,美国关于搜查和扣押的理论极为复杂、琐碎。正如美国联邦最高法院前任大法官斯图尔特在退休前将联邦最高法院搜查、扣押理论描述为"和在任何一个法学理论领域一样的,对规则、例外和精细理论的复杂描述",然而,"回头看,排除规则似乎有点偷工减料——就像一个过山车的轨道是在过山车运行的过程中修筑的一样。每一个新的一截轨道都是匆忙安装的,与先前轨道的衔接也不完美,仅仅是及时阻止过山车摧毁,但是没有时间测量前面的弯度和坡度,或者预先考虑前面必然存在的转弯。事后来看,当然有可能批评关于排除规则的判决意见,因为其对先前判决的错误适用或者错误解释,以及因为未能考虑一个特定的决定将对法律未来发展产生影响"[4]。因此,很难系统地了解美国在对待非法获取的电子数据的稳定态度和立场。

不过,由于电子数据的特性,我们可以发现,对于动摇电子数据真实性的非法取证、保管失当行为,原则是采取一种绝对排除态度的。对电子数据的真实性审查主要集中于证据取证程序的规范性和证据保管链的完整性上。就取证程序而言,迄今为止具有代表性的相关思想是"六原则论"和"三原则论",前者为计算机证据国际组织于2000年12月4日在八国集团的会议上提出,后者为美国司法部于2001年在《计算机现场勘查指南》中颁布,两者在电子取证的规则原则方面基本上是一致的,都是主要基于电子取证的技术角度,兼顾考虑电子取证的法律程序而设立规则的标准。[5]取证程序不规范,会破坏电子数据的原始性和完整性,进而动摇电子数据的真实性,此种情形下取得的证

---

[1] See Orin S. Kerr, "Searches and Seizures in a Digital World", 119 Harv. L. Rev. 531 (2005).

[2] 《美国联邦宪法第四修正案》规定,美国公民不能遭到非法搜查与扣押。如果没有搜查令状,警察就丧失了法律依据,所获取证据将会被排除,但是在以下几种情况是例外:(1) Consent(被搜查者同意);(2) Search Incident to Lawful Arrest(合法逮捕后进行的搜查);(3) Plain View(在警察的视线内一览无余);(4) Probable Cause(合理根据);(5) Exigent(紧急情况);(6) Traffic Check(检查站例行检查)。

[3] David H. Angeli, "The Plain View Doctrine and Computer Searches", 34 - AUG Champion 18 (2010).

[4] 参见[美]克雷格·布拉德利:《刑事诉讼革命的失败》,郑旭译,北京大学出版社2009年版,第51页。

[5] 刘品新:《电子取证的法律规制》,中国法制出版社2010年版,第12-13页。

据理应予以排除。就证据保管链而言，美国学者艾琳·科尼利提出，调查人员应当从以下方面保证电子数据的真实性："（1）严禁在收集、存储和分析过程中改变原始的电子数据；（2）在收集、存储和分析电子数据的过程中严格作书面记录；（3）对电子数据的任何改变都要作记录和解释；（4）保持电子数据的连续性；（5）对于有争议的证据进行完整复制；（6）复制电子数据的方法必须可靠；（7）尽可能采用安全措施；（8）正确标注各个环节的时间、日期和来源；（9）限制接触电子数据的人员，并进行记录。"[1]对于违反上述要求，导致证据保管链断裂，而可能引起电子数据原始性和完整性遭到破坏的情形，无疑也应当采用绝对排除的原则。

我国于2016年10月1日施行的《关于办理刑事案件收集提取和审查判断电子数据若干问题的规定》中，贯穿始终的都是对电子数据提取和保管程序规范性的规定。该规定第8条对电子数据存储介质封存作出了明确，它要求原则上应当封存原始存储介质，并对封存的标准、程序作出了明确规定。第18条要求对于收集、提取的原始存储介质或者电子数据，应当以封存状态随案移送。原始存储介质封存、移送，可以减少因硬盘破坏、数据覆盖等因素而产生电子数据失真或者破坏的风险。只有在符合《关于办理刑事案件收集提取和审查判断电子数据若干问题的规定》第19条规定的例外情形下，才可以不扣押、封存原始存储介质，但需要在笔录中注明不能扣押原始存储介质的原因、原始存储介质的存放地点或者电子数据的来源等情况，并计算电子数据的完整性校验值，以便为核实电子数据的真实性提供基础。《关于办理刑事案件收集提取和审查判断电子数据若干问题的规定》第14条对电子数据收集、提取中的笔录、录像等制度予以规定。该条要求记录案由、对象、内容、收集、提取电子数据的时间、地点、方法、过程，并附电子数据清单，注明类别、文件格式、完整性校验值等，由侦查人员、电子数据持有人（提供人）签名或者盖章。法院在审查电子数据时需对其收集、提取笔录的上述要素进行审查。如果欠缺某一要素，电子数据就属于瑕疵证据。如果不能补正或者作出合理解释的，则该电子数据不得作为定案的根据。第18条则对电子数据的移送环节进行规范，可以防止在移送、传递中出现的电子数据保管链条断裂而影响其真实性。第28条则明确规定了违反上述规定的程序性后果，即具有下列情形之一的，不

---

[1] Erin Kenneally: "Confluence of Digital Evidence and the Law, On the Forensic Soundness of Live-Remote Digital Evidence Collection", 5 *UCLA Journal of Law and Technology* (2005), p.10.

得作为定案的根据:"(一)电子数据系篡改、伪造或者无法确定真伪的;(二)电子数据有增加、删除、修改等情形,影响电子数据真实性的;(三)或者其他无法保证电子数据真实性的情形。"2021年1月印发的《人民检察院办理网络犯罪案件规定》中,对于电子数据系篡改、伪造、无法确定真伪的,或者有其他无法保证电子数据客观、真实情形的,也明确规定不得作为定案的根据。

从上述规定可以看出,对于违反取证程序、证据保管链断裂从而影响电子数据真实性的行为,我国立法也同样采用了绝对排除的态度。

## 第二节 网络犯罪案件的证明标准和证明对象

网络犯罪纷繁芜杂,既包括"披上了网络外衣"的各式传统犯罪形态,也包括因社会深度网络化所衍生的全新犯罪形态。相较于传统犯罪,网络犯罪天然附随高科技带来的陌生感,且方法、手段等经常升级换代,因此与生俱来地对司法治理构成了巨大冲击和不断挑战。隐蔽性、跨地域性和高聚集性,这些特点使网络犯罪证明所面临的困难大幅提升,而电子数据在存储、传输和使用过程中容易受到干扰、破坏,发生信息扭曲乃至灭失的后果。未知性大、隐匿性强以及稳定性差,这也扩增了网络犯罪的证明难度。因此,网络犯罪案件在证明标准和证明对象上均出现新变化。

### 一、证明标准

证明标准,又称"证明要求",是指法律要求的诉讼证明中运用证据证明案件事实所要达到的程度。从近代诉讼史开始,就有刑事诉讼和民事诉讼两种不同的证明标准。我国刑事诉讼证明标准是在"以事实为依据,以法律为准绳"基本原则的基础上确立起来的,"以事实为依据"的原则在刑事案件定罪的标准上就体现为《刑事诉讼法》第200条的规定,即案件事实清楚,证据确实充分,依据法律认定被告人有罪的,应当作出有罪判决。根据这一规定,刑事诉讼证明的标准就是要求"证据确实充分"。这一"确实充分"标准是从刑事证明标准概念上进行直观解释,即刑事证明标准是对证据体系"质"和"量"两个方面的要求,而在证据"质"上要求可以表述为证据的"确实"性,而证据"量"上的要求则可以表述为证据的"充分"性,两者结合起来就可以表述为"证据确实充分",即据以定罪的证据均亦查证属实;案件事实均有必要的证据予以证明；证据之间、证据与案件事实的矛盾得到合理的排除；对案件事实的证明结论是唯一的，排除了其他可能性。

针对我国刑事诉讼证明标准的立法现状，再结合当下网络犯罪治理的难题，现在需要讨论的是，网络犯罪刑事司法中能否引入较低的证明标准？反对者认为，"从无罪推定原则的证明规则之维来看，公诉方必须达到排除合理怀疑的证明标准才能给被告人定罪，在刑事诉讼中不存在降低证明标准的可能性"。我们以为，该观点值得进一步商榷。

其实，刑事证明标准也是分层次的：对于主要案件事实，如被告人实施了犯罪行为这一事实，确实要实施严格的证明标准；对于非主要案件事实，完全可以尝试将标准予以合理下降，否则难以解决当前网络犯罪案件的证明困境。例如，2016 年《关于办理电信网络诈骗等刑事案件适用法律若干问题的意见》规定，"确因客观原因无法查实全部被害人，但有证据证明该账户系用于电信网络诈骗犯罪，且被告人无法说明款项合法来源的……应认定为违法所得，予以追缴"。这就降低了控方对电信网络诈骗犯罪非法收入的证明标准，即只要求其证明到有关账户"系用于电信网络诈骗犯罪"的程度，而不必一笔一笔地查实。这一条款的探索意味浓厚且颇具深意，它严守了针对非主要案件事实的界限，即只适用于追缴违法所得方面，而不适用于指控犯罪方面。司法实践中，还有些做法并无证明标准降格之形，但有证明标准降格之实。这突出表现为各种各样的转化型取证和反证法推理。前者如，在一起 QQ 平台诈骗案件中，被告人所在的犯罪团伙用于洗钱的银行卡都是"黑卡"，且在案发前均已销毁。侦查机关通过技侦手段锁定了该犯罪团伙，并从技术上确认涉案电子证据具有指向犯罪行为系该犯罪团伙所为的唯一性。但是，鉴于锁定犯罪的证据是经严格保密的技侦手段所得，办案机关经过协商和论证后，决定由公安机关出具侦破报告进行替代。该侦查报告最终得到法院的认可。此案中将侦查报告用作证据，就可以理解为特定意义上的证明标准降格。后者如，在一起网络盗窃案件中，办案人员为证明谁是幕后的真正作案人，"在确定了被害公司支付宝是在被告人卢某的电脑上被盗之后，向卢某母亲郑某核实，证实了卢某每晚都在家睡觉，也不会留宿其他朋友，案发当天只有卢某在房间内操作电脑等事实，排除了他人使用卢某电脑实施盗窃的合理怀疑。"这里的"排除了他人使用……的合理怀疑"，并不是正面证明，而是反面排除。这些案例，实践中都反映出网络犯罪案件在证明标准上的新变化。

## 二、网络犯罪的证明对象

网络犯罪的证明对象应当是围绕着网络犯罪的犯罪构成要件而确定的,因此证明对象主要包括以下几个内容。

(一) 网络犯罪主体

网络犯罪的主体应是一般主体,既可以是自然人,也可以是法人。从网络犯罪的具体表现来看,犯罪主体具有多样性,各种年龄、职业的人都可以进行网络犯罪,对社会所造成的危害都相差不大。一般来讲,进行网络犯罪的主体必须是具有一定计算机专业知识水平的行为人,但是不能认为具有计算机专业知识的人就是特殊的主体。按照我国刑法学界通行的主张,所谓主体的特殊身份,是指刑法所规定的具有刑事责任的行为人人身方面的资格、地位或者状态。通常将具有特定职务、从事特定业务、具有特定地位以及具有特定人身关系的人视为特殊主体。我国虽然将具有计算机专业知识的人授予工程师的职称,发放各种计算机等级合格证书等,但是从网络犯罪的案例来看,有相当一部分人水平高超却没有证书或者职称。同时,应当看到在信息技术和互联网应用高度发达的今天,对具有计算机专业知识的人的要求将会越来越高,同时网络犯罪也将变得越来越普遍,用具有计算机专业知识这样的标准是不确切的。另外,网络的发展给企业发展电子商务带来了新的生机,企业法人为了争夺新的市场空间,法人作为主体的网络犯罪也不足为奇。

(二) 网络犯罪客体

网络犯罪的客体是为刑法所保护的而为网络犯罪所侵犯的一切社会关系。网络犯罪侵犯的是复杂客体,其侵犯的同类客体是信息交流与共享得以正常进行的公共秩序,侵犯的直接客体则多种多样,有的行为侵害计算机系统的管理秩序,有的危害计算机系统安全保护制度,有的则危害国家的公共安全和财产利益,有的危害人民群众的生命安全和财产安全。

(三) 网络犯罪主观方面

网络犯罪主观方面是指犯罪主体对自己的危害行为及其危害的结果所抱的心理态度,它包括罪过(犯罪的故意或者犯罪的过失)以及犯罪的目的和动机这几种因素。犯罪在主观方面表现为故意。因为在这类犯罪中,犯罪行为人进入系统以前,需要通过输入输出设备输入指令或者利用技术手段突破系统的安全保护屏障,利用信息网络实施危害社会的行为,破坏网络管理秩序。这表明犯罪主体具有明显的犯罪故意，而且这种故意常常是直接的。即使是为了显示自己能力的侵入系统的犯罪，行为人也具备明显的"非要侵入不可"等的念头，显示了极强的主观故意。

（四）网络犯罪客观方面

犯罪客观方面是刑法所规定的、说明行为对刑法所保护的社会关系造成侵害的客观外在事实特征。表现为利用计算机实施偷窥、复制、更改或者删除计算机信息，诈骗、教唆犯罪，网络色情传播，以及犯罪网络侮辱、诽谤与恐吓等犯罪。还有违反有关计算机网络管理法规，侵入国家事务、国防建设、尖端技术领域的计算机系统，对计算机信息系统功能、数据和程序进行删除、修改，或者破坏计算机系统软件、硬件设备等侵害计算机系统安全的行为，网络犯罪的行为只能是作为。这是因为犯罪人必须利用自己掌握的计算机及网络技术通过自己的思考在计算机上输入计算机命令通过防火墙（网络安全保障系统）来侵入网络，造成破坏。这种网络犯罪的行为是积极的作为。

## 第三节 网络犯罪证明中的特殊规则

我国治理网络犯罪，在很大程度上还要面对网络违法与网络犯罪相区分的二元制结构。也就是说，在我国必须分清网络违法与网络犯罪之间的界限。这既针对传统的违法/犯罪所得、造成损失大小、非法经营额等情节，也指向网络视域下独有的实际点击数、不法网页数、不法文档数、用户数、注册会员数、网站数、跟帖数等指标。而网络本身具有的聚合效应，使得前述"数量"情节都以庞大的规模出现。如今人类社会已经进入大数据时代，前述"数量"又进一步表现为人类难以想象或计数的海量数据。为了解决网络犯罪案件的证明困境，我国在司法实践中也发展出了一些特殊的证明规则。这些在"不得已"情况下发展出的规则仍在探索之中，还存在诸多不足之处，但也可以反映出我们未来网络犯罪案件中建立新规则的努力方向。

仅以解决网络犯罪案件中数额证明难问题为例，我国学者分别提出了抽样取证、等约计量、底线证明等多种方法。抽样取证主张基于统计学的方法从庞大的数据中提取样本进行取证，再根据相应比例对全部数据进行推定；等约计量则主张采用大约计量的方法，对网络犯罪案件中涉及的数额进行"估堆式"计量，在具体适用方法上与抽样取证有重合；底线证明主张只需按照法定的入罪和加重处罚两道关卡，提供能用以定罪量刑的最基本的证据即可，无须计算全部数额。上述几种方法在实践中各有利弊，但都存在较大争议，本文在此将进行具体分析。

### 一、抽样取证

刑事诉讼中的抽样取证，是指办案人员基于统计学的科学方法，从海量的物品或被害人中提取具有代表性的物或人作为样本对象进行取证，并据此证明全体对象的属性、数量、结构、比例等的一种刑事推定式的证明方法。[1]在司法实践中，抽样取证已经广泛运用于对生产销售不符合安全标准的食品以及侵犯知识产权的刑事案件之中，例如2011年公布的《关于办理侵犯知识产权刑事案件适用法律若干问题的意见》中就明确规定，在办理此类案件时，公安机关可以按照工作需要进行抽样取证，还可以寻求同级行政执法部门和有关检验机构协助抽样取证。

在解决网络犯罪证明中数额认定难的问题上，采取抽样取证看似是最便捷的方法。我们在"Openlaw"网站中以"侵犯公民个人信息"和"抽样"为关键词，共搜索到226篇裁判文书，说明司法实践中已经开始利用抽样取证的方法解决侵犯公民个人信息案件中涉及的相关个人信息不真实或重复的争议。例如，在刘某非法获取公民个人信息罪一案的一审判决书关于涉案证据的相关陈述中可以看到如下描述："北京市公安局顺义分局网络安全保卫大队出具的现场勘查检验工作记录证实，该大队工作人员对涉案黑色兼容机一台及U盘一个进行勘察，在该电脑中保存着QQ号码为×××与网名为'数据一姐''提供高端''果粒橙'等买卖数据的聊天情况，登录该QQ号码的邮箱，收信箱内共有33个文档，共计23 120条信息，已发送邮件16封，共计7370条信息，U盘内文档共计1600条。""北京市公安局顺义分局网络安全保卫大队出具的工作说明证实，工作人员对涉案电脑内公民个人信息随机抽样15条，通过公安网全国人口信息查询对比，该15条信息与公安全国人口信息一致的情况。"[2]可以看出，在该案中，相关工作人员通过随机抽样的方法意在证明涉案个人信息的真实性，以核定取证时的个人信息数额可以作为定罪量刑的个人信息数额。然而，在涉案的共计32 090条个人信息中抽取15条个人信息作为抽样样

---

[1] 参见万毅、纵博："论刑事诉讼中的抽样取证"，载《江苏行政学院学报》2014年第4期。
[2] 参见北京市顺义区人民法院刑事判决书（2016）顺刑初字111号。

本，抽样比例低至0.046%，以此作为证明所有涉案个人信息全部真实的证据显然说服力不足。又如，在刘某、张某等侵犯公民个人信息罪一审刑事判决书中，"公安机关抽取了被告人刘某出售给他人的400 883条涉及姓名和手机号码的信息，以5000倍数进行抽样验证，样本号码拨通率平均值为80.625%"，对此被告人的辩护人在辩护意见中提到，"抽样倍数并无法律依据"[1]。而截至目前，尚无权威观点表明网络犯罪中抽样取证的底线比例是多少。即便设置为1%甚至1‰，也很可能还是一个完不成的巨量任务。有论者研究侵犯公民个人信息罪的司法实务问题后发现，有的办案人员往往自行决定或掌握抽样比例以核实个人信息的真实性，"有的抽样10条、20条、50条"，"对于成千上万甚至数量更为庞大的数据来看，比例是否具有代表性？"该质疑是有道理且值得警醒的，尤其是在网络犯罪中赖以定案的电子证据正日趋以海量数据之面貌呈现在当下。

这些争议的存在，实际上都暴露出当前在认定网络犯罪数额时使用抽样取证存在无法保证取证样品的代表性，以及抽样比例不合理等问题。而且更为重要的是，由于目前并没有相关法律法规对网络犯罪案件中能否以及怎样使用抽样取证进行规定，使得这一措施的合法性面临质疑。实践证明，网络犯罪的电子证据散布于网络空间的各个角落，被害人、证人等知情人也散迹于物理空间的天涯海角，试图在它们之中均匀取样并确保代表性，无疑难以实现。网络犯罪司法要想实现科学的抽样取证，必须直面前述两个难以逾越的鸿沟。这有待于法学理论的突破，有赖于制度建设的完善，更离不开技术规范的支撑。虽然最高人民法院、最高人民检察院、公安部于2016年12月发布的《关于办理电信网络诈骗等刑事案件适用法律若干问题的意见》明确了抽样取证的工作规则："确因被害人人数众多等客观条件的限制，无法逐一收集被害人陈述的，可以结合已收集的被害人陈述，以及经查证属实的银行账户交易记录、第三方支付结算账户交易记录、通话记录、电子数据等证据，综合认定被害人人数及诈骗资金数额等犯罪事实"，为抽样取证赋予了合理性和合法性。但仅就网络犯罪抽样取证的技术规范制定而论，目前仍存在衔接不足之处。因此，在这些条件尚不具备的情况下，人们只能在特殊的、极个别的案件中进行有限的尝试。

---

[1] 参见无锡市惠山区人民法院刑事判决书（2018）苏0206刑初5号。

## 二、等约计量

由于现阶段对网络犯罪案件中海量的证据,实现精确计量难以实现,基于此,国内有学者提出可以用等约计量的方式解决这一难题。等约计量就是按照大约等于的计算方式,对网络犯罪中的数额加以计量,主张可以用等约计量方法完全替代精确计量。论者以模糊数学的理论作为理论基础,认为由于实现准确计量是客观不能的,因此不应过度继续追求精确计量,而是通过其他量化手段对犯罪行为者侵犯法益的大小进行合理评估,将定罪量刑的标准逐步从以"数额"为标准向以"情节"为标准进行转化。在此基础上,提出可以通过抽样取证确定数额,通过建立专门的信息采集机构对信息真实性进行审查等具体手段。[1]

等约计量模式与抽样证明方式虽具有一定的交叉关系,但属于两种思路。不难发现,等约计量模式的建议有违刑事诉讼法规定的"案件事实清楚、证据确实充分"之证明标准的巨大风险。从字面上看,"等约"是"大约等于"的意思,即所谓的"估堆"。相对应地,即按照"大约等于"的方式,对网络犯罪中的数额加以计量。但是,这是极为复杂的问题,未来在适用等约计量时,需要刑事立法和司法进行相应的跟进,并进一步探索将模糊数学、灰色理论、概率论等引进刑事法学和司法实践,建立现代科学技术、新型数学方法和刑事法学的跨界融合,以实现对网络犯罪行为的全面客观评价。

## 三、底线证明

在我国司法实践中进行网络犯罪的简易化证明,当前可选择的另一种方式应是底线证明。底线证明,也可以称为低限证明,是指按照法定的入罪和加重处罚两道"坎",提供能用以定案的最基本的证据。这两道"坎"既是底线,也是低限。要追究网络犯罪者的刑事责任,指控证据必须证明其已经触及法定的入罪门槛;而要追究网络犯罪者的加重刑事责任,指控证据还必须证明其已经触及法定的加重处罚门槛。具体来说,我国现行法律普遍采用数额/数量(如金额、物数、人数、次数、人次等)指标作为入罪或加重处罚的标准。因此,办案人员就必须在证明作为底线的数额/数量(如金额、物数、人数、次

---

[1] 罗猛、邓超:"从精确计量到等约计量:犯罪对象海量化下数额认定的困境及因应",载《预防青少年犯罪研究》2016年第2期。

数、人次等）指标方面，达到"案件事实清楚、证据确实充分"的要求；至于其在多大程度上超过了作为底线的数额/数量（如金额、物数、人数、次数、人次等）指标，则只需进行概要性的证明或展示。不难看出，底线证明方式的特色就在于两步证明。举例来说，在我国，非法获取计算机信息系统数据达到一定情节的构成犯罪。2011 年《关于办理危害计算机信息系统安全刑事案件应用法律若干问题的解释》，对该罪的"情节严重"以及"情节特别严重"进行了解释。这里的身份认证信息 10 组、其他身份认证信息 500 组、计算机信息系统 20 台、违法所得 5000 元、经济损失 10 000 元就是入罪的底线，相应标准的 5 倍则是加重处罚的底线。那么，底线证明方式就是"10+"证明、"20+"证明、"500+"证明、"5000+"证明、"10 000+"证明，以及这些情形的"5 倍+"证明。以此类推，不一而足。

概要而言，底线证明方式面向网络犯罪中的海量证据，解决了无须获取全部证据而仅依靠部分证据定案的问题。同时，它并没有降低证明标准——所抽取的证据在用于证明犯罪事实方面，依然坚持了关于主要案件事实的证明必须满足统一证明标准的原则。这就兼顾了节约诉讼资源、提高诉讼效率和实现诉讼目的。这种简易化证明机制在司法实践中已经初露端倪，得到了一定程度的运用。例如，在一起非法控制计算机信息系统案件中，被告人何××被指控对 2670 部手机信息系统实施了非法控制，主要的指控证据是涉案的两个邮箱内有 2670 个手机号码。辩护人指出，由于存在双卡双待手机，2670 个手机号码并非等同于 2670 部手机，因此涉案的被控制手机数量认定为 2670 部有误。法院认可了该辩护意见，但同时判决"即使按照所控制的 2670 个手机号码减半处理"，仍不影响对其"情节特别严重"的认定，也就是说达到了加重处罚的底线。

又如，在一起电信诈骗案件中，多名被告人被指控实施了购买伪基站、发送虚假信息和获取被害人银行卡信息后套现等行为。部分被告人提出，"在未查明其住处缴获的伪基站设备中发射的 181 251 条诈骗短信有多少诈骗既遂、有多少诈骗未遂的情况下，不能排除存在其发送的诈骗短信中未遂的数量不足 5 万条同时诈骗既遂的数额又不足 10 万元的情形"。对此，法院认定，"按照黄××自称的从 2015 年 4 月 15 日到 5 月 5 日，其参与发送的信息总量也达到 80 万条左右，远远超过司法解释规定的 5 万条"，故应当认定为刑法规定的"其他特别严重情节"。这同样是说达到了加重处罚的底线。相较而言，底线证明方式既克服了抽样证明的取样不具有代表性、取样后仍数量过大的局限性，也回避了等约计量同现行法律规定明显冲突的弊端。最为重要的是，这是在保持我国现行刑事法律制度不变的情况下降低证明难度的一大技巧，未来值得进一步探索和完善。

■ **课后思考题**

1. 与传统刑事案件相比，网络犯罪案件在证据规则上有何新变化？
2. 网络犯罪的证明对象包括哪些？
3. 网络犯罪证明中有哪些规则？如何完善？请谈下你的理解。

# 主要参考书目

[1] 戴长林主编:《网络犯罪司法实务研究及相关司法解释理解与适用》,人民法院出版社 2014 年版。

[2] [法] 达尼埃尔·马丁、弗雷德里克-保罗·马丁:《网络犯罪:威胁、风险与反击》,卢建平译,中国大百科全书出版社 2002 年版。

[3] 戴莹:《刑事侦查电子取证研究》,中国政法大学出版社 2013 年版。

[4] 黄泽林:《网络犯罪的刑法适用》,重庆出版社 2005 年版。

[5] [德] 汉斯·约阿希姆·施奈德:《犯罪学》,吴鑫涛、马君玉译,中国人民公安大学出版社 1990 年版。

[6] 江溯主编:《中国网络犯罪综合报告》,北京大学出版社 2021 年版。

[7] [英] 杰拉尔德·科瓦契奇、安迪·琼斯:《高技术犯罪调查手册:建立和管理高技术犯罪防范计划》,吴渝等译,科学出版社 2009 年版。

[8] 刘浩阳编著:《网络犯罪侦查》,清华大学出版社 2016 年版。

[9] 刘方权编译:《犯罪侦查中对计算机的搜查扣押与电子证据的获取》,中国检察出版社 2006 年版。

[10] 刘品新:《电子证据法》,中国人民大学出版社 2021 年版。

[11] 刘仁文主编:《网络犯罪的司法面孔》,中国社会科学出版社 2021 年版。

[12] 皮勇:《网络犯罪比较研究》,中国人民公安大学出版社 2005 年版。

[13] 任彦君:《犯罪的网络异化与治理研究》,中国政法大学出版社 2017 年版。

[14] 任留存、戴奎编著:《网络犯罪办案手册》,法律出版社 2021 年版。

[15] 孙春雨、韩雪、郭俐:《网络犯罪专业化公诉样本》,中国检察出版社 2014 年版。

[16] 邵彦铭等:《网络犯罪识别与防控》,中国民主法制出版社 2019 年版。

[17] 喻海松:《网络犯罪二十讲》,法律出版社 2018 年版。

[18] 杨正鸣主编:《网络犯罪研究》,上海交通大学出版社 2004 年版。